云智阅读
RICH READING

写作如此简单

撰写技巧、自媒体运营、个人品牌打造

写书哥　任康磊——著

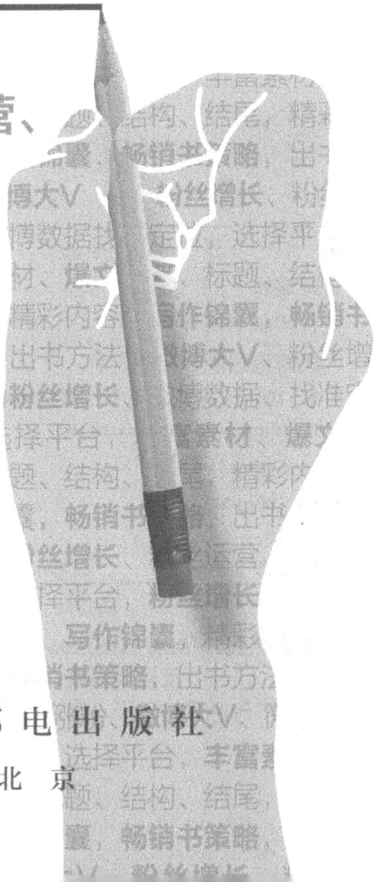

人民邮电出版社
北京

图书在版编目（CIP）数据

写作如此简单 ：撰写技巧、自媒体运营、个人品牌打造 / 写书哥，任康磊著. -- 北京 ：人民邮电出版社，2021.1（2023.4重印）
ISBN 978-7-115-55221-1

Ⅰ. ①写… Ⅱ. ①写… ②任… Ⅲ. ①新闻写作②传播媒介-运营管理 Ⅳ. ①G212.2②G206.2

中国版本图书馆CIP数据核字(2020)第215161号

内 容 提 要

在人工智能技术日益发达的今天，很多常规工作都可以被机器人替代，最后能保留的，是人与人的连接，最珍贵的能力将是写作、演讲和沟通；而写作是其他两个能力的基础，它能让人逻辑清晰，引人深度思考。

本书是作者的写作经验总结，一共11章，包括轻松开始自媒体写作、冲破阻碍持续写作、如何找到写作素材、如何取爆款文章标题、如何搭建爆款文章结构、如何写爆款文章的开头和结尾、如何练成好文笔、如何讲好一个故事、畅销书养成策略、微博涨粉与粉丝运营、微博大V养成策略等内容。

本书能全方位地提高你的写作能力，而且是公开写作能力，让你可以把文章展现在千万人面前。如此，你将可以通过写作反思自己、结交朋友、扩展人脉，甚至能开辟第二职业。本书适合大学生、公司白领、营销人员、企业老板等学习、使用。

◆ 著　　　写书哥　任康磊
责任编辑　刘　姿
责任印制　周昇亮

◆ 人民邮电出版社出版发行　　北京市丰台区成寿寺路 11 号
邮编　100164　　电子邮件　315@ptpress.com.cn
网址　https://www.ptpress.com.cn
北京天宇星印刷厂印刷

◆ 开本：700×1000　1/16
印张：18　　　　　　2021 年 1 月第 1 版
字数：258 千字　　　2023 年 4 月北京第 10 次印刷

定价：59.80 元

读者服务热线：(010)81055296　印装质量热线：(010)81055316
反盗版热线：(010)81055315
广告经营许可证：京东市监广登字 20170147 号

序

相对成长与绝对成长

不知不觉，我和写书哥认识已经5年了。写书哥有3个特点令我印象深刻。

（1）比较直爽，说话不绕弯子，直奔主题，这一点和我的性格很像。

（2）为人谦和，淳朴善良，发自内心地愿意帮助别人，帮过我不少忙。

（3）虽已是公司老板，却随时可以撸起袖子、弯下身子做事，说干就干，是个踏实做事的人。这点我很欣赏，也值得我学习。

写书哥邀请我合著这本书时，我毫不犹豫，欣然接受。写书哥专注于出版行业多年，微博也做得风生水起，微博写作训练营也已成功开办多期。写“自媒体写作+微博运营”相关主题的书，写书哥尤其擅长。我能与写书哥合著此书，是我的荣幸。写作不仅让我对人生有了更深刻的思考，也给我带来了可观的收益。在本书中，我也毫无保留地将个人的写作方法分享给读者。

当我还是职场新人时，我很羡慕那些做管理的人，觉得他们位高权重，收入很高。当我一路成长，成为一家3万人规模的上市公司的高管后，我发现管理工作真的不像很多人想象的那样美好。这是因为成为管理者只是相对成长，并不是绝对成长。

相对成长是外在的成长，是暂时的成长，是他人赋予的成长，是不容易掌控的成长，是依托于某种资源的成长，是一种虚假的成长。相对成长就好像写在黑板上的字，写上去的时候，我们似乎有所成长，擦掉了，我们似乎又回到了原地。可惜的是，粉笔和黑板擦都不在我们自己手中，而在一个名为领导的人手中。成为副总、总监、经理等都属于相对成长。

绝对成长是内在的成长，是长期的成长，是个人能力的成长，是相对坚实的成长，是不依托资源就能实现的成长，是真正的成长。绝对成长能伴随人们一生，绝对成长是别人无论如何也擦不掉、抹不去、带不走的，是我们自己能掌控的。例如，人一旦学会骑自行车，就算十几年不骑，再骑上去会发现自己还是会骑。开车、游泳也是这个道理。写作能力的提升就是这样一种绝对成长。开始写作，提升写作能力后，人们必将因此一生受益。

相对成长的人是脆弱的。我在职场工作一段时间后，发现有些公司的高管每天最擅长做两件事——刷资历和做 PPT。我以前认为职位越高越安全，后来发现高管才是很多公司最脆弱的岗位。务实的工作都由下属完成，高管自己大部分的工作都在务虚。这样的高管只会“带着嘴工作”，一旦离职，再找工作比务实的普通职员难得多。

绝对成长的人是反脆弱的。我在成为公司高管后，刻意让自己保持务实的态度，保持对成长的饥饿感，不断深入实践，不断学习，不断写作输出，让自己的专业能力、实战能力和写作能力不断提升。

接到咨询项目时，帮助别的公司建立管理体系的过程我会写下来；发现问题后，帮助公司建立问题解决流程的过程我会写下来；对工作的感悟我也会写下来。这些内容后来都成了我写作的素材，为我在自媒体上输出和写书奠定了基础。

能看到本书的读者一定是幸运的。因为成长的路从来都不是一帆风顺的，这本书不是两个一路披荆斩棘的成功者在炫耀自己有多成功，而是两个伤痕累累、历经挫折的人对自己这一路经历的困难、遇过的障碍的心得感悟和经验方法的总结，希望能让读者少走弯路，一次就把事情做对。

提升写作能力，是普通人最容易实现的绝对成长。

希望本书能够帮助所有希望通过写作改变命运的人。

任康磊

2020 年 7 月 21 日

前言

写微博的一年里，我遇到的人比我创业 20 年里遇到的都多。很多人特别优秀，他们不仅线下能力强，而且颇具影响力。我经常反思，一个人的成就是由什么决定的？能力强就够了么？

1. 写作是最好的投资

除了能力强以外，还有对时间的高效利用。我们对时间有 3 种不同的用法：第一种是把时间出售一次，第二种是把同一段时间同时出售多次，第三种是购买别人的时间来出售。因此，选择第一种用法的是员工，选择第二种用法的是提供知识服务的人（写作是典型），选择第三种用法的是老板。

很多人都采用了第一种用法，努力工作，把时间出售给老板。但这样，你的收入始终有天花板，因为老板会控制成本，如果你想提高工资，老板就会找工资要求低的人替代你。

而第三种用法属于风险大、收益大的类型。我身边创业的朋友，80% 的结局是赔钱关门，选择这一用法的成功案例不具备可复制性。还有一个可行方案——成为像我这样的小老板。我虽然也雇人干活，但实际上收入并没有那么高，钱都用来发工资了。最后算总账，还不如不雇员工自己干，那样收入反而更高一些。

相对可行的是选择第二种用法，它的风险低，收入的天花板高，但有一个难点，就是需要时间的积累。很多人熬不过漫长的等待就放弃了。

2. 我的学员故事

在微博写作训练营中，出现了众多牛人，其中一个代表人物就是“外贸大队长”。

他自己有一家外贸公司，主营业务很稳定，于是写微博打发时间。

本来他没有运营微博的想法。我对他说，可以在微博里写一些公司运营和外贸的知识，他就尝试着写了一点。在我和几个大V的转发下，他一下子涨了好几百个粉丝。他因此动力十足，坚持写作了3个多月。后来他突然停更了，我给他发私信询问才知道，原来他懈怠了，觉得写着没意思，因为涨粉太慢了。

在我的鼓励下他又重新开始写作，春节后正好没事，他就参加了微博写作训练营，一下子认识了很多人。他充分发挥特长，向大家分享自己的外贸知识，一下子聚集起3万粉丝。因为他分享的内容很垂直，大家信任他，纷纷要求他开课。

他本来没抱什么希望，觉得能有100人参加就很满意了。结果却让他大吃一惊：招生信息一发出，3个小时内就有200多人报名，最后一共有800多人报名。注意，他只讲一节课，每人300元，这就轻轻松松赚了24万多元。

当时他有多少粉丝呢？只有3万粉丝。这就是微博写作的价值，粉丝少也能变现，只要你有独特的产品。

群众的眼睛是雪亮的，为什么网友愿意掏钱学习？因为他建了一个微博群，当时群里有3 000多人。他每天帮网友解决问题，大家看在眼里，看他一个一个地解决问题后，对他建立了信任感。所以我经常说：微博才是强链接。

3. 本书可以带给你什么

这本书是微博写作训练营的精华汇总，在任康磊的帮助下，我又系统地梳理了一遍微博写作训练营的内容，并补充了很多写作知识。阅读本书，你至少会有以下收获。

（1）坚定信念。这件事很虚，但却是最重要的。我指导了众多学员，后来发现，真正阻碍写作的不是技巧，而是“懒”和“害怕”，所以本书用了两章的篇幅，帮你破解心魔，养成良好的写作习惯。

（2）提升能力。大家都知道标题很重要，但是怎么才能写出好标题呢？这里面有很多固定的技巧，同样一句话，调整一下文字顺序、加个数字，就能脱胎换骨。这些技巧，我在书中已分门别类地总结了出来，可拿来就用。

（3）学会讲故事。写作中最吸引人的是故事，而我们每天都会经历各种事，哪些能变成故事呢？如何让它们变得吸引人呢？本书第 8 章将专门对此进行拆解，告诉你精彩故事的写法。

（4）争取出本书。如果你擅长写作，或者已从事写作多年，强烈建议你出本书，这样一举两得：既可以梳理自己的知识体系，也可以扩大自己的影响力，这对你未来的发展帮助很大。

（5）成为大 V。光写作还不够，要通过写作增长粉丝，这样才能把你的能力发挥到极致。根据我的观察，微博是最适合普通人的平台，只要你肯努力、有干货，就很有可能成功。我就是典型代表。在我的学员中，也已经有上百人有收益、上百人拥有 1 万以上的粉丝、20 多人拥有 10 万以上的粉丝。

4. 关于作者

“写书哥”：原名张增强，1998 年考入清华大学，毕业后从事图书策划工作，后来创办了自己的公司；已有 18 年出版经验，每年出版上百本图书；曾经尝试过运营微信公众号、今日头条、抖音等各类自媒体，最后选中微博，用 1 年时间将粉丝从 0 做到 60 万。

任康磊：曾任世界 500 强、国内大型 A 股上市公司人力资源总监；拥有 10 余年人力资源管理实战经验和 1 万人次以上人才招募经验，专注于解决团队管理和人力资源管理实战问题；常年为多家上市公司提供企业管理和人力资源管理咨询服务；现已出版 10 多本与人力资源相关的畅销书。

5. 适合的读者

- 想提升自己的上班族
- 创业公司的老板
- 企业高管、公司销售人员
- 在家带孩子的妈妈
- 各类学校的老师
- 自媒体从业者

最后送给大家一句话：成长比成功重要，完成比完美重要，坚持是最高的门槛！

目录

第 1 章

轻松开始自媒体写作

第2章

冲破阻碍持续写作

第3章

如何找到写作素材

第5章

如何搭建爆款文章结构

第6章

如何写爆款文章的开头和结尾

第8章

如何讲好一个故事

第9章

畅销书养成策略

后记

第 1 章

轻松开始自媒体写作

互联网上有个 1% 定律：1% 的人生产内容，9% 的人编辑内容，剩下的 90% 消费内容。所以，写作的关键是开始写作，只要开始写作，就已经迈向那 1% 了；只要开始写作，就有了质的飞越；只要开始写作，就会迎来收获。

1.1 自媒体写作其实很简单

难者不会，会者不难。在很多人的想象中，写作仿佛是某人在某个领域集大成、有大悟之后，正襟危坐、严肃端庄甚至战战兢兢地写下每一字、每一句。很多人都把写作想象得过于复杂，实际上，自媒体写作并不难，只要放下包袱，用对了方法，写作其实是一件很简单的事。

1.1.1 放下包袱开始

在我的写作训练营中，每次正式开课前，都有人想退出，理由出奇地一致："看完大家的作品，感觉他们太优秀了，自己写得不好，不好意思给大家看，越临近开课越紧张，索性就选择退出。"这是个普遍现象。

如果因为好面子而停止行动，真的非常可惜。实际上，刚开始写作时写得不好，是很正常的，正因为写得不好，才需要写作练习。这就像学英语，英语说得越不好，越需要英语口语练习。不然，英语不好，又怕丢面子而不敢说英语，英语水平只会越来越差。

我现在看自己一年前的文章，都觉得有些幼稚。我发现自己因为坚持写作，写作能力提升了不少。原来是知道写什么却不知如何表达，如今不仅知道写什么，而且知道如何写得精彩。不断写作表达，可以让自己的眼界格局变得更宽广，让自己学到更多。

如果我们想写作，大可以放下包袱，从自媒体写作入手。如果我们心中总是有个包袱，可以尝试如下 4 个方法做出调整。

1. 模糊标准

文无第一，武无第二。对于自媒体写作来说，要表达的观点才是最重要的，写作手法没有绝对意义上的好坏之分。技巧高超的文章，也有人不喜欢；相对平淡的文章，只要观点合理，也会有人喜欢。

2. 换位思考

可以想象一下，在网上看到一篇不喜欢的文章，读者会专门去看作者是谁吗？会对作者评头论足吗？不会，大多数人通常会直接关掉不看。因此我是欢迎读者提出批评的，因为被人批评也比没人理好。

3. 隐藏身份

互联网时代，每个人都隐藏在网络 ID 的背后。我们在合法合规的前提下，通过写作表达个人的想法，就算写作质量不高，文章观点不被每个读者认同，那又如何呢？我们不知道读者的真实身份，读者也不知道我们的真实身份，大家都在虚拟环境中发表看法，没有所谓的丢人之说。

4. 转移视角

就算文章写得确实不好，我们又何必为此产生负面情绪呢？写得再差也要写，并且发出来，因为只有不断写作，我们才会有收获。

勇于尝试自媒体写作，勇于发布，我们最终会失去枷锁，得到更广阔的发展空间。

1.1.2 轻松完成写作

想轻松完成自媒体写作，可以参考一个公式：写作 = 输入 + 思考 + 输出 + 修正。

- 输入可以是知识、技能、见闻、故事等。
- 思考是对输入的加工，从而形成结论、观点、想法等。
- 输出是总结输入和思考的内容，并形成文字的过程。
- 修正是发布自媒体文章后，通过读者的反馈与自身的反思，对文章内容做修正。

自媒体写作的公式实际上是一个闭环流程，如图 1-1 所示。

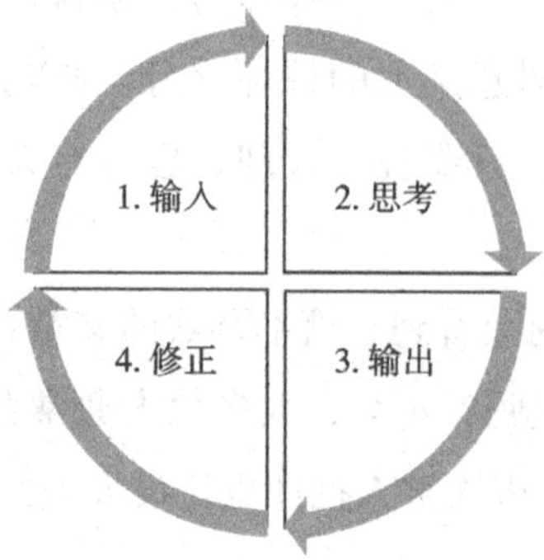

图 1-1　自媒体写作的闭环流程

写作就像是种苹果：需要先种树，再施肥，后养护，然后等待其开花结果和苹果成熟。写作也是如此，要写出文章，需要前期有所经历或学习，然后将相关内容内化成自己的知识，再将其输出成文字，最后修改成型，也就是瓜熟蒂落。

很多人写不出东西，感觉大脑一片空白，通常是因为没有重视输入，没有认真思考，也就是前端出了问题。

举例

我的公司里有个小姑娘，她看到我微博写得如火如荼，粉丝激增，也想做自媒体吸引粉丝，结果坐在电脑边上半个小时，一句话都没写出来。于是她跑来问我：应该写什么呢？

正好，公司在前一天遇到了一位作者，刚谈了两句，他就怀疑我们公司是骗子，于是我们给他提供各种证据，比如奖状、产品，甚至是营业执照。那位作者还是不信，到处找蛛丝马迹，想证明我们是骗子。最后自然不欢而散。

我和这个小姑娘说："昨天发生的故事不就很典型嘛，读者肯定爱看。而且可以总结出一些道理，比如'信任别人也是一种能力'。这样，一篇文章就出来了。"

小姑娘觉得我说得很有道理，但又憋了半小时，她还是没写出来。

我问她为什么，她说不知道从哪里开始写。

上例中的小姑娘的情况很典型，她知道写作的大致内容，但就是写不出来。那么，问题出在哪呢？

（1）输入端。身边有很好的故事，但自己没发现，根本没意识到故事的价值。

（2）思考端。这个故事是她告诉我的，她能口头表达出来，但对故事进行思考，并提炼出核心观点的能力，她暂时还不具备。

（3）输出端。我已经把故事提炼出来，甚至把核心观点都提炼出来了，她还写不出来，证明她的输出端也有问题。有好故事、好思想，可表达不出来，这是长期不写作所致，只有持续练习写作，输出端才能打通。

（4）修正端。她还没有写出内容，别人无从评价，所以还不存在修正端。

总而言之，要想轻松完成自媒体写作，可以参考自媒体写作的公式，完成写作的流程。

（1）要有足够的输入，这是写作的源头。

（2）要有足够的思考，把输入的内容内化成自己的知识。

（3）要有足够的输出，通过各种形式将思考的内容表达出来，形成文字，发布到自媒体上。

（4）要有足够的修正，文章发布以后，要看评论、看数据，不断接受反馈，借助读者的反馈提高思维的深度和广度。不要怕收到反对意见，要有海纳百川的胸怀。

1.2　写作的意义何在

写作不仅是一项技能、一种提供知识服务的方式、一个可以带来金钱收入的方法，还是一条可以改变圈层、改变命运的道路。它能帮助我们实现从量变到质变。

1.2.1 持续成长

下面说一个我的故事。

举例

去年，我打车去出版社开会，在车上玩手机时，居然有了呕吐的感觉，胃里翻江倒海。我断定自己是晕车了，赶紧打开车窗，看向窗外，才勉强好了一些，后来再也不敢低头看手机了。

回想十几年前，每天上下班都固定坐一个师傅的车。那位师傅姓王，我叫他老王。老王是东北人，开车不太规矩，横冲直撞，随时急停。

我坐老王的车，发生过2次事故：一次追尾别人，一次剐蹭了别人的电动车。即使如此横冲直撞，我还是在老王车上看完了不知道多少本书，从没晕车。

如今人到中年，我发现整个人的身体状态大不如前，才理解为什么很多公司不愿录用中年人。即使没有家中杂事，中年人的身体也拼不过年轻人。这是自然规律，不以人的意志为转移。

常规工作中年人和年轻人都能完成，但中年人的劣势，是体力和精力，这时中年人就很难拼过年轻人，所以在职场中处于下风。同样的岗位，公司肯定更愿意聘用年轻人。中年人的优势，是经验和人际关系。这两项一定要趁年轻积攒起来，不然人过40岁，真不知如何是好。

那么，有没有让中年人度过中年危机，实现持续成长的方法呢？有的，写作就是一种绝佳的方法！因为写作可以融合经验和人际关系，让人持续成长，具体体现在以下4个方面。

1. 经验丰富

中年人的精力不如年轻人，但是经验远超年轻人，这是中年人的优势。但如何体现这一优势呢？在公司中，每个人都只是螺丝钉，很难体现出这一优势；但在互联网世界，这个优势却被成倍放大。

2. 更多故事

除了经验，中年人还有很多的故事，这是经验带来的红利。互联网上有趣的大叔/大姐很少，如果中年人能把自己的故事分享出来，帮助年轻人成长，也能体现自己的价值。

3. 为自己积累

无论在什么公司上班，无论在什么岗位（CEO也不例外），一旦离职，这家公司利润再高，也和自己没关系了。而当时结交的朋友，可能因为我们当时的岗位而和我们亲近，一旦我们离开岗位，可能就渐行渐远了。

但写作不一样，通过写作积累的内容、结交的朋友、拥有的粉丝，完全源于自己的努力。这种关系更牢靠，而且会越来越多，当超过一个临界值，我们就可以通过写作养活自己了。

4. 可以传承

自媒体账号就相当于自己的品牌，只要不乱写，就可以持续运营下去。等自己老了、写不动了，可以让后代继续写。

举例

回想自己，我虽然是出版人，帮上千人出过书，但自己没有坚持写作。如今想来，觉得很可惜。这几年做自媒体，我又重新开始写作，通过写作，我发现自己有所成长，发生了很多变化。

（1）遇到各种各样有趣的自媒体人，学会了很多关于写作的新知识。以前我都是和出版社打交道，虽然我的团队有几十人，但因为工作性质相同，所以我的思维受限了。

（2）有机会与其他自媒体人交流，这种通过交流学习的效率远高于读书。以前我看了很多书，虽然书上有很多知识，但给我的冲击远不如面对面交流大。有些方法，书上写了，我也认可，但没有行动；和人聊过以后，我却有立刻行动起来的冲动。

（3）打开了我经营公司的思路。我原来一直从事传统出版行业，虽然公司发展稳定，但总局限在固定的圈子里。如今自媒体的崛起，我的经管理念比以前上了一个台阶，可以预见未来几年公司的发展会走上快车道。

（4）我的家庭关系也得到了改善。在教育孩子方面，以前我经常钻牛角尖，和儿子关系紧张。通过写作，我反思了自己的行为，在与网友交流的过程中，我不断修正自己教育孩子的方式，家庭关系比原来和睦许多。

我很庆幸自己又开始写作，让整个人都有了一种“升级”的感觉。上一次出现这种感觉，还是10年前。

1.2.2 跨越时空

时间是稀缺资源，时间面前人人平等。我们每天都有24小时，除去吃饭、睡觉和娱乐的时间，真正可以用来创造价值的时间是有限的。在时间利用上，有3个层次。

1. 利用自己的时间

这种情况多见于普通上班族，他们每天工作8小时，赚取工资。精力充沛的人有副业，能利用业余时间多赚一些钱。利用自己的时间的优势是付出就有收获，用时间来换钱，只是赚多赚少的问题；但劣势也很明显，即时间有限，收入也有限。

2. 利用别人的时间

这种情况多见于公司老板，他们招募员工，购买员工的时间，让员工为自己工作，通过员工来放大自己的能力，让自己效率倍增。利用别人的时间的优势是可以成倍扩大赢利的；但劣势也很明显，即亏损概率高，一不小心就血本无归。

3. 购买老板的时间

这种情况多见于投资人，他们站在更高的层次，给靠谱的老板投资，让公司规模迅速壮大，从中赚取投资收益。购买老板的时间难度更高，不仅要很有钱，还要扛得住失败。投100个项目，能成功一个就很不错了。

在时间利用的 3 个层次中，利用自己的时间的普通人最无奈，只能干一天活，赚一份钱，完全不能偷懒。如果哪天不想工作了，想用 3 个月游山玩水，那这 3 个月就没有收入。

如何破解这个难题呢？自媒体写作就是绝佳突破口，原因如下。

1. 跨越时间

许多自媒体大 V 已经积累了足够多的内容，不必一直创造新的内容。有时候定期把以前的文章翻出来，重新发一下就可以了。为什么呢？因为新读者在不断涌现，对自媒体大 V 来说是老内容，但对新读者来说是新内容。

2. 跨越空间

信息传递越来越便捷。从理论上说，文字只要发到互联网上，就可以触及全球任何连接到互联网的人。通过互联网，我们在某个固定空间生成的文字，能够触达全球任何连接到互联网的角落。

3. 多种呈现形式

如今的知识，可以有很多种载体，例如书籍、音频、自媒体平台、视频等。如果内容好，可以发布在不同载体上反复使用。不仅如此，如今的知识还可以实现多平台分发。同样的文字内容，可以同时在多个自媒体平台发布，每个平台都有不同的受众。

自媒体写作，能够让我们不再受时间、空间和形式的限制，能让我们的文字跨越时间、跨越空间、突破媒介。

1.2.3 学到更多

很多人觉得，作者必须事先什么都知道，才能进行创作。这是对写作典型的误解，类似于“先有鸡还是先有蛋”的问题。写作是一种输出，学习是一种输入。不是因为已经输入得足够多，才有资格输出，而是因为作者想要输出，所以必须有足够的输入。

有句话叫“输出倒逼输入”，讲的就是这个道理。不是因为我们已经

学习到了足够多的东西，才开始写作，而是因为我们通过写作总结自己学到的内容，发现知道的还不够多，才会去学习。这时候的学习，是润物细无声的，是自动的、自发的。持续写作会让我们发现，自己原来并不是专家，但写着写着，竟然成了专家。

举例

开始自媒体写作后，我明显感觉自己的知识飞速增长。现在反思，是以前的我不爱学习么？不是的，以前我也有焦虑感，每天都要抽很多时间看书，希望多学知识，以免被时代抛弃。

但这种焦虑感太虚无缥缈了，没有量化指标。虽然我知道要多看书、多长见识，但看多少呢？吸收到什么程度呢？对自己有没有用呢？什么时候会有用呢？这一连串的问题，都是没有答案的，没办法衡量。这种学习是没有目的、没有目标的。

我开始自媒体写作之后，这些问题迎刃而解。

1. 我的微博每天要发超过10篇原创文章。开始的时候可以写自己的故事，朋友的故事。可是故事写完以后怎么办呢？就只能学习，要从书中汲取营养，于是看书的目的就明确了。

2. 以前一本书我大约要看一周，但自媒体不等人，如今必须强迫自己两三天看完，然后迅速吸收书中的精华，并结合自身的经验，把这些精华变成自己的知识。这时候的学习注意力非常集中，看书速度极快。

3. 以前我经常听线上课程，现在几乎不听了，为什么？因为听音频吸收知识太慢，不如直接看文字。音频一分钟只能讲200～300字，而且在没听完一个部分之前，不知道哪里需要跳转。我阅读时一分钟能看1 000字以上，可以速读、跳读、精读，灵活性大。10分钟音频的内容，我2分钟就能看完。

4. 学习只是一味吸收是不行的，还要学着分享出来。怎么写作才能让语言通俗易懂呢？这其实很难，需要大量练习，不断试错，不断修改。我如今写文章似乎很容易，其实每一篇都改过好几次。不满意的片段，即便有近千字，也果断删除。这个过程虽然艰难，却让我学到很多写作的技巧。回看一年前写的东西，我会觉得真差劲，这就是成长的感觉。

1.2.4　圈层跃迁

1964 年，英国 BBC 电视台播出了一部著名的纪录片——《7 Up》（《人生七年》）。这部纪录片的导演是迈克尔·艾普特（Michael Apted）。他采访了来自英国不同阶层的 14 名 7 岁的小孩子，他们有的来自孤儿院，有的来自上层社会。此后每隔 7 年，导演都会追踪采访这些人的情况。

很多人在看完这部纪录片后，会不禁感慨社会圈层的固化。“龙生龙，凤生凤，老鼠的孩子会打洞”，这部纪录片仿佛在给人们传达这样一个简单的信息。人们的出身决定未来的发展，社会圈层似乎是很难突破的。

然而，有很多原本生活不如意的人通过写作改变了自己的圈层，让自己在原本社会圈层的基础上实现了跃迁式的发展进步。比如《哈利·波特》（Harry Potter）的作者 J.K. 罗琳（J.K. Rowling）出生在英国的一个普通家庭，父母都是普通的工薪阶层。J.K. 罗琳在没写出《哈利·波特》之前是无业游民，和女儿一起住在一间简陋的小公寓里，当时没有收入的她靠微薄的失业金养活自己和女儿。

不说远的，说说发生在我身边的事。

举例

我有一个朋友的朋友，男性，在我写这本书的 1 年前，他的主业是北京一家 30 人规模的公司的总经理，还有个身份是畅销书作家，在一个很出名的学习平台有自己的线上课。再往前 5 年，他那时只是一个读书爱好者，刚进职场不久，跟着导师打拼。在我写这本书时，他已经是查理·芒格（Charlie Thomas Munger）在中国的合伙人之一了。

查理·芒格是股神沃伦·巴菲特（Warren E. Buffett）的搭档。查理·芒格和沃伦·巴菲特联手打造了伯克希尔·哈撒韦公司的投资神话。可以说，查理·芒格是一个站在世界金字塔顶部的男人。

我朋友回忆起他的这位朋友，说他们曾经举办过一场思想会，参与的每个人都要说出一个和自己兴趣相关的“大目标”。我朋友的这位朋友说他对思维模型很感兴趣，因为思维模型非常有利于解决问题。思维模型这个词是谁提出的呢？就是查理·芒格。所以他当时就给自己定了一个大目标，说自己有生之年，要和查理·芒格建立联系。

当时在场的人没有一个人信他，大家不信他的原因不仅是因为他那时还只是个普通人，还因为那时查理·芒格已经90岁了。一个普通的年轻人，说自己有生之年要和查理·芒格建立联系，这个年轻人可以一边奋斗一边等，可谁知道查理·芒格能不能等呢。没想到他的这个大目标真的实现了。

他是如何实现成为查理·芒格的合伙人这个目标的呢？

据他自己回忆说，他当初其实也不敢相信这个目标能实现。但因为有了这个宏大的目标，他做决策、做事情时都会朝这个方向走。而他走的第一步，就是开始自媒体写作。利用自媒体写作积累的经验，他写成了一本关于思维模型的畅销书。

从产生运营自媒体的想法开始，他就和查理·芒格之间产生了某种关联。随着他的书上市、畅销，他与查理·芒格之间的距离越来越近。查理·芒格知道他，并对他产生兴趣，是这本书起到了很大的助推作用。据他说，他现在所处的圈层，以及看世界的眼界和高度，已经和原来的完全不同了。

1.2.5 实现出书

我帮助过很多作者出书，从中发现了一个有意思的现象。其实，人人都有出书梦，因为有自己的作品好处多多：可以梳理知识，可以提升影响力，可以升职加薪，可以向朋友“炫耀”等。但大部人没能出书，为什么呢？

相声中有这样一个桥段。

举例

A每天都去寺庙烧香许愿，希望自己彩票中奖。连着去了很多天，可始终没中奖。

这下A恼火了，带着朋友去找和尚算账。

和尚说："施主，要想中奖，你得先买彩票啊。"

写作和出书之间的关系，有点类似于买彩票和中奖的关系，很多人都有出书的想法，但都停留在"想法"的阶段，从没真正采取行动，那自然就没有机会实现这一想法了。

我帮作者出书，筛选步骤大体可以分成以下 3 步。

1. 在网上看到作者的文章，觉得内容不错，向作者发出写书邀请。

2. 联系到作者后，了解和评估作者的基本情况。

3. 让作者写目录、样章，看总体框架和文字水平，如果合格，就可以签约合作。

如果想出书，一定要先写出来，这样才可能被出版人发现和认可。这同样是一个类似于"先有鸡，还是先有蛋"的问题。

对于绝大多数作者来说，不是出版人跑去找作者，请作者出书，而是作者通过写作被出版人发现，作者自身有一定的内容和粉丝积累，才能成功出书。

1.2.6　成为大 V

在微博中，粉丝数量较多、影响力较大的账号通常被网友们叫作大 V。后来，大 V 这个词也被用来指代粉丝数量多、影响力较大的自媒体。自媒体的输出形式有很多种，文字是其中门槛最低、最容易成功的一种形式。大 V 不仅是流量中心，同时也是树立个人品牌、构建自媒体商业模式的一环。

在互联网世界，人人都有可能成为大V，人人都有可能树立自己的个人品牌。为了成为大V，很多人做过大量尝试，结果却不尽如人意。要树立个人品牌，首先要了解大V的商业模式。通用的大V商业模式可以分成5个层面，如图1-2所示。

图 1-2　通用的大 V 商业模式的 5 个层面

1. 内容层

大V最核心、最重要的输出物是内容，内容是大V的“产品”，是大V向他人展示自己的载体。这里的内容，可以是视频、音频、图片、文字或其他各类形式。本书主要讨论自媒体写作，所以本书中的内容主要指文字类内容。

大V的内容一般是原创的、独特的、新颖的、带有鲜明的个性和价值观的内容。他人创作的内容、人云亦云的内容、没有观点的内容，以及一些陈词滥调的内容等都不适合作为大V输出的内容。

2. 流量层

在互联网商业中，流量一般用来指用户、阅读或互动数量。在打造大V的过程中，既可以用接受大V输出的内容后成为粉丝的网络用户的数量计算流量，也可以用阅读、点赞、转发或评论等数量来综合计算流量。

大V输出内容后，通过在各类内容传播渠道上进行投放传播，互联网上逐渐有人开始接收到该内容。如果内容足够好，还能被转发，形成多次传播，让认识大V的网友越来越多，于是流量越来越大。

3. 盈利层

大 V 因为拥有内容属性和流量属性，所以必然具备商业价值，这正是很多人想成为大 V 的原因。做好了内容，有了流量，大 V 就可以转向下一步——盈利。盈利的方法有很多，比较常见的有以下 5 种。

（1）始终保持内容免费，继续做大流量，通过接受商家投放广告盈利。

（2）将原始流量中的一部分用户转化为付费用户，通过知识付费盈利。

（3）利用大 V 的影响力支持自身主业的发展。

（4）一边做好内容和流量，一边开始销售某类商品（带货）来实现盈利。

（5）通过付费社群的形式盈利。

4. 社群层

从内容到流量，再到盈利是比较典型的互联网商业模式。然而，随着互联网的发展，随着各类信息的爆炸式增长，如今人们平均每天接收到的信息量，已经超过信息传播技术不发达的年代平均每年接收到的信息量。

互联网虽然让人们的连接与交流变得很容易，但大量的信息却让人们之间的兴趣壁垒越来越明显。在这种情况下，一些垂直领域的社群应运而生，传统互联网的粉丝模式开始转向社群模式。人们在不同的社群中相互交流，寻找某种归属感。

5. 资源置换层

在社群健康发展到一定程度后，社群内部成员彼此熟悉、相互信任。这时候，一个社群内部资源置换的交易市场就出现了。这里的资源置换指的不是简单地卖货，而是当社群中的某人有某种需求的时候，社群内部的其他人正好有满足该需求的供给。

这时候，社群已经不是简单的因为某种爱好或诉求而组织在一起的一群人，而是可以相互满足对方需求，相互交换资源的朋友。例如，当某人想换工作，可以把自己的简历发到社群中，社群中知道这类招聘信息的人可以帮助推荐。

在运用大 V 商业模式的 5 个层面的时候，需要注意如下事项。

（1）这5个层面并不是相互独立的，而是相互联系、相互影响，可以相互转化的。

（2）这5个层面的逻辑顺序并不是一成不变的，可以视情况发生变化。

（3）这5个层面并不需要全部存在，可以根据实际情况进行重组。

举例

我朋友有一家公司，公司产业分成两个板块，一个板块是知识产业板块，另一个板块是娱乐产业板块。知识产业板块的主要产品是线上课、线下课、出版物和其他知识产品内容；娱乐产业板块的主要产品是电影、电视剧、网剧等产品。两个产业板块相互独立，但业务模式类似，而且在流量端、社群端和资源端有一定的联系。

该公司主要的盈利模式是通过打造互联网大V，输出内容产品。该公司商业模式的逻辑结构如图1-3所示。

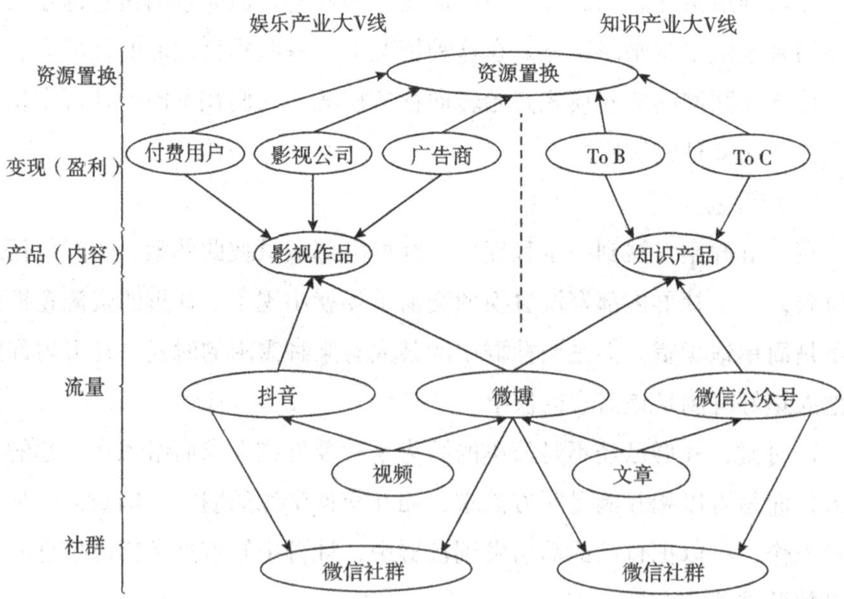

图1-3 某公司商业模式的逻辑结构示意图

该公司两大业务板块围绕核心产品，打好流量基础，通过产品进行变现。在原始流量的基础上，逐渐发展出两个产业领域不同的微信社群。在产品的盈利端，形成了核心用户的高端社群，实现了资源之间的置换。

1.3 自媒体写作定位

进行自媒体写作前，要有清晰的定位。清晰的定位能让写作内容更聚焦，更容易彰显个性，更容易打造大 V。定位一般应当从自身的优势领域寻找，如果一开始难以找到定位，也可以先尝试在不同领域写作，在写作过程中逐渐摸索。

1.3.1 如何寻找合适定位

寻找定位的过程也是一次自我发现的过程。要找准自媒体写作的定位，我们需要清晰地认识自己，要思考如下 3 个经典问题。

1. 我是谁?
2. 我想成为谁?
3. 我最大的闪光点是什么?

我看到很多人写的自我介绍虽然长，但不聚焦，看内容就知道他没有认清自己。寻找自媒体写作的定位是做减法。要找准自身定位，可以从如下 3 个维度进行思考。

1. 工作：在工作上，我有哪些特长、优势和闪光点?
2. 生活：在生活上，我有哪些与众不同之处?
3. 兴趣：在兴趣上，我有哪些方面做得比别人更好?

在选择自媒体写作定位的时候，要注意如下 3 点。

1. 合法合规：违反法律的领域一定不要涉及，不要抱有侥幸心理。
2. 注重科学：不要选择伪科学的领域，更不要选择迷信的领域。

3. 正向定位：写作的领域要是正面的、积极的，要传播正能量。

找准定位之后，可以把内容分成“主矿”和“副矿”两部分，具体内容如下。

1. 主矿

主矿属于自身的专业内容，例如定位是电商创业公司老板，就可以分享电商的生意经，通过始终聚焦在自身专业领域的内容，与其他自媒体区分开来。主矿的内容，一般可以占全部内容的 70% 左右。

2. 副矿

副矿属于大众喜闻乐见的内容，例如美食、旅游、情感等，属于大多数人都感兴趣的。如果自媒体中全部都是专业内容，会让自媒体失去“烟火气”，有一部分副矿内容，会更吸引读者。副矿的内容，一般可以占全部内容的 30% 左右。

主矿 + 副矿的定位与内容写作模式能让自媒体充满活力，既包含专业精华，又蕴藏人情冷暖；既有足量的干货内容，又有生活点缀；既不影响自媒体的专业定位，又让这份专业贴近生活。

1.3.2　如何找准优势领域

要找准自媒体写作的定位，需要聚焦自身的优势领域。要找准优势领域，可以采用 SIGN 模型，如图 1-4 所示。

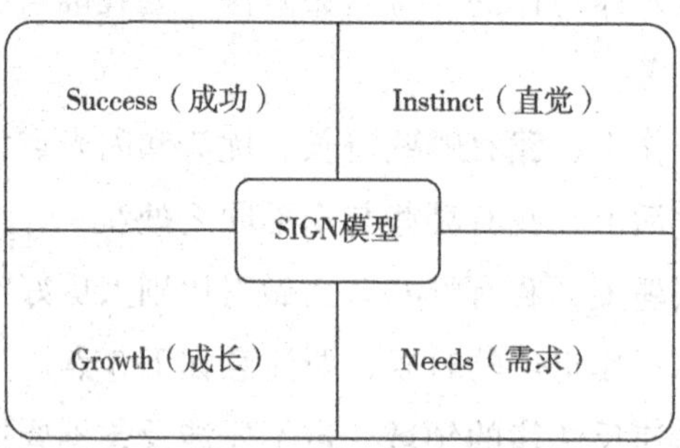

图 1-4　SIGN 模型示意图

1. Success（成功）

典型感受：充实、高效、比较强的创造力和比较大的成就感。

具体表现：当人们做某领域的事情时，比别人做得更快，比别人更善于发挥，如行云流水，一气呵成。例如，在写某个主题时，大多数人对这个主题感觉没头绪，有些人却可以文思如泉涌，妙语连珠。

2. Instinct（直觉）

典型感受：期待、兴奋、有比较强的吸引力和探索欲。

具体表现：当人们看到别人做某个领域的事情时，心中会萌生"我也想做这件事"的念头；如果总没机会，对这件事会充满期待；当开始做这件事后，会有兴奋感，会对这件事充分探索。

3. Growth（成长）

典型感受：轻松、简单、有比较强的专注力和求知欲。

具体表现：当人们做某个领域的事情时，较容易上手，做得比别人更快，比较不容易受外界干扰而停止，在该领域学习能力很强，甚至有时能无师自通，学习后认知水准比他人更高。

4. Needs（需求）

典型感受：想要、需要、比较强的存在感和满足感。

具体表现：当人们不做某个领域的事情时，会觉得难受，非常想要成为该领域的某类人，非常想要达到和该领域相关的某个状态；当从事该领域时，能获得存在感；当在该领域达到某种状态时，能获得满足感。

寻找自身优势领域可以用 SIGN 模型评分表给自己评分，如表 1-1 所示。

表 1-1　SIGN 模型评分表

维度	A 领域	B 领域	C 领域
Success（成功）			
Instinct（直觉）			
Growth（成长）			
Needs（需求）			
合计			

运用 SIGN 模型评分表寻找自身优势领域可以分成以下 3 步。

1. 把自身相关领域填入 SIGN 模型评分表中。

2. 根据不同领域在不同维度上程度的大小，给予 5 分 ~ 1 分的分值，填入 SIGN 模型评分表中。

3. 将不同领域内的分值相加后，得到总分值。比较各领域的分值大小，选出适合自身建立个人品牌的领域。

举例

张三是一位高中孩子的母亲，想开始自媒体写作。张三一直从事财务管理相关职业，是一家上市公司的财务高级经理。

孩子临近高考，张三自学了很多与高考志愿填报相关的知识，发现自己入门和学习都很快。

由于年龄和职位原因，张三工作中总能遇到年轻同事向自己咨询职业生涯规划的相关问题，渐渐地，张三对职业生涯规划也产生了浓厚的兴趣。

张三目前可选的有财务管理、高考志愿填报和职业生涯规划 3 个领域。张三在选择自己的优势领域时，运用 SIGN 模型评分表，得到的分值如表 1-2 所示。

表 1-2　SIGN 模型评分表应用案例

维度	财务管理	高考志愿填报	职业生涯规划
Success（成功）	3	5	4
Instinct（直觉）	4	5	2
Growth（成长）	3	5	4
Needs（需求）	3	4	4
合计	13	19	14

根据 SIGN 模型评分表的应用结果，张三综合比较自身情况后，选择了高考志愿填报作为自媒体写作的主要领域。

运用 SIGN 模型时要注意，这里选择优势领域只是从自身出发，根据自身优势进行选择，并没考虑该领域的市场规模大小、竞争激烈程度、是否存在成功案例等其他因素。在实际选择和确定自媒体写作领域时，不能只考虑自身的优势领域，也应适当考虑这些外部因素。

1.3.3　定位难找时怎么办

很多人说自己没有特长，和别人比感觉自己没有拿得出手的本领，感觉很多领域都懂一点，但都不精通，很难找到定位。这是一个困扰很多人的典型问题，应对方法如下。

1. 逐渐摸索

很多自媒体人的定位都不是一开始就确定的，而是通过不断写作，逐渐摸索出来的。

举例

任康磊在简书上写了近 2 年职场主题，后来才决定聚焦自己的老本行人力资源管理领域，并从人力资源管理领域延伸到团队管理领域，再到其他相关领域。

一开始如果不知道如何定位，可以多尝试几个领域，通过摸索，找到最适合自己的领域。

2. 不要着急

很多自媒体大 V 都是经过摸爬滚打过来的，这些人打拼了很多年，才在一个领域站住脚，成为那个领域的专家。对新手来说，不必对他们过分羡慕，也不必着急，要用时间换空间，要坚持写下去。刚开始的时候，思维深度不够，写作技巧不精，这些都没关系，坚持写一段时间后，必然会改善。

3. 反馈复盘

多尝试、多思考更容易找到适合自己的方向。在写作过程中不断自我发现，利用读者对文章内容的反馈，不断修正与复盘，我们会更容易发现适合自身的定位。

4. 忽略涨粉

在没做好定位前，别把涨粉当目的，也别把涨粉情况作为评判自己该选哪个领域的依据。不然的话，我们可能会产生焦虑情绪，抓不住核心。找准定位，坚持写作一段时间后，再考虑涨粉的问题。

5. 个人品牌

定位其实是帮助读者对我们快速建立认知的。如果实在不知道如何找准自己的定位，放弃定位也没有关系，我们可以建立一个独立的个人品牌。

举例

我在微博上写过出版知识，写过创业知识，写过考试技巧，写过育儿知识，还写过个人成长等主题的内容。自媒体能帮别人解决问题就能成长成一个独立的品牌。

每个人都是多维的，就算无法让读者了解我们的领域，也可以让读者认识我们的个人品牌。

1.3.4 如何考虑市场情况

很多人寻找自媒体写作定位时，会根据市场大小来判断。如果我们能掌握较全面的数据，分析后，可以选择市场大、竞争小的领域。但根据我的经验，这样的领域几乎不存在。当某个市场大、竞争小的领域出现时，很快就会有大量自媒体涉足这个领域。

实际上，如果按市场大小来选定位，反而是那些大 V 越多的领域，越有前途。别人问我市场大小与定位选择时，我一般是基于这个领域中有多少大 V，最大的大 V 有多少的粉丝数、阅读量、点赞数、转发数等给出回答。为什么呢？原因如下。

1. 市场够大

为什么某个领域大 V 多？因为关注那个领域的人多，对那个领域感兴趣的人多。这些人既然关注了大 V，就有可能关注我们。粉丝不是某一个大 V 独有的，粉丝也不是只能关注一个大 V，二者是多对多的关系。所以哪个领域大 V 多、竞争大，反而说明这个领域机会也多。

2. 拥有目标

向大 V 学习进步会更快。某个领域里面如果有大 V，这个大 V 就是我们学习的榜样。有成功案例、有对标物，就不需要自己摸着石头过河，沿着成功者走过的路前进，学习成功者的做法，是一种捷径。

3. 找到同伴

相同领域内的自媒体并非绝对的竞争关系，完全可以结成同盟关系、朋友关系。自媒体之间可以相辅相成，而大 V 多的领域，同类自媒体也不会少。如果能和大 V 形成同伴关系是最好的，如果不能，也可以和同类自媒体形成同伴关系，一起前进，提升竞争力。

1.4　自媒体写作平台选择

适合写作的自媒体平台有很多，有大而全的，有强背景的，也有小而美的，这些自媒体平台各有优缺点，有不同的适用性，我们可以根据自身的特点、领域、擅长与规划选择适合自己的自媒体写作平台。

1.4.1　主流的三大梯队

目前比较主流、适合写作的自媒体平台可以分成三大梯队。

1. 第一梯队：大流量 + 大众平台

微信公众号、微博、今日头条属于第一梯队的自媒体写作平台。这三大平台流量较大，且都属于大众平台。从创作者的角度，它们之间的区别比较大。

（1）微信公众号

微信公众号依托超过10亿的活跃用户，拥有巨大的潜在用户。微信公众号比较封闭，公众号运营者与读者的关系像主人与客人，主人可以发布信息，客人（粉丝）话语权较小。粉丝发的评论，必须经主人同意，才会展示出来。微信用户中，上班族占比较高，具备一定的潜在消费能力。

（2）微博

微博的月活跃用户数量超过5亿，青年人是其主力用户群体。微博很像是街边的商铺，每一家商铺都是独立的，大门敞开，谁都能进去，谁都能说几句，相邻商铺的老板也可以串门。微博粉丝的忠诚度较高，微博账号拥有者与粉丝的互动较多。

对想聚集粉丝的人来说，微博是最好的选择。我问过很多高校毕业生，问他们微信公众号、微博、今日头条中哪一个的使用频率最高，得到的答案最多的是微博。在微博积累一定量的粉丝后，再向其他自媒体平台引流，是比较容易的。

（3）今日头条

今日头条的日活跃用户数量超过2亿，用户以二三线城市人群为主。今日头条很像一个商场，里面有很多商家，但全靠商场引流。客人比较认商场，买东西不一定去哪家，商家也不太注重客户评论。在三大平台中，其粉丝忠诚度最低。

2. 第二梯队：强背景 + 扶持政策

有一些自媒体写作平台的背景比较强，同样有可能让创作者获得比较大的流量。大型互联网公司会有自媒体产品矩阵，可选的平台有百度系的百家号、腾讯系的企鹅号、阿里系的大鱼号等。传统的门户网站也在抢占自媒体流量，可选的平台有搜狐网的搜狐号、新浪网的新浪看点、网易的网易号等。除此之外，还有一点资讯（一点号）、东方号、大风号（原名凤凰号）等具备一定实力的自媒体平台。

第二梯队的这些平台为吸引优质内容提供者入驻，鼓励优质原创内容生产，常会推出各类扶持政策。很多平台对优质原创内容的奖励非常可观。

3. 第三梯队：小而美 + 垂直领域

在自媒体写作平台中，有一种小而美的平台，这类平台的特点是虽然流量不大，但功能性较强，例如知乎、简书、豆瓣等。

（1）知乎

知乎平台用户中，高知人群和高收入人群占多数，平台功能性比较明确，用户目的性较强。创作者在知乎平台输出，如果内容质量够高，能得到其他用户认可，可以形成专家身份，获得比较强的自我认同感。

（2）简书

简书平台用户群体较文艺，是文艺青年的聚集地。简书平台相对较封闭，有一套自己的文章推荐规则，如果文章不能“上首页”，则很难获得关注。如果是偏文艺范儿的创作者，可以考虑简书平台。

（3）豆瓣

豆瓣平台中比较火爆的有豆瓣读书和豆瓣电影两大板块。如今很多人购书或看电影前，会先到豆瓣看评价。在豆瓣拥有大量粉丝的人，影响力同样不容小觑。

（4）垂直领域

在小而美的平台中，还有一种是垂直领域平台。如果聚焦某个垂直领域，可以选择垂直领域平台输出。

举例

三茅人力资源网就是人力资源管理这个垂直领域比较知名的平台，畅销书作者任康磊就是通过这个平台崛起的。

1.4.2　选择的三大法则

自媒体写作平台那么多，如何选择呢？应遵循以下三大法则。

1. 围绕用户法则

这是最重要的法则。选择自媒体平台时，首先要了解读者用户是谁，了解读者用户有什么特点，画出读者用户画像。然后看平台用户与读者用户画像是否匹配。

举例

任康磊之所以选择在三茅人力资源网输出，是因为三茅人力资源网是精准的垂直领域平台，平台用户群体和他的读者用户画像完全匹配。人力资源从业人员同样也是微信公众号和微博的使用人群，所以他也在微信公众号和微博上输出。

2. 自身需求法则

选择自媒体平台时，要考虑自身需求。每个人写作目的不同，用以内容输出的自媒体平台要能够满足自身需求，或者能在一定程度上满足需求。

如果追求建立个人品牌，积累粉丝，希望和粉丝形成强互动，可以选择微博作为自媒体写作平台。微博适合张扬个性、表达自我，容易与粉丝建立强情感纽带、与粉丝建立强互动。

如果想通过持续写作出版自己的书，可以选择知乎或简书。这两个平台中出版人较多，他们会留意优质作者或内容。优质内容适不适合被出版还要看粉丝数量，作者最好同时有微信公众号或微博的粉丝积累。

3. 平台属性法则

选择自媒体平台时，要注意平台属性，不然可能事与愿违。

举例

我以前经营过一段时间头条号（今日头条），因为做得专注，获得了平台很大的支持，有很多文章都达到了百万级阅读量。奇怪的是，我的粉丝数量却增长得很慢。这其实与头条号平台机制以及用户习惯有很大关系。

今日头条采用的是用户喜好推送机制，用户只要打开今日头条，就能源源不断地获得自己感兴趣的内容，不需要刻意去关注某一个头条号。所以头条号可能流量大，但涨粉困难。

1.4.3 常见的 4 个问题

很多人在选择自媒体写作平台时会存在疑惑，比较常见的有如下问题。

1. 同一时间选一个平台，还是选多个平台同时发布

人的时间和精力是有限的，每个平台的属性、算法不同，做好每个平台的方法也不同，需要花心思研究。自媒体写作初期要集中精力做好一个平台。在聚集起粉丝后，再做其他平台会容易很多。如果同时在多个平台发布内容，眉毛胡子一把抓，最后可能哪个都做不好。同时运营多平台极大概率会失败。

举例

我有将近 20 年的出版经验，每天拿出将近 10 个小时的时间放在微博上，用了 2 年时间，才敢说自己做好了微博。

很多刚开始自媒体写作，并且一个平台都还没做好的人，每天要拿出一段时间写作，如果还要把精力分散到多平台，这注定效果不好。

其实每个平台的运营方法不同，有些甚至截然相反。同样一篇文章，在微博上可能会成为爆款，在微信公众号上却可能反响平平。

2. 可不可以同时运营多个领域的账号呢

这个问题和第 1 个问题类似，资源和精力分散是兵家之大忌。一段时间能运营好一个账号已经很不容易了，不建议同时运营多个账号。

3. 选一个平台坚持输出，万一这个平台倒闭了怎么办

这类问题很典型，其实任何企业都有倒闭的可能，人不能因为“可能”就选择不做事了。很多人目前就职的公司倒闭的概率可能比很多优质自媒体平台倒闭的概率大，但我们依然每天上班，所以没必要纠结这个问题。

就算我们输出的自媒体平台真倒闭了，也不要紧。既然我们能把一个自媒体平台做起来，就说明写作能力过关了，在其他平台投入时间和精力后，依旧能风生水起。通过努力获得的经验以及所有文字的积累都是财富，平台可以倒闭，财富永远都在。

4. 听说 X 平台 X 形式是最新的风口，我也想去做那个

做自媒体千万不要有盲目跟风的行为。

举例

我有个朋友，微博刚兴起时做微博。刚有起色，微信公众号兴起了，他觉得那是机会，便扔下微博去做微信公众号。初见眉目后，今日头条兴起了，他又扔下微信公众号去做今日头条。后来短视频崛起了，他又觉得短视频才是未来方向，转去做短视频，结果最后什么都没做成。

很多人觉得微博时代过了，实际上，只要足够用心，内容足够好，无论在哪个平台都能成功。

举例

我就在大家都认为“微博时代早就过了”时，把微博做起来了，如今很多人愿意帮我做“搬运工”，把我微博上的内容“搬运”到其他平台。

第2章

冲破阻碍持续写作

凡事持之以恒才有可能功成名就。只有持续的写作才能产生价值，半途而废只会前功尽弃。很多人想要写作，可写作时总会遇到各种阻碍，这时候一定要想办法冲破阻碍，让自己持续写作。

2.1 写作过程的心理建设

凡事预则立不预则废，为减少写作的阻碍，正式开始写作前，我们要预测可能遇到的阻碍，做好心理建设。写作过程中，我们要随时提醒自己注意写作过程中可能发生的问题，调整好写作的状态。

2.1.1 选准比较对象

举例

在我开第 5 期写作训练营时，有位学员特别焦虑，和我聊了好久，最后决定第 6 期再参加。为什么呢？

因为他觉得自己不会的太多，一口气报了很多训练营，有写作、心理、演讲训练营，结果发现自己时间有限，连课程都不能保证全部听完，更别说完成训练营附带的练习了。他犹豫再三来询问我。

我给他的建议是："先选择一个训练营，好好学，等消化了再学下一个，不然囫囵吞枣，最后全部训练营都白上了。我们可以适度焦虑，这能激发斗志，但千万别把自己逼得太紧，最后反而什么都做不成。"

我有阵子每天跑步健身，发现一个有意思的现象。当有其他跑步的人经过我身边，超过我的时候，我的脚步会不由自主地加快。这样我原本的跑步节奏就会被打乱，很快变得气喘吁吁，四肢乏力，跑步的距离和时间都比以前更短了。

写作也是这个道理。在我的写作训练营中，有很多学员一开始写作比较顺利，但写着写着，他们发现周围的人似乎都写得比自己快。可自身情况不支持自己又多又快地写作，于是原本不焦虑的他们出现了焦虑情绪，开始赶进度，凑字数，写作内容的质量明显下降。

新手在写作初期要找好比较对象。写作这件事，最好纵向比较，也就是和昨天的自己比，和上个月的自己比，有进步就够了。写作不需要横向比较，也就是不需要和其他人相比。如果非要横向比较，就不断找比自己强一点的人比较，这样能让自己不断进步。

2.1.2　追求粉丝同频

举例

我的微博大家庭群中每天都有很多文章分享，每天都有故事赏析，每天都有优秀作品推荐，大家可以在其中学习，可以找到自己的好朋友。在写作方面，好朋友之间可以相互鼓励，相互支持，相互帮助，但我发现有的成员加入这个群的目的不是学习，不是认识好朋友，而是单纯为了涨粉，为了“导流”。

实际上，自身积累不够，写作能力不强时，一味追求涨粉只会揠苗助长，只会让自己感到挫败。自媒体写作新手要追求粉丝同频。什么叫粉丝同频？就是写的内容要得到粉丝认可，要满足粉丝的需求，要和粉丝之间产生心理共鸣。

举例

任康磊曾经和我说起他的减肥经历。他通过运动减肥，每天坚持高强度运动 30 分钟左右，主食摄入量减少到之前的 60%。他减肥前 2 周，体重几乎没变。2 周后，体重开始小幅下降，2 个月后，体重才开始明显下降。

写作也是这个道理。写作的过程就像减肥，需要持续运动并控制饭量，这个过程对很多人来说是痛苦的。粉丝数量有没有增长，就像体重有没有减少一样，是结果，而不应是一开始的追求。

我们在刚开始减肥（写作）时，不应把注意力放在体重有没有减少（粉丝有没有增加）上，而应放在减肥方式是否正确（粉丝同频）上。只要减肥方式正确（粉丝同频），坚持实施减肥计划（坚持写作），体重自然就会下降（粉丝增加），减肥自然就能成功（成为大V）。

举例

任康磊告诉我，很多人减肥失败，是因为刚开始减肥就每天称自己的体重，把注意力都放在体重有没有降低上，而不是放在自己有没有坚持正确健康的减肥方式上，有没有持续做出努力上。很多人运动一段时间后发现体重没变化，就选择放弃。

这极像很多尝试自媒体写作的新手。很多新手每天盯着自己的粉丝数量，看有没有增加，做出一点努力，写出一些文章后，发现粉丝数量没有较大幅度的变化，就选择放弃。

我认识一位作者，在大学时写知乎，写了两年多后，开始有成效，毕业前出了书。有了这样的经历，他毕业后立刻被大公司录用。知乎并不是大流量平台，粉丝数量不高，但他坚持了两年多，与知乎平台中的一部分用户形成了粉丝同频，形成了个人品牌的强认知。

2.1.3 对抗焦虑情绪

如今粉丝获取越来越难，自媒体人的焦虑情绪越来越明显，别说粉丝净增长，不掉粉就已经很不错了。这其中原因很多，部分是由于很多自媒体平台仿照今日头条的做法，注重优质内容推荐，而不是培养大自媒体账号；还有一部分是由于媒体形式过多，使流量分散。

自媒体粉丝减少且难以获取将会是未来时代的大背景，在这一点上不论是文字自媒体，还是短视频自媒体都一样。面对这个背景，我们应如何应对，以及如何缓解自身的焦虑情绪？对于这个问题，要做到以下 4 点。

1. 聚焦成长

写作本身就是最大的收获。涨粉只是写作的副产品，写作本身始终是第一位的。即使没有使粉丝增长，我们也通过写作提升了自己。

2. 难点价值

越是困难的事情，越多人放弃的事情，坚持之后，对我们的价值就可能越大。在人人都为粉丝发愁的时候，坚持写作成功的机会会更大。

3. 相信文字

文字内容一定是经久不衰的。文字能够传递更多的信息，人们从文字中学到太多的知识，其价值持久性及其影响力是显而易见的。

4. 用户分层

随着互联网媒体形式的发展，未来自媒体用户群体会逐渐分层，喜欢看文字内容的是一类人，喜欢看短视频的是另一类人。多种媒体形式，会使粉丝群体分流，但也会让留下来的粉丝更聚焦，让留下来的粉丝黏性更高。

关于写作，不必有焦虑情绪。十几年前，人们都认为互联网崛起了，碎片化阅读大受欢迎，图书销量必然受到巨大冲击。事实上，中国图书总销量基本保持平稳。

举例

用任康磊的话说就是："喜欢看书学习的人，就是喜欢看书学习的人。不喜欢看书学习的人，就是不喜欢看书学习的人。这一点，与互联网发展不发展没有关系。互联网发展反而让那些喜欢看书学习的人更容易获得喜欢的图书，节省到线下实体店找寻图书的时间，同时也给了作者通过互联网展示自己的机会。"

我曾经发过一篇叫"承认自己是普通人"的文章，是写给自己的。有段时间我也每天掉粉，也很焦虑。但焦虑不解决问题，最后我还是选择静下心来，细心打磨文章，做好该做的。现在回头看，虽有波动，但大方向上，我的粉丝数量是持续增长的。不忘初心可以缓解焦虑，要坚持通过写作反思并提升自己。

2.1.4 做到与人为善

与人为善、多交朋友，不仅是做人的基本准则，也是做好自媒体的关键。

举例

我经营微博账号期间见过很多大V相互拉黑、人身攻击的事件，也有很多人在背后攻击我。这些我都没在意，而是专注于做好自己的事。

每个自媒体平台都是一个小社会，都是一个小江湖。每个自媒体平台，都有人爱挑别人的毛病，评论别人的是非。这也许是因为这类人天生就喜欢与人交恶，也许是把其他人看作自己的竞争对手。

互联网时代，虽然有相同赛道的人争抢存量市场的说法，但也有相同赛道的人一起开发增量市场的说法。没有粉丝需要对任何人绝对忠诚，相同赛道，粉丝可以关注 A，也可以同时关注 B。与其把精力用在如何对付别人上，不如把精力用在做好自己上。

这一点不仅在对待同并从事自媒体写作的其他人身上适用，在对待粉丝上也适用。很多人因为粉丝和自己唱反调，就和粉丝发生争执。这其实没必要，过度关注那些反对自己的人，只会令自己筋疲力尽，反而忽略真正的朋友。

互联网上很多事是解释不清的，但凡有点影响力的人，肯定都有人喜欢，有人不喜欢。对待不喜欢自己的人，最好的策略是不理他们，做好自己。

举例

第 1 期写作训练营开营之前，我心情非常忐忑，当时想法是能招来 100

人就很不错了。没想到不到 36 个小时，人就报满了，为什么会这样？因为有很多微博大 V 帮我转发了招募帖。在微博上，一篇文章能达到 10 万的阅读量就已经比较可观了，而我第 1 期写作训练营的招募帖居然达到了 70 多万阅读量，要知道这可是广告帖。这就是与人为善，广交朋友的益处。

2.1.5　寻找资源圈子

每个人都有不同的标签，比如不同地域、不同兴趣、不同职业等，每个标签都可能有对应的圈子。在自媒体写作初期，我们可以多到这些圈子中看看。如果觉得不适合自己，可以退出。如果适合自己，不仅可能让自己得到提升，而且可能给我们带来资源。

举例

我每年都会加入一些圈子，但大部分圈子最后都自然消亡了。这些圈子不是没活力，就是变成广告群，这是种常态，但总有些圈子可以持续发展，我也总能发现几个志同道合的圈子。

这些圈子就像是我发现的矿藏，能够给我带来很大的帮助。深挖这些圈子，我发现有的圈子能给我提供人际关系资源，有的圈子能帮我发现写作素材资源，还有的圈子能为我提供粉丝资源。

我也有自己的微博圈子，文章发布后圈子内的人可以相互转发、评论、点赞，提升内容的互动量，提高内容被微博官方或大 V 推荐的概率，提高文章成为爆款的概率。

寻找圈子的逻辑，其实也是广交朋友的逻辑。“一个篱笆三个桩，一个好汉三个帮”，没有谁是孤立存在的，没有谁能单打独斗取得成就。如今人与人的互联已经如此方便，因此圈子能带来资源，帮助我们更好地写作。

2.2 克服困难持续写作的方法

能力是练出来的，人们要想锻炼写作能力，就需要持续写作。然而写作是件辛苦的事，要持续写作，需要明确写作能力提升的关键，掌握持续写作的方法，克服惰性，养成持续写作的习惯。

2.2.1 提升写作能力的万能公式

在成功学中，有个经典的“只要……就……”公式，示例如下。

举例

只要勤奋努力，就能成功。

只要战略对了，就能成功。

只要诚实做人，就能成功。

当成功学讲师想给人们灌输什么思想，只要套上这个“只要……就……”公式，配上几个故事，听起来就很有说服力。但仔细想想就知道，成功哪有那么简单，所以很多人抵制成功学。

不过在一些领域，遵循“只要……就……”公式，是真能成功的。例如，在减肥领域，遵循“只要……就……”公式就能成功。

举例

任康磊曾用2个月时间把体重从88kg减到75kg。减肥成功后，他写了一篇关于减肥的文章，标题是《减肥是世界上最简单的难事》。

为什么说减肥简单？因为对绝大多数人来说，要想减肥成功，只需要“管住嘴、迈开腿”就可以。套用“只要……就……”公式，就是只要“管住嘴、迈开腿”，就能减肥成功。理论上人人都能做到，可实际上呢？

很多人为减肥查阅许多资料，做出周密计划，结果却不见成效。因为大多数人无法坚持，不能坚持做到“管住嘴、迈开腿”，这正是减肥难的地方。减肥起心动念容易，过程却很难，所以很多人选择放弃。

写作能力的提升也遵循“只要……就……”公式。只要坚持写作，不断写作，写作能力就会提高。这就好像学英语，最重要的不是学单词，而是坚持用英语说话。有人背了一本英语字典，却不学着用英语和别人交流，最后还是等于不会英语。提升写作能力，最重要的是开始写，坚持写。只要坚持写，写作能力就会有所提高。

举例

我今年看去年写的文章，会觉得写得不好。我去年看前年写的文章，也觉得写得不好。正是因为我不断坚持写作，才让自己的写作能力不断提升。

2.2.2 如何战胜写作拖延症

很多人都知道提升写作能力很重要，却迟迟不愿付出行动。这其中可能有很多原因，例如准备不充分、害怕被人笑话、没时间等。但大多数原因其实都是借口，大多数人无法持续写作，主要是因为有“拖延症”。

美国作家娜塔莉·戈德堡（Natalie Goldberg）有一种防止写作拖延症的方法，就是给自己设定一个时间目标。写作拖延症较严重的人开始可以只设定 10 分钟的写作时间目标，在这 10 分钟内，心无旁骛地写作。坚持一星期后，逐渐递进，再设定 20 分钟、30 分钟、40 分钟、60 分钟等不同时长的写作时间目标。

要成功实施这个方法，重要的是不管我们设定的持续写作时间有多长，都必须遵守，并且完成整个时段的写作。在实施这个方法的过程中，要注意如下 4 点，如图 2-1 所示。

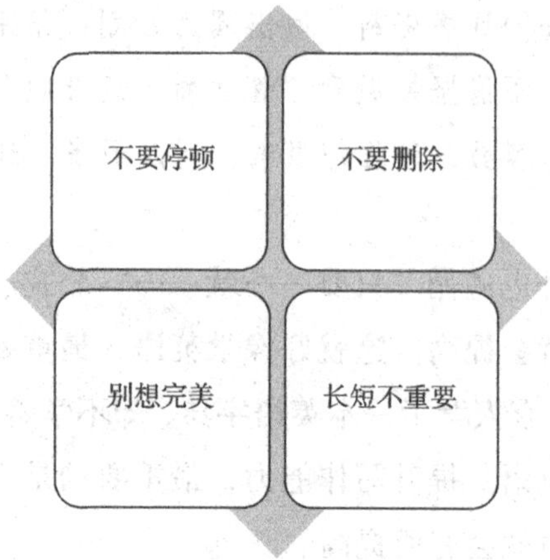

图 2-1　战胜写作拖延症的 4 点注意事项

1. 不要停顿

决定写作后，要立刻开始写，不论用电脑，还是用手机。不要总想着要完善一下某个事物后再写，这是拖延的借口。用什么工具写作不重要，重要的是决定写作后，一定要立即开始实施。

2. 不要删除

新手刚开始写作时写出什么就是什么，别怕思想幼稚，别怕观点非主流，也别怕出现错别字，先写出来。写出来后为了语言通顺、更易阅读、厘清思路、突出重点，可以适当修改，但不要大段地删除。

3. 别想完美

想表达观点，就要说明白，喜欢就喜欢，讨厌就讨厌，别纠结于各种例外情况。横看成岭侧成峰，任何事物都可以从多个维度去解读。写作不需要追求看待事物有多全面，把自己在某个维度上的观点表达清楚即可。

4. 长短不重要

很多人写作有“憋大招”的心理，总想一鸣惊人，一下子写出一篇爆款文章，这几乎是不可能的。写作可以先从短文写起，哪怕一篇文章只有 50 字，也是实现了零的突破。只要坚持写，半年后就可以轻松写出 500 字的文章。

2.2.3　如何克服惰性坚持写作

很多人都想写作，但很难坚持，三天打鱼两天晒网，没长性。在这个信息爆炸的时代，信息来源太多，持续做一件事太难了。有人说现代人能连续做一件事两个小时，就算专注力比较强了。

如何克服惰性，坚持写作？

很多人觉得能持续做一件事的人一定有过人的自制力。真相是，保证人们高效持续运转的能力其实是“习惯”，不是自制力。

经历过高考的人都有体会：备战高考那段时间似乎是人生中学习力和自控力的巅峰时期，那段时间每天可以没日没夜地复习，连续长时间练习大量考试题；可以学到很晚才睡觉，第二天早起，却还能精神抖擞，继续奋战。

奇怪的是，同样一群人，考上大学后，却一下子变懒散了。大学生群体中，熬夜看剧、晚睡晚起是家常便饭，很多人都没了高中时的毅力。

为什么会这样？

因为习惯！

大多数人起床后刷牙洗脸的过程是这样的：睁开眼，穿上衣服，走到洗漱台前，拿起杯子和牙刷，接水，挤牙膏，开始刷牙，刷完牙之后洗脸……这时候，即使人们睡眼惺忪，但对这套起床后的流程仍然能精确无比、毫不费力地执行。这个过程需要自制力来完成吗？当然不需要。

同样的道理，高中的学习基本不需要太多自制力，高考前那种紧张的学习氛围让高中生被动养成了很多习惯，每天规律地上课、自习、吃饭和睡觉。每个月、每个星期、每天需要学习或复习什么，老师们都替高中生规划和安排得非常好。

高中生进入大学后，一切变得比较自由。没有了高中时的紧张环境，他们便丧失了那些被动养成的习惯，学习开始松懈。

举例

任康磊说，他大学生活过得非常不羁，经常逃课，总到网吧玩游戏。

快考试了，别人都在自习室忙着复习，他进自习室看15分钟书就坐不住了，不是和同学聊天，就是又跑去网吧玩游戏。他当时就是学校典型的反面案例。

他开始写作后，刻意让自己养成写作的习惯。一开始，他让自己养成每天写东西的习惯，只要写就可以，不追求字数。后来，慢慢变成每天写1 000字、2 000字、3 000字，到现在养成了平均每天至少写5 000字的习惯。

这个习惯已经成了他的“强迫症”。有个网络用语叫“懒癌”，指的是人们因为懒惰而拖延，无法完成目标。自从养成了写作的习惯，他发觉自己仿佛得了一种和“懒癌”相反的“病”。这种“病”就是自律。

每天写完了5 000字，他才觉得这一天过得有意义。写不完5 000字，他感觉就像早晨起床之后没刷牙洗脸。出差路上时间比较长，但又不方便用电脑的时候，他就用手机写。有次我和他一起坐飞机，飞机起飞降落时不允许用电脑，他就用手机打字，空姐见状多次来提醒并检查他的手机，问他是否将手机调至飞行模式。大概是看他较为投入，以为他在用手机与别人聊天吧。

和他认识这么久，我发现他的手机基本不是用来聊天的，除了打电话和听线上课，他的手机的主要用途就是写作。

2.2.4 如何养成持续写作的习惯

刷牙洗脸这类事较简单，所以通过采取行动养成习惯比较容易。写作不像刷牙洗脸那么简单，人们要展开行动，养成写作习惯，就需要给自己设置一个正反馈。有了正反馈，人们的行为和习惯就能进入一个增强回路中。

养成写作习惯的增强回路如图 2-2 所示。

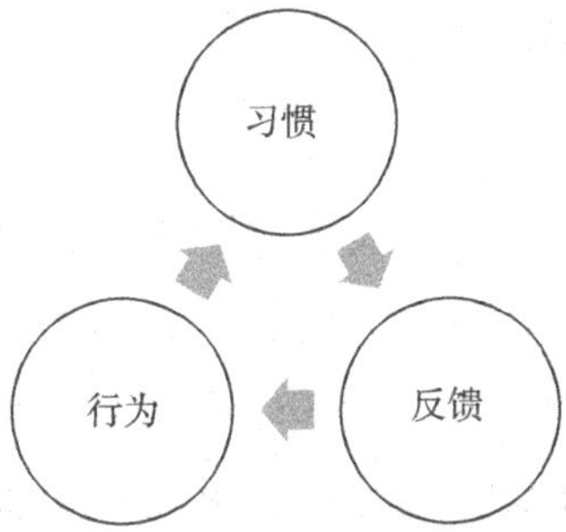

图 2-2　养成写作习惯的增强回路

所谓反馈，指的是当人们做出某种行为时，周围环境对这个行为产生的作用状态。不断重复某一行为会形成习惯，好的习惯会带来正面反馈，从而进一步促进人们产生行为。相反，如果遇到负面反馈，那人们的行为和习惯就会进入一个减弱回路。

举例

当任康磊没写书时，他的正面反馈来自发布在自媒体平台上的文章有人点赞，有人评论，有人喜欢。当他写第一本书时，正面反馈来自马上要出书而产生的成就感。他如今写书的正面反馈来自书的销量，这是市场对他创作价值的肯定，激励着他继续努力。

养成写作习惯的过程中，获取正面反馈的方式有很多。例如加入某个写作训练营，大家坚持写作，相互监督，相互评价，相互学习，通过社群获得正面反馈。

刚开始写作时，一定会有很长一段时间处于看似没有产出的投入中。这段时间也许令人感到漫长，但功不唐捐。就像书法家，在成为书法家前练字时写的字是没有价值的，有价值的是成为书法家后写的字。可如果书法家在前期没有大量地练字，也不可能成为书法家。

2.3 让写作变简单的方法

很多人说写作难，实际上通过正确的方法，可以让写作变得简单。正确的方法可以在人们没有写作动力时，为人们带来动力；在人们没有写作灵感时，为人们带来灵感；在人们无法专注写作时，让人增加专注力；在人们觉得自己没有时间和精力写作时，可以帮助他们做好规划。

2.3.1 如何提升写作动力

要提升写作动力，可以使用“增加杠杆”的方法。阿基米德说：“给我一个支点，我可以撬起地球。” 杠杆原理是一种物理现象，被应用在不同领域。有效利用杠杆原理，往往能让效率倍增。

日常生活中，杠杆在金融资本市场中出现的次数较多。例如，有一种可以利用1%～10%的保证金，进行10倍～100倍额度交易的规则，这类规则属于金融杠杆，可带来高收益的，同时也伴随高风险。

只要有负债，公司就会有财务杠杆。投资者有时候会根据上市公司的财务杠杆系数来判断某公司的经营状况和股票价值。这属于风险杠杆，一般来说，杠杆越大，风险越大，收益也越大。

要养成写作习惯，如何增加杠杆呢？例如，当人们想要养成一个习惯—每天写一篇文章时，如果只是默默行动，尝试让自己养成这个习惯，很可能失败；如果在公开场合做出承诺，让周围的人都知道自己要养成这个习惯，要实现这个目标，这就是给自己加了杠杆，运用公开承诺来督促自己做出行动。这时候如果达不成目标，周围的人会觉得我们言而无信；如果达成了目标，周围的人会给我们带来很多正反馈。这就是杠杆的作用，通过增加失败的成本，扩大自己成功的收益，促使自己持续做出行动。

增加杠杆的方法很多，除了公开承诺外，还可以找一位信得过的朋友监督自己。比如我们可以拿出 100 元来让这位朋友保管，告诉这位朋友，假如自己可以坚持 21 天里每天写作，就让这位朋友把 100 元还给自己；假如自己没有做到，这 100 元就送给这位朋友。

2.3.2 如何获得写作灵感

很多人想写作，但不知道写什么，有时一个主题想半天也写不出来，人们往往会将这类问题归咎于缺乏灵感。如果人们有了持续写作的行动，但写的时候没灵感，该怎么办呢？

举例

著名作家刘墉曾问他儿子刘轩说："为什么很久没见你写作了？"

刘轩说："因为我没灵感。"

刘墉说："什么叫没灵感？这只是很多人不创作的一种托词而已。"

刘墉的意思是，写作应当像吃饭、睡觉这类比较规律的事一样。人每天到某个时间点就应当吃饭，而不是等到有饥饿感后才吃；人晚上到了某个时间点就应当睡觉，而不是等到有了困意才睡。很多时候，人原本不饿，但到了饭点，点了些菜，发现味道很好，于是有了食欲；很多时候，人原本不困，但到了睡觉的时间点，坐在床边看了会书，于是困意袭来。

写作也是这个道理，写作应当是一种有规律的持续行动。写作与灵感之间的关系并非很多人认为的那样是因果关系——因为来了灵感，所以才开始写作，而应坚持写作，让写作灵感越来越多。

找写作灵感可利用输出倒逼输入的原理。这里的输出，指的是写作产出的内容；这里的输入指的是写作的灵感、素材等。因为必须输出写作内容，所以自己被迫去寻找与写作内容相关的所谓灵感。

所谓的写作灵感，可以来自场景、表达、记录 3 部分，如图 2-3 所示。

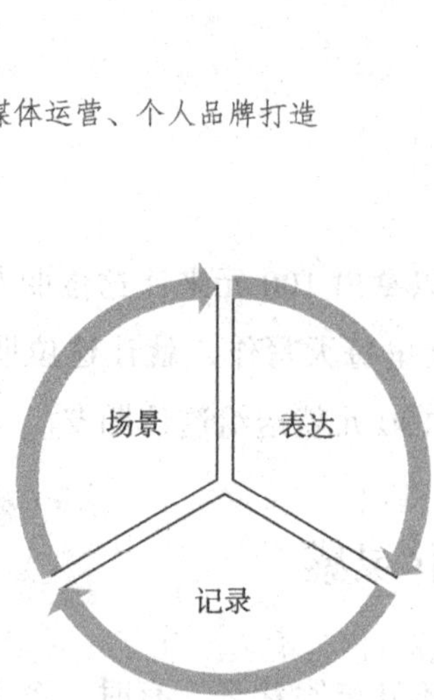

图 2-3　写作灵感来源

获得写作灵感的方法可以分成以下 3 步。

1. 想象某个场景，场景最好是动态的、有剧情的、有画面感的，就像电影一样。

2. 在当前想象的场景中，存在人们的沟通和表达，这时候，人们会说什么？

3. 观察场景，根据需要描述场景或记录人们在场景中说的话，形成文字。

2.3.3　如何保持写作专注

很多人写作一会儿，思想就开小差，很难集中精力。有个词叫心流，指的是人们全身心投入一件事后，忘了时间，忘了周围事物的一种全神贯注的状态。心流当然是写作的最佳状态，但心流可遇不可求。

当人们在写作时，无法达到心流状态时该怎么办呢？有一个技巧，帮助任康磊解决了思想不容易集中的问题，这个技巧，叫断点续传，如图 2-4 所示。

图 2-4　断点续传示意图

断点续传原本是一种互联网信息传输技术。互联网刚出现时，下载文件的原理是把文件看成一个整体，一次性从头到尾完整传输数据。因为当时互联网的数据传输速度慢，个人电脑配置普遍比较低，如果下载过程中电脑死机或关机，不论已下载文件有多大，不论下载了多少数据，就算已下载 99.99%，都要从头再来。

有一批下载软件就用断点续传技术解决了这个问题。断点续传的原理是在下载或上传数据时，把下载或上传任务人为地划分成几部分，每部分采用一个线程进行上传或下载。简单地说，就是假如当前要下载某个文件，软件利用断点续传技术把这个文件切分成 100 份，再平均分成 10 份，然后从 1 到 10，从 11 到 20，从 21 到 30……分别进行下载。

在这种情况下，如果遇到网络故障，已经下载的部分不会消失，可以继续下载没有下载的部分，而不必从头再开始下载。和以前相比，这大大节省了下载时间。

也就是说，断点续传技术是通过分模块、多线程，以多任务模式，解决一出现问题就从头再来的问题。明白这个原理后，可以把这个原理变成一种做事的方法，用来解决写作时思想总开小差，专注力不强的问题。

举例

任康磊写一本书时，会先写目录。任康磊的书中三级标题大约有 200 ~ 300 个，这是他对内容分模块的过程。分完模块后，他写作时并不是按顺序从第一个模块写到最后一个模块，而是觉得对哪个模块特别有想法，就先写哪个模块。

有时工作需要，相关书籍要一次性策划 2 ~ 3 本，他就 2 ~ 3 本书同时写，这样就可能会有 400 ~ 900 个模块。除此之外，他平时还要策划准备一些线上课和线下课的内容。这样就形成了他的多线程，多任务模式。

肩负着如此巨大的分模块任务量，他每天都要思考与这些任务相关的内容。这时候就算他的思维想要跳跃，也很难跳出这些任务范围。或者说他的思维可以分散，可以跳来跳去，但不论怎么跳，都在思考与任务相关的事。

最后，他有很多任务是同时完成的。也可以这样理解，他对自己专注力的管理，是用非常巨大的分模块任务量，圈住自己大部分的注意力的。

他经常一个模块写到一半的时候，思想一下开了小差，想到了和另一个模块相关的内容，他就赶快去写另一个模块。有时候他写了一会儿书，一下子想到一个线上课中需要有类似的内容，他就赶快去准备线上课的部分。就这样，他一天的时间，一会儿写这儿，一会儿写那儿，不知不觉中，就到晚上12点了。

采用断点续传的方法后，他经常一坐下进入工作状态，工作就不断向前推进，效率高到忘了吃饭。后来他特意用手机设置了闹钟，提醒自己每过1小时要站起来运动一下，也提醒自己按时吃饭。

心流这个词通常指的是心无旁骛地做一件事。但心流的含义不限于此，心流完全可以是心无旁骛地做很多事，每件事都是为整体目标服务的。

很多人觉得心流是可遇不可求的，所以觉得自己达不到心流状态时，就选择放弃做眼前的事，去做一些无关的事。实际上，运用断点续传原理，人们可以通过做很多种相关的事，把自己留在与目标相关的任务中。

让大脑得到休息的方法并不是什么都不做的放空，而是做另一件事。运用断点续传原理分解任务，既可以在整体上保持专注，又可以让大脑得到必要的休息。

2.3.4 如何管理写作精力

物理学中有能量守恒定律，写作同样也有能量守恒定律。写作中的能量守恒定律的典型表现是，时间在哪里，结果就在哪里。要养成写作的习惯，提高写作能力，输出写作内容，必然要投入大量精力，必须花长时间练习。

很多人想得到好结果，却不愿为之付出时间，想要写作，却把大量时间花在看短视频、聊天、刷新闻这类与写作无关的事情上。如果连时间都舍不得付出，又何谈成长？

要管理写作精力，要做好以下 3 点。

1. 寻找时间

写作要投入时间，但不一定非要是连续的、整段的时间。对很多人来说，也许无法拿出较长的时间写作。这时候可以把写作当成副业，或者当成生活中的随笔记录，运用碎片化、不连续的时间进行写作。

举例

任康磊还在职场时，午饭后一般有 30 ~ 60 分钟的休息时间，他会利用这段时间进行写作。每天下午下班吃过晚饭后，他会花 2 ~ 4 小时集中写作。乘坐公共交通工具时，他会用电脑或手机写作。创业后他可以自由支配时间，他对自己的要求是每天工作 14 小时，其中至少有 6 小时用来写作。

2. 屏蔽干扰

很多人进入写作状态比较慢，而且进入写作状态后专注度低。如果写作过程受到某种干扰，很可能让原本顺畅的写作难以为继，所以写作过程中要屏蔽外界一切可能的干扰源。

举例

任康磊写作时会想尽办法屏蔽一切干扰。他会把手机调成静音模式，只有手机中的闹钟会响。他用社交软件时几乎不使用朋友圈功能，只用社交软件来发送和接收信息。他会屏蔽一切无效的社交活动，不参加任何无意义的聚会活动。他用电脑或手机上网时，会屏蔽一切推送类的热搜、新闻或广告。

3. 不要纠结

一个人在某个方面投入的时间比较多，在其他方面投入的时间自然会比较少。如果选择把自己的时间投入到写作上，就安心投入，努力在写作

上做出成果，不要纠结自己在其他方面可能会获得的成果。

举例

我在微博上投入了大量的时间和精力，才成功运营了我的微博账号。任康磊在写作上投入了大量的时间和精力，才成了畅销书作家。反观我身边的很多朋友，想得太多，做得太少，最后自媒体没做成，社群没经营好，书也没写出来。

第3章 如何找到写作素材

很多人不知道从哪里获取写作素材，苦于无素材可用。写作素材的来源非常广泛，常见的有两种，分别是一手素材和二手素材。写作者可以根据自身特点，从这两种写作素材获取方法中选择适合自己的方法。

3.1 一手写作素材

一手素材指的是源于自身的写作素材，或者源于外部，不专属任何人，谁都可以写的写作素材。一手写作素材常见的获取途径包括人生经历、生活感悟、热点事件等。要用好一手素材，掌握一手素材的获取方法，让一手素材发挥出最大价值。

3.1.1 如何通过人生经历获取素材

在互联网时代，人人都可能成功，人人都可能建立个人品牌。每个人都是一个独特的个体，就像世界上没有完全相同的两片叶子，世界上也不会有经历完全相同的两个人。不同的生活经历，正是人与人之间存在差异的主要原因，也是人们愿意了解他人，感受他人的原因。

1. 人生经历是最好的个人品牌故事

建立个人品牌需要故事，故事让个人品牌更丰满，人生经历恰好可以提供素材。人们好奇别人的人生经历，想知道别人的人生有过哪些自己没有的境遇。通过阅读别人的人生经历，人们能够感受不一样的风景，看到不一样的烟火。

2. 人生经历写作的重点是抒发情感、引起共鸣，而不是简单叙事

写人生经历如果只给自己看，就算写成大事记的形式也是可以的；如果是给别人看，就要注意别把文章变成一篇流水账。呈现给读者看的人生经历应当是重要时间节点或有重大情感起伏的经历。

人生的希望与失望、高兴与悲伤、成功与失败等都可以成为写作素材。虽然每个人的人生经历不同，但人类的基本情感相同。触动人心的是文字传达的情感，而不是内容本身。以人生经历为写作素材并不是用经历本身去打动人，而是通过写人生经历传达情感，把情感表现得淋漓尽致。

3. 人生经历不仅指发生在自己身上的事

实际上，我们读过的每一本书，经历的每一件事，遇见的每一个人，给别人讲的每一个段子，都能成为写作素材。人生是一座富矿，只要用心挖掘，总会发现很多惊喜。

举例

任康磊说在他老家，跟亲戚朋友聚会总会遇到特别会助兴的人，这种人一定会讲一些搞笑的段子来活跃气氛。他以前有个同事，就是这种助兴的角色，讲起笑话段子来不重样，起承转合，声情并茂，特别搞笑。

有一次任康磊的公司举办年会，他让这个人帮忙写一个小品，结果这个人怎么都写不出来，说自己从来没写过这类东西。

任康磊提醒他可以写聚会时讲的那些段子，这个人才恍然大悟，一下午就写出一个小品。这个小品在年会上的演出效果非常好，引得台下观众不时哄堂大笑，成为那次年会的最佳节目。

3.1.2 如何通过生活感悟获取素材

人与人之间差异的美妙之处在于，接受相似的信息，不同的人却能产生不同的想法。一对同卵双胞胎，年幼时的人生经历可能几乎相同，但对人生经历的加工和感悟却可能完全不同。除人生经历外，对生活的感悟同样可以作为写作素材。

1. 生活感悟有助于彰显个性

个性源于人们对同一件事的不同观点，源于人们不同的价值观。生活感悟最能彰显人们不同的个性，展示个人与众不同的气息。

韩寒在《通稿 2003》中有这样的生活感悟。

举例

一个人独立，我想经济的独立是重要于精神的独立的。如果一个人能大言无耻地宣称他已经独立，但是不幸的是还和爹妈住在一起、超过了十八岁还由爸妈养着，他的问题就不是精神是否真的独立，而是神经是否真的有问题。

同样，我想其实经济的压力是要重要于精神的压力的，因为所谓精神压力其实都是扯淡的，而且是天生的，因为我发现有的人总是喜欢把自己往悲惨的地方想，就算生活美满，也会对为什么生活这样美满而哀怨。

2. 说出来比写出来更容易记录生活感悟

很多人苦于不知道如何表达和记录感悟，当自己有感悟时，没有写作的需求，到了想写感悟时，却想不起来自己当初的感悟。所以记录生活感悟最好的方法是在发生感悟的当下，把感悟先说出来。

不同人说话速度不同，普通人的说话速度是 1 分钟 180 字到 260 字。就算说话比较慢的人，10 分钟也能说 1 800 字，1 个小时可以说 10 800 字，12 个小时可以说 12.96 万字。按照这个速度，理论上 12 个小时就能写一本书。当然这是理想状况，就算不是理想状况，只要用心写，1 小时写 1 000 字很多人还是能做到的。

这里有个小技巧——语音输入，我们可以把自己的生活感悟以语音的形式记录下来，或者直接用语音输入法将其转化成文字。

很多人觉得学得足够多，才能写得足够多。其实不是，有时候说得足够多，也可以写得足够多。说话是一种比写作更简单的表达方式，当不知道如何写的时候，可以先试试应该如何说。说着说着，会发现写作能力也提高了。

生活感悟没有好坏对错之分，人们在不同时间段，对生活可能会有不同感悟。这时候可以大胆写出自己的生活感悟，就算有人不认可、不接受也没关系，我们总能在人群中找到能和自己产生共鸣的人。

3.1.3　如何通过热点事件获取素材

在互联网时代，热点事件是流量的聚集地，文章的标题和内容如果契合热点事件，就很容易吸引眼球。根据热点事件来写文章，就是“追热点”。“追热点”的时候要特别注意如下事项。

1. 注意遵纪守法

对一些时政事件，要尊重事实，以官方发布的信息为准。在没有确切信息之前，不要在官方发布的信息的基础上添油加醋，不要加入推理和主观判断的成分，更不要传播谣言。利用互联网制作和传播不实信息属于违法行为。

2. 寻找相关角度

热点事件虽然流量很大，但并不是和每个领域都有关系。借热点事件进行写作时，要注意热点事件和自身领域的关联性，不能为了“追热点”而生搬硬套，要选择与自身领域相关的热点事件。

3. 不要违背道德

文章表达的是个人观点，在自媒体时代，这种观点可能会被放大，可能会被很多人看到。这种情况下，写作者在写作时要特别注意内容的道德水准，因为它代表个人品牌的道德水准。一个没有基本道德素养的自媒体，无法形成好的个人品牌。

3.1.4　如何获取一手素材

获取一手写作素材的关键词有 3 个，分别是回顾、反思和总结。一手写作素材很分散，隐藏在生活中，需要有很强的自省能力才能发现。很多人每天都会经历一些有意思的事，但自己却没注意到，于是白白浪费了素材。

要想有效获取一手写作素材，要注意如下 3 点。

1. 注意反思

每天晚上睡觉前回忆，当天有什么事情触动了自己。如果事情较多，可以先发散想 3 件事，然后选择其中一件最触动自己的。如果事情较少，可以把所有事思考一遍。

2. 多面思考

针对这些事，从多个方面思考：这件事的矛盾点是什么？当事人有何反应？他们为什么这么反应？有什么目的？哪里出了错？有什么方法解决？最后总结出了什么道理？

3. 人际分类

如果想不到有什么事怎么办？可以采用人际交往分类法，例如和同事间发生了什么事？和领导间发生了什么事？和同行间发生了什么事？和陌生人（外卖等）间发生了什么事？

某类特定职业的人群，可以思考和自身职业相关的物品间发生了什么事。

举例

程序员可以思考自己和电脑之间发生了什么事？自己和程序代码之间发生了什么事？自己和服务器之间发生了什么事？每天在公司工作 8 个小时，总会有一些事情发生。

与人相关的事件，最终结论通常与人性相关，例如人性的欲望、贪婪、恐惧、追求享乐等。

除当天发生的事情外，可以回顾过去的故事。有很多自媒体大 V，都是通过连载自己过去的故事使粉丝暴涨。我们可以回顾自己的故事，也可以通过看别人的故事，回忆自己的故事，然后从某个细节入手开始写作。

另外，回顾曾经发生的事还有个小技巧——聚焦某一个人。例如特别佩服某个同学，就仔细想想，他有什么优点，做过什么事。这样很容易抓选题，读者也爱看。

很多新手在写作初期，不具备对日常事件的感知能力，就可以多写一些自己或周围人过去的事。这里注意，避免宏大叙事，聚焦一些小事，尽力将它们描述清楚，列出要点，可以利用这个方法练文笔。

举例

我经常拿任康磊举例子，写了很多关于任康磊如何从滞销书作家变成畅销书作家的故事，写他如何靠写书实现年入百万元，每篇文章阅读量都在大几十万。任康磊的故事是我亲眼所见的，非常励志，非常典型，值得学习借鉴，写出来自然很受读者欢迎。

3.1.5　个人素材应用注意事项

自媒体写作，如果能全用一手素材，就不要用二手素材。在一手素材中，如果能用与自己相关的内容，就不要用其他内容。为什么呢？因为与个人相关的素材内容鲜明，具有个人特征，很难在其他人那看到，更吸引人。

个人素材的核心价值包括以下 4 点。

1. 建立信任

个人素材容易让粉丝产生信任感。为什么娱乐号、营销号的内容人们不喜欢看？因为这类内容有固定模板，属于填鸭式机械写作，甚至有些内容是系统自动生成的。这类内容没有意识形态，缺乏个人标签，说的都对，但人们顶多是看看而已，不会喜欢。这样的文章可能会带来阅读量，但不会增加粉丝忠诚度。

有一些搞笑类自媒体，每天的阅读量确实很大，有的互动量也大，可一旦这类自媒体开始变现，绝大多数粉丝不买账。因为粉丝关注这类自媒体，并不是喜欢这个自媒体背后的运营者，而是喜欢搞笑内容。这类自媒体的商业价值并不高。

2. 容易共鸣

人们不爱听道理，更爱听故事。道理无论怎么讲，都会让人觉得干巴巴，讲得再对，人们也不会有太深刻的感受。而讲故事更容易引起共鸣。故事本身也是一种和粉丝间更高级的互动。

3. 内容稀缺

以个人素材写成的故事是独有的，在其他自媒体那看不到。只有凭借这种稀缺性，才能彰显自己独有的价值，才能在竞争激励的自媒体中找准价值定位。如果我们说的内容和别人一样，粉丝凭什么特别关注我们。

4. 形成反思

对自媒体写作来说，反思太重要了。不论抱着什么心态和目的开始写作，都一定离不开反思。每个人都可以通过不断反思来寻找写作素材，让写作的内容越来越受欢迎。

3.2 二手写作素材

二手素材指的是将原本属于他人的写作素材，通过刻意学习，深度思考，加工整理后，变成自己的素材。二手写作素材的常见来源包括网络红人、知识平台、视频平台、他人故事、读书学习等。二手素材不是拿来即用的素材，而是需要经过内化后才能用的素材。用好二手写作素材，要掌握二手素材转化的基本步骤。

3.2.1 如何通过网络红人获取素材

如果个人经历有限，人际关系有限，能够获取到的一手资料有限的话，可以从网络红人那里寻找灵感，获取写作素材。我们可以在输出写作内容的自媒体平台寻找 5~10 个有相同或相似赛道的网络红人，研究和学习他们的写作内容和方法。

这里要注意识别真的网络红人和假的网络红人。所谓假网络红人，是通过数据造假包装出来的网络红人，本质是营销号。这些假网络红人意图通过包装出来的高粉丝数、高阅读数、高评论数、高点赞数来获取广告收入。

如何辨别真假网络红人呢？可以通过如下维度判断。

（1）互动不正常：文章明明是互联网上处处可见的低质量内容，却有非常高的阅读量、评论量、点赞量、转发量，这通常是有问题的。

（2）评论区太“水”：所有评论通常只有少量几个字或一句话，而且评论内容都是类似“特别好”“学到了”“非常支持”之类的可评价任何文章的话。

（3）内容质量低：文章内容明显有四处拼凑的痕迹，没有故事，只能到处抄道理。

避开假的网络红人，找真的网络红人时，可以找那种个人标签比较明显的网络红人。研究这些网络红人的历史文章，尤其是带有明显个人标签的文章，研究和学习他们如何写作，如何表达，如何把个人经历转变为自媒体文字。

要通过网络红人获取写作素材，可以做到如下 3 点。

1. 评论变原创内容

当发现自己对网络红人的很多观点和视角非常认同时，可以通过先写评论，再把评论内容扩展为自己原创内容的方式完成写作。

举例

在微博上，给网络红人写出精彩的评论还可以收获比较多的粉丝。我曾经就通过给网络红人评论微博，提升了很大的粉丝量，而且还有了自己原创内容的雏形。

2. 标题联想式写作

有时候，只看网络红人文章的标题，就能有所联想。要锻炼写作能力，可以先看网络红人文章的标题，不看内容，尝试自己写与标题相关的内容，然后与网络红人写的文章对比，查找自身的不足。

3. 总结内容的规律

网络红人的文章通常都有一定的规律可循。这里的规律不仅有内容选材的规律，还可能有写作手法的规律，可能有切入角度的规律，也可能有观点创新的规律。发现和总结网络红人写文章的规律，有助于受启发形成自己的内容。

3.2.2 如何通过知识平台获取素材

很多帮人获得知识的平台都适合获取写作素材。我用得比较多的是知乎、微信公众号和百度百科。除了这 3 个大众领域的知识平台外，垂直领域平台也可以定向获取知识。这些知识平台之间是有区别的。

1. 知乎

知乎上小故事很多，干货很多，能够激发灵感。

举例

我对 10 多年前的事情已经忘得差不多了，但刷知乎看到某个小故事，我会突然想起当年的场景，于是一篇属于自己的小故事就出来了。而且知乎有“热榜”，里面有最新热点事件，有精彩点评，如果实在不知道写什么，可以从那里寻找灵感。

2. 微信公众号

微信公众号的文章良莠不齐，但其中不乏一些精品的公众号。当没有写作素材时，可以去翻看一下优质公众号的内容。

如果不知道如何搜索微信公众号文章，可以登录“搜狗微信”这个网站。这个网站是专门用来进行公众号文章搜索的，可以搜索到所有的公众号文章，非常方便。

3. 百度

如今百度有很多广告，很多人可能不喜欢使用百度，但百度也有优点：能实现全网搜索，能收集各个平台的信息。尤其是百度百科，知识相对比较准确，很多工具的使用技巧在百度百科上都可以查到。

4. 垂直平台

能获取知识的垂直领域平台比较多，例如科普类的果壳网、教育类的小花生网、财经类的 36 氪等。如果写作内容深入某领域，一定要知道该领域最专业的网站，以从中汲取营养。

3.2.3　如何通过视频平台获取素材

解读视频是一种有效获取写作素材的方法。视频平台上的很多视频有比较强的教育意义，能让人获得知识，也能引发人的联想和思考。要通过视频平台获取写作素材，需要做好如下内容。

1. 关注视频博主

针对不同领域，找到相关视频博主。常见的包含适合解读的视频的网站包括哔哩哔哩（bilibili）、腾讯视频、爱奇艺、优酷、土豆、抖音、快手、梨视频、网易公开课等。

2. 视频深度解读

找到优质视频内容后，不要简单转发，也不要简单地把视频内容编成文字内容，要学习这类视频内容，从自身的角度做深度解读，形成自己的内容。

3. 搜索更多内容

不要总看最新的视频，要利用网站的搜索功能，搜索历史视频。例如对“自学编程”感兴趣，就在网站中搜索，可能会找到一些多年前的视频，这些视频同样有价值，我们同样可以从中获得写作素材。

3.2.4　如何通过他人故事获取素材

举例

我喜欢与别人聊天，看到别人不同的人生，我会觉得很有感触，产生很多思考。我微博中的人物“小 A”的故事，很多并不是自己经历的，而是和朋友聊天时，他们叙述的故事。他们讲给我听，我消化吸收后，又转述出来。这同样有一种独特性，粉丝同样爱看。

如今我已经养成了一种职业习惯，当朋友说完一段精彩的故事后，我会征求他们的意见，是否同意我将其变成自媒体文章发出来。如果朋友同意，我就专门总结这些故事然后发出来。于是，我微博中“小A”的另一个故事就出现了。

通过他人的故事获取素材时要注意以下3点。

1. 多听少说

和朋友交流时，尽量多听少说，让朋友说出自己的故事，然后我们整理这些故事。

2. 中心思想

写他人故事时不要变成记流水账。虽然是故事，但一定要有中心思想，最好最后能说明某个道理。

3. 有所收获

不能因为故事有趣就觉得适合当作写作素材。在写作这类故事前要想清楚，占用读者1分钟的时间，读者能得到什么？就算没办法让他们明白道理，让他们开怀一笑也是好的。如果读者看了半天一头雾水，这类素材就是不适合的。

3.2.5 如何通过读书学习获取素材

相比其他文字内容，书的审核最严格，内容最广泛，质量最高，通常最精彩的内容都藏在书中，但能把一本书啃下来不容易。

举例

我见过很多人，一味追求读书数量，一年读50本书，最后似乎懂了很多东西，但来年还是那个人，一点都没提高。

如果有时间，多读书一定是好的。如今出版业如此发达，任何一个领域都有相关的经典书、畅销书。根据关键字搜索，把销量排行榜前 10 名的书买回家准不会错。选择自己能读下去的书，一节一节地解读，理解其中的内容，并用自己的语言描述，这不仅是读书学习的好方法，也是获得写作素材的好办法。

随着互联网技术的发展，图书的获取和阅读方式也越来越灵活，基本上可以实现随时随地阅读。如果是电子阅读，遇到精彩部分，可以先截图保存，留作日后使用。随着不断地学习积累，这些将会成为很大的素材宝藏。

3.2.6 二手写作素材内化的 6 个步骤

二手写作素材都有中心思想，每个主题都有一套体系。表面看起来，获取二手写作素材比获取一手写作素材更简单，但二手写作素材毕竟是别人的思想，要想把别人的思想内化成自己的并不容易。很多人不会用二手写作素材，不知道如何将二手写作素材内化。

二手写作素材的内化可以分成以下 6 步。

1. 明确某概念的原始定义。
2. 明确该概念能解决什么问题。
3. 用自己的语言描述这个概念。
4. 围绕概念，尝试举出几个例子。
5. 看这个概念和其他概念有什么关系、区别和联系。
6. 看这个概念有什么漏洞，或者有哪些与之相反的概念。

举例

埃隆·马斯克（Elon Musk）提出了“第一性原理”，我们来试着将其内化。

第 1 步，第一性原理是什么意思？应如何思考？对该原理互联网上有这样的解释：打破一切知识的阻隔，回归事物本源，去思考基础性问题，在不参照经验的情况下，从最本源出发思考事物。

第 2 步，这是什么意思？有什么用？看不懂，有没有例子？在制造特斯拉电动车的时候，成本最高的组件是电池。研发团队发现电池组件成本要 600 美元 / 千瓦时。但马斯克运用第一性原理的思考，把电池分为各种金属元素及其他成分，再对供应链进行优化，最终将电池成本降到 80 美元 / 千瓦时。

第 3 步，似乎看明白些了，这时候可不可以用自己的话说一遍第一性原理的定义？例如：对一件复杂事物，要尽量拆分，将其拆分成更细的小块，减少他们之间的联系，或优化他们之间的联系，这样可以极大地降低成本。

第 4 步，这还不够，能不能把第一性原理用到自己身上？例如，孩子的教育问题经常让人焦头烂额，语数外令人头疼、体育令人头疼、艺术类课程令人头疼，这里的第一性原理是什么？很多人希望孩子分数高，希望分数高是为什么呢？

分数高是为了上好大学，上好大学是为了获得好工作，获得好工作是为了有更好的生活，那么更好的生活都需要什么要素呢？其实孩子性格好、有专注力、有进取心、热爱生活，只要有这几项品质，就会有好生活啊。这就是教育孩子的第一性原理，即使孩子暂时成绩不好，甚至高考成绩不好都没关系，关键是要培养孩子的这些品质。

第 5 步，这依旧不够，理解了第一性原理的内涵后，还要将其外延。也就是说，第一性原理和其他思想存在怎样的关联？这时候仔细一琢磨，发现电影《教父》中的台词“在一秒钟内看清一件事本质的人，和花半辈子也看不清一件事本质的人，自然是不一样的命运”，这和第一性原理很像。

当然其他说法——问题本质、底层逻辑和第一性原理也很相似，只是换了个说法，显得不一样了。领导讲话时如果说“你们一定要看透问题本质，这样才能事半功倍”，会让人感觉很平常；如果领导说“你们要弄清楚事物的第一性原理，这样才能事半功倍”，就让人感觉很专业。

第 6 步，这个原理有漏洞吗？会不会存在相反的说法？第一性原理真的这么有用吗？这个原理对普通人真的适用吗？对什么事情都有必要分析到本质吗？对事物分析到本质的拆解过程，是否会耗费太多时间呢？经过这样一系列思考，才算真的理解这个概念。理解后，就可以将其套用到生活的方方面面了。

每天收集了很多素材，如果来不及处理怎么办？我的方法是用面对面建群的方法建一个微信群，群中只有自己一个人。可以把群的名称改成“写作素材思路”，设置群置顶。遇到一个好素材，如果来不及处理，就发到这个微信群中，当有时间整理素材时，再打开整理。为便于管理，用完的素材可以直接删除。

3.3 写作素材应用方法

好的素材不一定能转化成好的文章内容，好的素材必须被有效应用，才能最终形成优质的内容。为此，思想上，我们要学会从消费者向生产者转变；方法上，我们要掌握写作素材的组合方法；方向上，我们要寻找写作素材的切入角度。

3.3.1 消费者向生产者转变

在传统工业经济时代，消费者和生产者的界限比较清晰。在互联网时代，消费者和生产者的界限变得模糊。在自媒体时代，这种界限更加模糊。一个人很可能既是生产者，又是消费者。如果原本就比较喜欢看自媒体文章，如今要从事自媒体写作，就是由消费者向生产者转变。

既然发生了身份转变，心态、习惯、行为都要相应地发生转变。在搜集写作素材方面，尤其要注意这种身份转变带来的习惯变化。搜集素材并不是一件容易的事，一篇500字的文章，经验丰富的写作者不到10分钟就写完了。但要找到靠谱的素材，可能需要花费1个小时以上。每个平台都有优缺点，关键是如何应用。

找写作素材要厚积薄发，必须舍得投入时间，才能让写作素材库变得丰富。经常有粉丝说我信手拈来，这是因为我有近20年的出版经验，看过很多书。对绝大多数人来说，要努力积累素材，才有内容可写。

开始自媒体写作后，如何判断身份已经由消费者向生产者转变了？

从应用层面，可以打开手机，查看手机上安装的App。问自己：这些App能够提供哪些帮助？是消磨时间，还是带来写作素材？可以查找哪些App对写作帮助最大，具体帮助是什么。如果常用电脑，比较少用手机，可以利用同样的方法检查自己电脑安装的程序。

从思想层面，看文章时可以审视自己：是站在消费者的角度看热闹，还是站在生产者的角度思考作者为什么要写这些内容？这些内容切中了什么心理？为什么这些内容的互动数据特别高？如果自己写的话会如何切入？这些内容有何缺陷？如何弥补缺陷？有了这样的思维，就能很快将新观点融入自己的知识体系，这是提升自己的方法。

从行为层面，可以审视自己：平时有没有多阅读？有没有把阅读内容编成写作素材？和别人聊天的内容有没有变成写作素材？有没有主动搜索、学习过与自己领域相关的知识？有没有留心观察生活，发现生活中令人开心、振奋、沮丧的事情，描述并记录下来？在看电影或电视剧时，有没有主动思考，形成自己的写作素材？

消费者向生产者的转变，既是一种身份的转变，也是一种意识形态的转变，只有真正完成这种转变，对写作素材的收集才能持续，才能有效。如果发现自己还没有完成这种转变，首先就要完成它。

3.3.2 素材的 5 种组合方法

举例

几乎我的每篇微博文章都可以分成两部分：故事 + 道理。故事我通常用的是一手素材，道理我有时候用的是一手素材，有时候用的是二手素材。

故事比较容易打动粉丝，道理比较容易引发粉丝的共鸣。当积累了大量的一手素材和二手素材后，写作输出会变得简单。将写作素材组合输出的方法有很多，自媒体写作中比较受欢迎的方法有以下 5 种。

1. 回忆法

回忆最近的生活，是否存在感触比较深的故事，把生活中的故事和原理连接，然后组合形成写作内容。我本人比较常用这种方法。

2. 干货法

将纯干货内容组合，完成写作。每篇干货文章字数大约在 1 000 字以上。这些干货文章知乎上也有很多。

3. 问答法

以问答的形式引出自己的内容。可以每天回答粉丝问题，选话题性高的写出来，反响强烈。这里有个技巧，很多平台都有问答排名可查，例如知乎的榜单、今日头条的悟空问答、微博的问答功能等。

4. 时评法

针对当前热点，给出点评。这里要注意，不要随意“追热点”，要追自己感兴趣、有话说的热点。微博、百度、各大门户网站都有专门的热点、热搜页面，可以通过这些渠道寻找热点。

5. 摘抄法

可以选择一本经典书，从中摘抄 10 多条精彩语录，或者从当前最热的电影中摘抄经典台词，注意引用时必须注明出处，这样做很容易引起共鸣。

把写作素材组合成内容时要注意，有些营销号为获得流量，很多文章都是在机械组合写作素材。这类文章内容无法引发读者共鸣，越来越不受读者喜欢。如今互联网环境越来越好，理智的粉丝越来越多，内容是好是坏，读者心明眼亮。

如果是扎扎实实靠写作积累粉丝，可能刚开始粉丝数量不会迅速增长，但长期坚持，必然会渐渐得到认可。要做到这一点，建议老老实实输出。所谓老老实实，具有以下3层含义。

（1）内容实在，干货较多，粉丝就会认可。

（2）每天坚持写作，很努力，即使内容不好，粉丝也会看在眼里。

（3）写自己的事，让粉丝有亲近感。与之相反的，树立虚假人设，总是炫耀或瞎编，早晚会露馅。

3.3.3 素材的两大切入角度

要想通过写作在自媒体时代立足，首先必须明确自己为谁服务，也就是找到自己内容的受众群体（读者群体）。自媒体写作是写给读者看的，找准读者群体后，写作应围绕读者群体展开。

读者们希望看到的是看完后可以产生情感认同的内容，或令人感同身受，或令人有所启发，总之要能够深入人心。写作形式可以多种多样，写作素材可以丰富多彩，既然是给读者看的，就要注意写作的切入角度不能随意而为。

1. 写读者想看的，而不是自己想说的

虽然自媒体写作应当彰显个性，但彰显个性的前提是不能对读者不管不顾，一门心思只向读者展示自己想展示的内容，一门心思想告诉读者“我是谁”。要做好自媒体，写作的视角应当时刻围绕读者。在构思写作形式和寻找写作素材时，要站在读者的角度，思考读者想看什么，思考当读者看到某类信息时，可能会产生什么感受。

举例

我有个朋友，是某名校中文系博士，文学功底一流，论文学素养，他高出我不知道多少。可是他写的东西却很少有人愿意看，而且他的书很多出版社也不愿出版。因为他只写自己想写的内容，不思考读者想要什么。我看完他写的内容，感受是他过于舞文弄墨，旨在凸显文学功底，结果用力过猛，修辞过度，造成难以阅读，无人问津。

2. 告诉读者为什么他们需要自己，以及自己能提供哪些价值

我们是谁不重要，别人为什么需要我们才重要。每一个写作类自媒体能存在，正是因为能为他人提供某种价值，有人能因为这些内容受益。当无法为读者提供这种价值时，自媒体也会失去价值。

举例

公众号“每天学点 HR”的定位非常清晰，看名字就知道是为 HR 提供学习内容服务的。这个公众号虽然目前粉丝数量不到一百万，但用户定位精准，而且公众号的名字一定程度上说明了能为用户提供的价值。这类公众号比粉丝数量超过几百万但不能精准定位用户的公众号更有价值。

目前崛起的写作类自媒体主要有以下 3 大类别。

1. 能够为用户提供某种知识或信息。
2. 说出了用户不敢说的话，替用户表达了心声，成为用户的代言人。
3. 让用户觉得找到了一个懂自己的知己。

第 4 章

如何取爆款文章标题

互联网信息的传播方式决定了读者一般先看标题，再看内容。如果只有好内容，没有好标题，就会“酒香也怕巷子深”，辛苦写出来的好内容无人问津。在自媒体写作中，取标题的重要性不亚于写正文。爆款文章都会有爆款标题。

4.1 爆款文章标题的样子

在自媒体刚兴起时，出现了一个词叫“内容为王”，指的是好内容是互联网信息传播的关键。随着自媒体崛起，又出现了一个词叫“标题为王”，指的是标题直接决定了文章的打开率。随着很多爆款文章的出现，爆款文章标题的结构和内容表现出一些相似性，具有可复制性。

4.1.1 结构的三大组成

好标题有结构，应用结构，就算没有任何取标题经验的人，也能快速取爆款标题。要取爆款标题，可以套用的通用标题结构如图 4-1 所示。

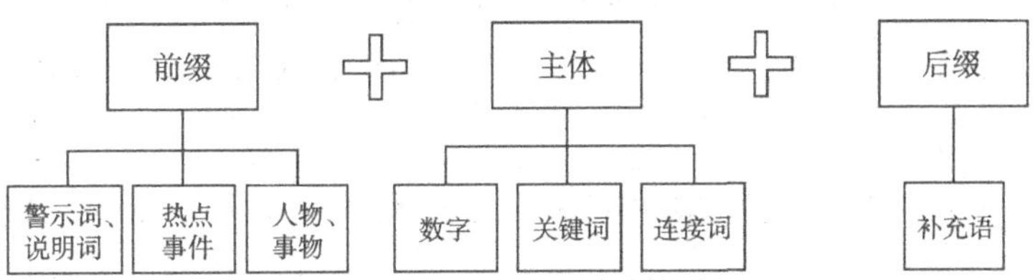

图 4-1　爆款标题结构示意图

爆款标题的结构可以分成 3 部分。

1. 前缀

前缀是写在标题主体前面，最先被读者看到的文字。前缀并不是标题不可缺少的部分，其主要作用是强化标题主体。好标题的前缀一般有如下 3 种情况。

（1）警示词、说明词。警示词是起到提醒和警示作用的词，可以引起读者注意，例如注意、当心、危险、震惊、惊奇、重要信息等；说明词是用来说明文章性质或亮点的词，能起到增强文章独特性的效果，例如独家报道、最新消息、刚刚发生、干货文章、精选内容、必读、深度好文等。

（2）热点事件。当文章内容与热点事件相关时，可以在标题中加入热点事件，更容易吸引读者打开，例如最新技术突破，最新产品发明等热点新闻事件。

（3）人物、事物。在标题前加入一些比较著名的人物或事物，能增加读者阅读的兴趣。例如，《马云：要经商，先学会这10条法则》《褚时健：人生不怕从头再来，只怕这3件事》《小米：当别人认为我不行时，我用这个方法证明了自己》等。

2. 主体

标题的主体反映的是文章的主要内容，如果拿掉前缀和后缀，只有主体，标题也应当是成立的。好标题的主体一般可以由如下3部分组成。

（1）数字。人们对数字的敏感度高于文字，当标题中含有数字时，读者很容易被数字吸引，且数字可增强文章的可信度和专业感，提升读者点击的概率。例如，《写作必备的10个锦囊，让你月入3万+》《7天时间写出2篇10万字+，我是这样做的》《你才30岁，怎么就活成了60岁的样子》等。

数字不仅可在标题主体中应用，在标题的前缀和后缀中，同样可以加入数字。一般来说，只要能用数字来代替文字，就尽量在标题中使用数字。

（2）关键词。关键词是表达标题含义最重要的词，如果没有关键词，标题将失去表达意义。例如，标题《我用10年整理了这3套方法，能帮你做好营销》，其中第1个关键词是“营销”，代表这篇文章是给营销人员看的；第2个关键词是“10年”，彰显内容的价值；第3个关键词是“能帮你”，体现内容的功能性。

（3）连接词。善用一些连接词，能够增强标题的表达效果。例如标题《好文案写作的 5 个模板，助你升职加薪》，就不如标题《自从有了这 5 个模板，老板再不担心我写不好文案》。后者用“自从……再……”做连接，表达上一气呵成。

3. 后缀

后缀一般是对标题信息的补充，通常以补充语的形式存在，作用和前缀有一定的相似之处。标题后缀补充的信息一般应是对用户有价值的亮点信息或补充说明，例如赠送 × 资料，女生专属男生勿点，想学 × 必进等。

4.1.2　遵循的四大原则

爆款文章标题通常能满足读者某方面的需求，直击读者内心。取爆款文章标题时，应遵循四大原则，如图 4-2 所示。

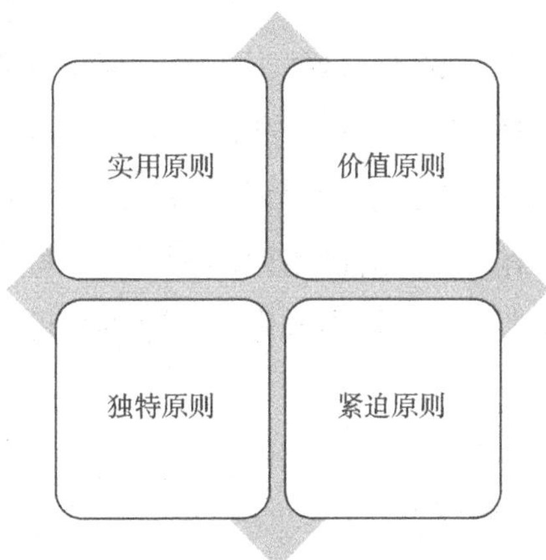

图 4-2　爆款文章标题的四大原则

1. 实用原则：看完对我有什么用

好标题要能让读者感觉到实用。所谓实用，就是贴近实际、比较有用，对读者有用处，能满足读者某方面的需求，能让读者获得某方面的技能等。例如，《在微博上赚钱的 8 个方法》《微信公众号运营的 9 条攻略》《正确管教孩子的10项原则》等。

2. 价值原则：看完后我能收获什么

好标题要能让读者感受到价值。觉得有价值的文章，读者才愿意打开阅读。在取标题名时，要注意体现文章能给读者带来的价值。例如，《如何变成有趣的人》《如何提升写作能力》《如何成为演讲高手》《如何快速学习英语》等。

3. 独特原则：这篇文章有什么值得看的

好标题要能让读者感到独特。读者看到文章标题后，最好有只能在我们的自媒体看到这类文章，其他自媒体很难看到同类文章的感觉。例如，《华为高管告诉你什么是狼性》《阿里巴巴高管详解铁军是如何做销售的》《腾讯高管亲授绩效管理是如何做的》等。

4. 紧迫原则：我为什么现在就要看

好标题要能让读者感到紧迫。紧迫原则既指让读者觉得有必要阅读文章内容，也指让读者产生最好当下马上点击阅读，而不是收藏后再读的感觉。例如，《孩子5岁，必须看这些书了》《成了管理者，立即要学会的6项法则》《当了妈妈，要马上了解的7个育儿知识》等。

标题是全文的点睛之笔，能吸引读者的注意力。爆款标题至少要满足以上原则中的任何一个，能同时满足两个及以上更好。新手刚开始取标题时，可以尝试模仿其他阅读量较高的爆款文章的标题，分析那些爆款标题具有哪些特点。

4.1.3 呈现的五大特征

爆款文章标题是触及读者心灵深处的文字，只有触动了读者的内心，才能既让读者产生打开文章一探究竟的冲动，又让读者在看完文章后产生转发的冲动。打动人内心的爆款文章标题具有五大特征，如图4-3所示。

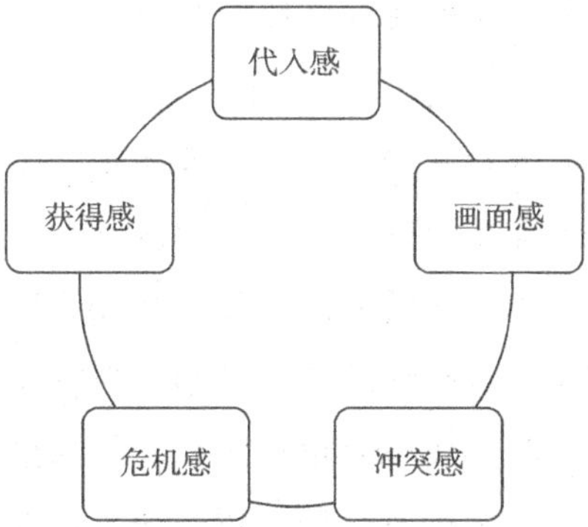

图 4-3　爆款文章标题具有的五大特征

1. 代入感

好标题能让读者感觉这件事与自己有关，产生一种“这说的不就是我吗”的代入感。这种代入感可以在一开始增加读者对文章的亲切感和认同感，在第一时间产生“这篇文章可能说出了我的心声”的感觉。

例如，我看过一篇标题为《每年都在苦苦支撑的 Flag（目标），怎能说倒就倒》的文章。看完标题，很多制订过目标或计划，并在努力实现目标或计划的读者会认可这个标题并感同身受。而且这类标题非常适合转发，读者会认为转发这类标题的文章，会让别人认为自己是上进的人。

再例如，一篇标题为《和相处不来的人在一起，总有一天你会被累坏》的文章。看完标题，很多读者会产生情感认同。恋人、朋友、亲人、同事等各类人群中，都有可能存在和自己相处不来的人。这个标题会让读者联想到那些与自己相处不来的人，以及和他们相处的时光，“累坏”这个词说到了读者的心坎里。

2. 画面感

好标题仿佛能营造一副画面，在读者脑海中营造一种情景。这种画面仿佛近在咫尺，触手可及，让读者产生打开文章的想法。

例如，一篇标题为《人间再无梅艳芳：4 岁登台，红遍亚洲，穿婚纱和世界告别》的文章。看完标题，知道梅艳芳的读者脑中第一时间想到的是梅艳芳穿着婚纱在舞台上与世界告别的画面。喜欢梅艳芳的读者自然会打开，对梅艳芳没感觉的读者会被这幅画面吸引，想要打开一探究竟。

3. 冲突感

好标题常常会带给读者一种冲突感。冲突感能引发读者的好奇心，增加读者的阅读兴趣，而且能带来一定的戏剧效果，吸引读者打开文章。

例如，一篇标题为《“结婚两次，我又离婚了”：婚姻的真相，都藏在这三句话里》的文章。看完标题，读者很容易被结婚了两次，但现在却又离婚了这个信息所吸引。读者心里会想：什么样的人会有这样的人生，这个人有哪些经验值得自己借鉴？加上标题后半部分“婚姻的真相，都藏在这三句话里”恰好戳中读者心理，吸引读者打开文章。

再例如，一篇标题为《我 95 后，秒辞，领导说我会后悔，网友说这是进步！》的文章。看标题，读者会发现两种观念的冲突，一种是“领导说我会后悔”，另一种是“网友说这是进步”。这两种观念实际上代表了对这件事的两种不同看法，不论读者对这件事怎么看，都期望打开文章一探究竟。

4. 危机感

好标题能让人产生一种危机感。感觉自身安全受到威胁能激发读者潜意识里的防御机制，进而渴望快速寻找解决危机的方案。

例如，一篇标题为《一个致癌的饮食习惯，很多中国人都有》的文章。这个标题就是用“癌症”这一可怕的疾病和“很多中国人都有的致癌饮食习惯”，来使读者产生危机感。读者看到后可能会非常急切地想知道“这个饮食习惯到底是什么”“我有没有这种饮食习惯”，于是打开文章确认。

再例如，一篇标题为《IBM 辞退 2 万名 40 岁老员工：时代抛弃你时，连招呼都不会打》的文章。失业问题也是一个容易引发读者焦虑的问题。很多读者看到这个标题后可能会觉得连 IBM 这样的商业巨头都在裁员，会不会是经济形势或产业技术发生了比较大的变化。而且标题中有“40 岁老员工”等关键词，增强了很多老职场人的危机感。

5. 获得感

好标题能让人在还没看内容之前，就产生一种可以学到东西的感觉，激发读者打开文章的欲望。

例如，一篇标题为《原来这叫鸭子定律（深度好文）》的文章。这个标题虽然看起来简单，但关键词“鸭子定律”却让人耳目一新。很多读者听过木桶定律、8020 定律，但没听过“鸭子定律”，因而产生好奇心，打开文章。

再例如，一篇标题为《我做了 10 年 HR，发现容易升职的人，都拥有这 3 种特质（建议收藏）》的文章。这类标题让 HR 读者在看完之后有一种点开就可以获得“秘籍”的感觉，从而增加打开率。

4.2 取爆款文章标题的方法

只要掌握取爆款文章标题的方法，就能轻松写出爆款文章标题。在取爆款文章标题的时候，可以遵循爆款文章标题的组成结构、原则和特征，按照取标题的步骤，结合取标题的套路，参照取标题的类别来取标题。

4.2.1 取标题的 3 个步骤

自媒体有种说法，叫用多长时间写文章，就用多长时间取标题。这种说法虽有些夸张，但形象地说明了取标题要舍得花时间。对新手来说，专门花费 2 ~ 3 小时想一个好标题是比较正常的，鉴于标题的重要性，这并不算浪费时间。

要取爆款标题，可以遵循如图 4-4 所示的 3 个步骤。

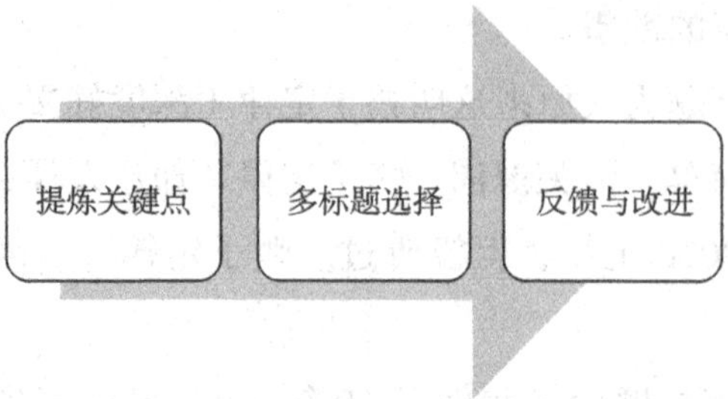

图 4-4 取爆款文章标题的 3 个步骤

1. 提炼关键点

取爆款标题前，首先要提炼文章内容的关键点。提炼关键点时要注意，关键点指的不仅是一个词，有时也可以是一个短语或一句话。

一篇文章最重要的关键点包括以下 3 项。

（1）读者画像的关键点，也就是文章是给什么类型的读者看的，这些读者具备哪些特质，长什么样子。例如，00 后 /90 后 /80 后 /70 后，男性 / 女性，单身 / 已婚 / 已育，喜欢 / 不喜欢 ×，职业 / 事业 / 身份是 × 等。确定读者画像的关键点之后，标题中应包含能明显表示读者身份的关键点。

（2）文章看点的关键点，也就是文章有哪些有趣、吸引人、与众不同的信息值得读者看，或者说文章内容的亮点、卖点、闪光点是什么。例如，看到标题“独家原创……”读者能产生稀缺感；看到标题“……10 年珍藏”读者能产生价值感；看到标题“……访谈 100 位商界领袖总结……”读者能产生权威感。

（3）读者价值的关键点，也就是文章可以给读者提供哪些价值，或者说文章能解决哪方面的问题。例如，看到标题“让英语四六级考试提高 50 分的 3 个方法”读者就知道文章的价值是帮助提升英语四六级考试分数；看到标题“家中没空间收纳不用怕……”读者就知道文章的价值是解决家中收纳空间不足的问题；看到标题“不会写文案……”读者就知道文章的价值是教别人如何写文案。

2. 多标题选择

提炼出文章关键点后，可以参考爆款标题的五大特征和三大组成来取标题。刚开始取标题时，建议每篇文章至少要取 3~5 个标题，从中选择最佳的一个。

取标题时，可能会出现文章关键点较多的情况。一个标题不可能把所有关键点都包含在内，则会出现各类关键点难以取舍的情况。这时也可以取 3~5 个标题，分别包含不同关键点，然后进行比较选择。

取出多个标题之后，选择标题的方式有以下 3 种。

（1）发给比较资深的做自媒体的朋友，让其帮助选择。

（2）发给几个跟自己关系较好的读者，根据读者们的投票情况选择。

（3）根据自己的经验或感觉自行选择。

举例

某作者写了一篇文章，到了取标题阶段，对内容关键点的总结如下。

（1）读者画像的关键点：大龄女性，单身，工作比较辛苦，经常加班，没时间谈恋爱。

（2）文章看点的关键点：访谈了 10 对已婚且婚姻幸福夫妇的恋爱史，咨询了 3 位婚姻关系资深心理咨询师关于大龄女性不愿意谈恋爱的心理。

（3）读者价值的关键点：工作繁忙的情况下，如何找到合适的异性朋友，如何识别“渣男”（指不负责任，玩弄别人感情的男人）。

根据内容总结的关键点，取了如下标题。

《拿什么拯救大龄女性的单身问题，3 位资深专家这样说》。

《就算大龄到底，也要防住渣男，好男人很多，方法在这里》。

《大龄女不是找不到对象，是不会找，10 对幸福夫妇这样说》。

《大龄不是剩女，女人对自己的好可以这样实现》。

《10 对幸福家庭 +3 位专家总结，大龄剩女脱单的 5 个方法》。

比较这 5 个标题后，该作者认为标题《10 对幸福家庭 +3 位专家总结，大龄剩女脱单的 5 个方法》相对较好。

选择适合的标题除了要考虑内容关键点的总结外，还要考虑内容的核心思想。选择和文章内容核心思想最接近的标题，而不能只考虑提升阅读量。

3. 反馈与改进

取标题的方式并不是一成不变的，尤其是在自媒体内容信息变化极快的今天。在微信公众号刚兴起时，类似《震惊！这件事轰动全国！》这样的标题还有可能引来比较高的阅读量，但很多“标题党”特别喜欢用这类标题，这种标题也逐渐引起很多网友的反感。

取标题的能力需要通过从实战中不断获得读者的反馈，不断收集的数据信息，来不断提升。这里有两个关键数据可以参考。

（1）阅读量，也就是打开率，这个数据的高低与标题的质量直接相关。

（2）转发率，这个数据与文章标题的质量有一定关联性，可以作为辅助数据参考。

作者毕竟不是读者，虽然可以猜测读者的心理，但很难真正了解读者的喜好和需求，不要期望一下子就能取爆款标题。要取爆款标题，最好的方法就是不断练习，不断尝试，不断把不同标题的文章投放给读者，从而获得反馈并改进。

4.2.2 精品的 6 个技巧

想要标题出精品有一定技巧可以使用。要取精品标题，可以使用 6 个常见技巧，如图 4-5 所示。

1. 引发共鸣

人的底层“操作系统”是情绪，这是动物本能，谁都避免不了。如果写的内容引起读者的共鸣，也就是在情绪层面达成一致，阅读量、点赞量、转发率和评论数都会很高。所以在取标题时要思考，文章哪一点最能打动读者，最能引起读者共鸣，把最能引起读者共鸣的那一点放在标题中。

例如，一篇标题为《催婚引起“春节焦虑症”：别催了，90 后真结不了婚》的文章。看完标题，很多被家人催婚的“90 后”想起春节时来自家人的问询、指责和教育，会觉得自己仿佛真有“春节焦虑症”，因而这个标题能引发读者共鸣。

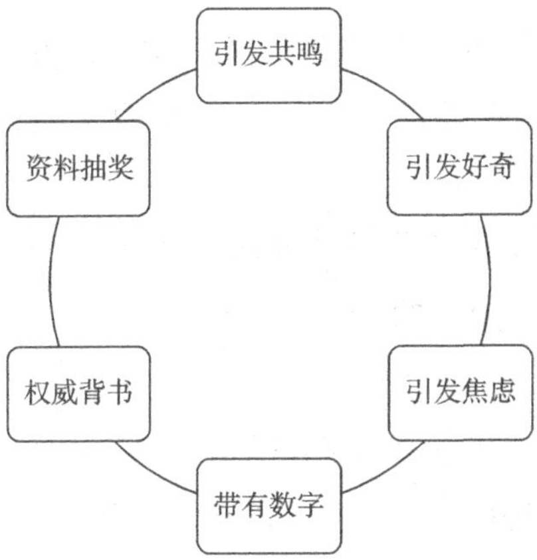

图 4-5　取精品标题的 6 个套路

2. 引发好奇

在标题中设置悬念，能激发读者的好奇心，读者会特别想知道答案到底是什么。人们有刨根问底的心理，如果不知道答案，人们会觉得很难受。这个方法也适合在文章开头使用，在文章开头留下悬念，也会吸引读者阅读文章正文。

关于如何用标题引发好奇，有以下 3 个小窍门。

（1）给出反转，但不给出原因，例如《小 A 长期班级倒数，结果半年逆袭，他都做了什么？》。

（2）用省略号激发好奇心，例如《豆瓣评分 9.9 的悬疑片，原来是……》。

（3）打破固有思维，反常识，例如《反应慢一些，没准收获更大》。

例如，一篇标题为《国内唯一敢媲美九寨沟的地方，却低调得让人心疼》的文章。看完标题，去过九寨沟的读者第一时间想到的画面是九寨沟的美景，而标题说这里是国内唯一敢媲美九寨沟的地方，可以引发读者好奇。没有去过九寨沟的读者可能会想起自己去过最美的地方，因为好奇，会想要打开文章比较一下会不会比自己到过的最美的地方还美。

3. 引发焦虑

互联网上常有人贩卖焦虑，例如有段时间比较火的中年危机、大厂裁员、副业赚钱等主题，本质上都是通过引发焦虑和紧张情绪，从而吸引大量人群阅读。写标题时，可以从事物反面来写，比较容易引发焦虑情绪。

例如，标题为《从人这辈子最容易后悔的 5 件事说开去》的文章，比标题为《从人这辈子必须做的 5 件事说开去》的文章，表达效果明显更强。

4. 带有数字

标题中出现数字更容易在读者心中留下深刻印象。如果再出现一些对比数字，例如《1 个宿舍，6 个女生，42 个微信群》，更容易吸引读者眼球。有数据支撑能让人感觉文章信息含量高，可靠性高，能激发读者点击文章，找到有价值的内容，例如，《值得永久保留的 6 个网址》《学好 Python，你必看的 10 个视频》《99% 的人都不知道 Word 还能这样用》《工作 10 年，有的月薪三千元，有的月薪三万元》等。

5. 权威背书

如果文章标题中体现了权威，会提升文章打开率。我曾有一篇微博文章《心理学家告诉你：为什么要写作》被一位有 400 多万粉丝的超级大 V 转发了。他为什么会转发呢？因为文章的内容不是我说的，而是著名的“龙虾教授”乔丹·彼得森（Jordan Peterson）说的。这位教授非常有名，他出了一本题为《人生十二法则》的书，上市两年，畅销 300 万册。正是因为有“龙虾教授”的背书，所以我的微博才得以被关注。

我另一篇爆款文章的标题是《费曼学习法》，其实内容不新鲜，本质上是学习、整理、消化、吸收、反馈，但因为出现了费曼这个大科学家的名字，因此也被好多百万粉丝级别大 V 一起转发，最后有将近 2 万个转发。这一篇文章让我增加了好几万粉丝。

所以取标题时，可以搜索文章内容中的道理有没有权威说过。要注意，这里的权威一定是大众知道的，不能限于小众圈子。有的人在某垂直领域中数一数二，可大众不知道，这类人要慎用。

6. 资料抽奖

当文章标题中说明会赠送资料或有抽奖时，较容易吸引人们。粉丝数量在 3 万以上，更新比较频繁的自媒体，可以定期采用这类标题。在取资料抽奖类标题时需要注意如下 4 点。

（1）如果设置抽奖，用书做奖品是比较好的选择，因为书是标准品，不容易出问题，而且可以彰显自媒体品质。

（2）不要因为标题是送资料或抽奖，文章就不包含实质内容。如果这类文章内容本身较好的话，更容易成为爆款。

（3）资料内容要有一定吸引力，不要发有版权争议的资料。

（4）奖品数量不宜过多，一来能创造稀缺性，二来能减少自身工作量，三来能防止发生与奖品邮寄相关的后续问题。

4.2.3 标题的九大类别

常见的爆款文章标题，总结下来可分为 9 大类别，如图 4-6 所示。

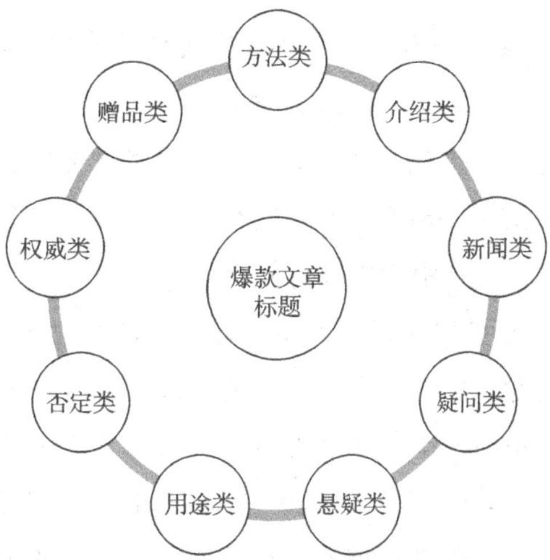

图 4-6 爆款文章标题的 9 大类别

1. 方法类：介绍某种方法、工具或理论

例如一篇标题为《白粥、面条不养胃！真正养胃的方法就两个字》的文章。从标题能看出这篇文章要讲养胃的正确方法。从标题前半部分可看出“白粥、面条不养胃”，这和人们的传统认知存在差异，非常吸引人，标题后半部分说方法就“两个字”能引发人的联想，让人想要进一步阅读。

2. 介绍类：介绍某个人、某种事物或某个现象

例如一篇标题为《李佳琦薇娅首次同台搭档：成年人的朋友圈，真的很现实》的文章。这篇文章不仅讲这个事件，更讲名人成长的艰辛、奋斗与不易。标题中的人名和“首次”“很现实”等能引发读者好奇，让读者有阅读的欲望。

3. 新闻类：描述某个新闻报道、发明创造或者热点事件

例如一篇标题为《白天敲钟，晚上带货，丁磊能否把前浪网易留在互联网中心》的文章。这篇文章介绍的是 2020 年 6 月 11 日，网易公司创始人丁磊白天公司上市，晚上直播首秀的新闻事件。这个标题既揭示整个事件的关键，也通过一个问题，引发读者关注，激发读者阅读的欲望。

4. 疑问类：说出某种疑问，引发人们的好奇

例如，一篇标题为《被质疑、没地位、赚钱少，那为什么你还在做 HR？我们采访了 100 位 HR》。这个标题前半部分的“被质疑、没地位、赚钱少”是很多 HR 的共识，既能让很多 HR 读者产生代入感，又能引发相同疑问。但“为什么你还在做 HR”又和前半部分的共识形成冲突。标题后缀语“我们采访了 100 位 HR”提升了文章的权威性，说明这篇文章能给出比较好的答案，吸引 HR 读者阅读。

5. 悬疑类：通过引发冲突或制造悬念，激发读者好奇心

例如一篇标题为《我复旦毕业，应聘前台，要月薪两万，被网友群嘲》的文章。这个标题中前 3 小段都彼此冲突。复旦大学毕业却要应聘前台，这是一段冲突；应聘前台却想要月薪 2 万，这是一段冲突。此外，作者因这个事件被网友群嘲，既然被群嘲又愿意写出来，说明作者很可能觉得自己不应该被群嘲，这又是一段冲突。这种冲突让人觉得文章中很可能有很

多有趣的剧情，让读者想要一探究竟。

6. 用途类：说明某种事物的属性或用途

例如一篇标题为《面条和米饭，吃哪个更容易胖？》的文章。看标题就知道，这篇文章中显然会有面条和米饭的热量比较，而没有在标题中直接说明面条和米饭究竟哪个热量更高，是为了引发读者的好奇。现代社会有很多人都担心自己发胖，标题的后半部分的“胖”字戳中了读者的痛点，让很多读者有阅读文章的欲望。

7. 否定类：通过对某个事物的否定引发关注

例如一篇标题为《我 30 岁，刚离职，才发现自己什么都不会》的文章。能力缺失是一个容易引发读者焦虑的问题，这个标题中的“发现自己什么都不会”能引发很多人的危机感，很多读者会想：“他说自己什么都不会，那我会什么。”这时候读者很可能发现，自己好像会的也不多，都 30 岁了，离职后还没有一技之长，该怎么办呢？因此读者很可能想要阅读文章了解一下。

8. 权威类：引用权威专家话语，增加内容的可信度和权威性

例如一篇标题为《对话可口可乐前 CEO 艾斯戴尔：真正的高手，都是长期主义者》的文章。这类标题引用名人名言，让读者觉得仿佛会打开一本名人传记，或者有围观名人对话的感觉，觉得点开文章后可以获得名人的指点。

9. 赠品类：赠送资料或抽奖类的标题

例如一篇标题为《员工胜任力模型与任职资格资料包（136 份）》的文章。看标题就知道这类文章会赠送资料，而且带有明确的数字，比较吸引人。如果读者恰好需要这类资料，会点开文章一探究竟。

4.3 爆款文章标题的趋势与误区

除了掌握爆款文章标题的组成、原则、特征、步骤、技巧和类别之外，在取文章标题时，还要注意爆款标题表现出的最新趋势、常见误区与注意事项。

4.3.1 未来的 3 个趋势

随着自媒体文章环境的发展变化，尤其是随着大量营销号出现，自媒体中充斥着大量“标题党”文章。营销号的“标题党”文章都是模仿爆款文章标题取的名字，让很多读者对好标题产生了免疫，这使得爆款文章标题不断发生变化，呈现出 3 种新趋势，如图 4-7 所示。

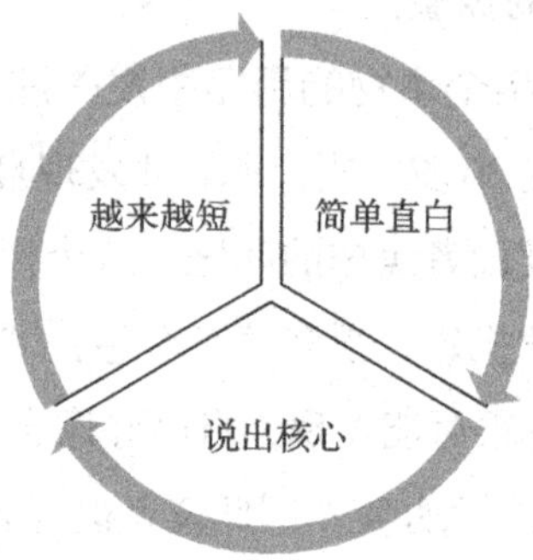

图 4-7 取爆款文章标题的 3 个趋势

1. 越来越短

文章标题有越来越短的趋势。这一点与文章正文一样，对于太长的标题读者同样没心情看完。随着一些自媒体文章的正文内容逐渐减少，文章标题也变得不再像以前那么长。能用一句话说明白的标题，就不要用多句话来说明。

例如这样的标题：《我喜欢和靠谱的人相处》《恭喜那些不参加聚会的人》《心软的人，最苦》《所有烦恼，都有解药》《自我管理的 6 个好习惯》《太闲，会毁掉一个人》等。

2. 简单直白

在自媒体刚兴起时，类似《如何做出一盘好吃的红烧肉》这类简单直白的标题并不受欢迎。然而随着自媒体发展，读者看了太多“标题党”文章后，有“返璞归真”的趋势，越来越喜欢这类简单直白的标题。

例如这样的标题：《头发掉得厉害，怎么做能好转？》《月经周期，多少天算正常？》《细嚼慢咽，可以减肥吗？》《喝酒脸红的人，更容易得癌？》《厨房油烟会导致肺癌吗？》等。

3. 说出核心

以前很多人认为，自媒体文章标题不能把文章结论或核心观点说出来，不然读者就认为没有必要看了。可随着自媒体阅读环境的变化，很多读者越来越喜欢提前知道自己大概能从文章中看到什么。

如果文章核心观点令读者感兴趣，读者自然会点进去看，这样反而能提升读者的阅读体验。如果靠标题“欺骗”读者点开阅读，读者反而阅读体验很差，会产生反感情绪。所以很多自媒体文章标题开始直接说出文章的核心观点。

例如这样的标题：《车市复活，终于走出近 30 年来最长滑坡期》《其实，你的老板也想被你管一次》《油腻，正在悄悄毁了你的颜值和气质》等。

4.3.2　常见的 4 大误区

给自媒体文章取标题并不容易，要考虑的因素与纸媒文章是不同的。取文章标题时，常见的有以下 4 大误区。

1. 标题不是简单概括文章内容，而是为吸引读者阅读

不同应用场景，取文章标题的原则和方法不同。在传统纸媒时代，标题可以是文章内容的概括，例如，《父亲给我的一封家书》《团结就是力量》《珍惜时间的重要性》等。但在互联网时代信息爆炸的背景下，这类文章标题只会消失在互联网茫茫的信息海洋中，很难吸引读者点开阅读。

所以标题一定要具备吸引力，能够吸引读者眼球，让读者愿意打开。例如，与其以《父亲给我的一封家书》为标题，不如以《为了劝我早结婚，父亲竟和我说了这些》为标题；与其以《团结就是力量》为标题，不如以《如何应对团队中 1+1 ＜ 2 的现象》为标题；与其以《珍惜时间的重要性》为标题，不如以《同样是 10 分钟，为什么他可以做那么多事》为标题。

2. 标题中不要包含文章内容的所有关键信息，不然读者将失去惊喜

例如有篇文章的标题是《提升认知能力是职场发展的关键》。这个标题已经把文章的核心内容说出来了，读者不需要打开也知道文章大概会说什么，是个典型的失败标题。

例如一篇标题为《芹菜最营养的部分，可能已经被你丢掉了》的文章。看标题就知道这篇文章是介绍芹菜最有营养的到底是哪部分，而且这部分和大众的传统认知与生活习惯是相悖的。如果把这篇文章的标题改为《芹菜叶比芹菜茎更有营养》，把文章核心信息都写在标题中，效果将大打折扣。

3. 标题不仅是标题，还是促进读者转发的原因

自媒体文章的标题实际上具备一定的社交属性，当读者与内容产生强烈情感共鸣时，读者会转发这篇文章，借此表达自己的主张。这时候，文章标题就非常关键。如果文章标题虽然吸引人，但看起来比较低俗，读者将失去转发兴趣。

4. 过分看重标题的作用，标题取得过于夸张，重标题而不重内容

互联网上通过标题吸引眼球，实际上文不对题的文章被网友称为“标题党”。这些文章往往标题很吸引人，内容却很空洞，读者阅读正文后会有一种上当受骗的感觉。“标题党”文章的本质是为提高打开率，欺骗读者的行为，这非常不利于个人品牌建设。

例如，标题为《惊叹！春节假期一个人少还便宜的好去处，一般人我不告诉他！》的文章，实际内容讲的是某人春节假期在工作单位加班的平淡无奇的故事。标题给读者的期待太大，如果文章正文满足不了这种期待，会让读者非常失望，从而对发布文章的自媒体账号产生负面看法。

4.3.3 实施的5个注意事项

取标题时，有如下5个注意事项。

1. 关注同类爆款文章的标题

同类型的爆款文章的标题是最好的学习对象，可以结合同类爆款文章

的正文，根据其标题结构的逻辑，研究文章正文和标题之间的关联性。

2. 保留自己的风格

取文章标题时同样要有个人品牌建设的概念。著名画家齐白石曾说：“学我者生，似我者死。”可以学习同类爆款标题写法，但要注意不能复制粘贴，和同类爆款标题看起来一样，不利于个人品牌建设。

3. 说读者看得懂的话

有的人为了故作高深，给文章取的标题中有大量专业术语或新鲜词汇，想让读者觉得这篇文章可能很有意思。可现实往往是读者看不懂，就不会点进去看。例如，有个管理类公众号发布的一篇文章的标题是这样的：《管理中的 SYRT 原理》。这个 SYRT 原理其实是作者自创的一个原理。这类标题读者不理解，阅读量自然很惨淡。

4. 不必追求完美

标题没有最好，只有更好，可以追求完美，但不能因为标题不够完美就花费过多时间在取标题上，或者让本该按时上线的文章迟迟无法上线。另外，标题的好坏其实并没有非常明确的标准，自媒体写作中“彼之砒霜，吾之蜜糖”的情况比比皆是。

5. 谨慎使用悬念

悬念很容易引起读者的兴趣，但希望越大，失望也越大，如果对正文内容没有足够的把握，应慎用有较大悬念的标题。读者打开一个标题非常吸引人的文章后，如果发现文章内容其实很“简陋”，很容易产生落差感。

文章标题和正文内容要匹配。如果正文可以打 5 分，那就取一个能打 5 ~ 7 分的标题。如果正文打 5 分，却取一个能打 12 分的标题，就容易让读者阅读后产生落差感，从而把文章定义为“标题党”文章。

第 5 章 如何搭建爆款文章结构

自媒体中的爆款文章通常有两种属性，即要么有用，要么有趣。这两种属性属于不同方向，两者兼顾自然最好，若无法兼得，实现其一也可以。文章要有用或有趣，离不开内容结构框架的搭建。

5.1 爆款文章的样子

爆款文章的结构框架具有一些共同特点，有标准的结构可以参考。做自媒体如果抱着消费者的心态，那自己写出来的文章自己爱看就够了。但如果是生产者，要知道得更细致才行，这需要向专业的自媒体人学习，向爆款文章学习。

5.1.1 爆款的六大特点

爆款文章的内容，通常具备六大特点，如图 5-1 所示。

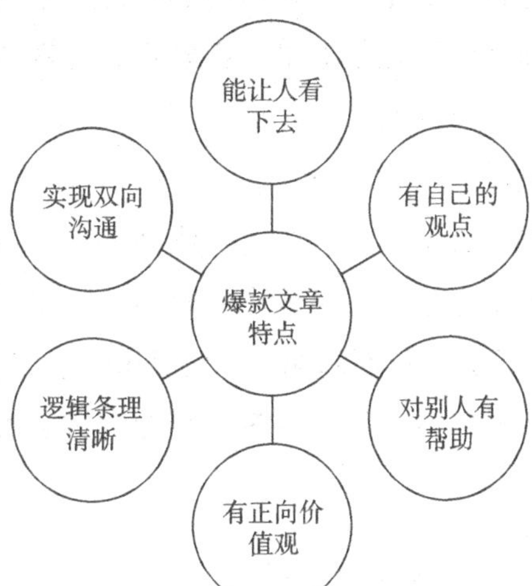

图 5-1　爆款文章内容的六大特点

1. 能让人看下去

爆款文章一定要让人愿意看下去，这是基本要求。有的文章存在大量病句或错别字，有的文章冗长啰唆，有的文章让人读了两段后就感觉很累、心情烦躁，这些肯定都不是好文章。另外，罗列各种专业术语如 SEO、KOL、ADS、CPM 等，又不给出解释，让没接触过这些专业术语的读者不知所云，也是写作的大忌。爆款文章通常是只要识字就能轻松读懂的文章。

2. 有自己的观点

爆款文章一定有自己的核心观点。很多人写文章，洋洋洒洒几千字，自己都不知道要表达什么，写出的文章肯定不受欢迎。在写作初期，容易出现写出的文章自己读起来觉得很好，但却没人喝彩的情况。这不能怨读者，要反思自己有没有表达清楚观点。写作的内容一定要有核心观点，作者要知道自己想表达什么。

3. 对别人有帮助

爆款文章一定是对别人有帮助的。这里的帮助可能是启发观点，也可能是指出错误。这里要注意，爆款文章不一定要提供新观点、新知识。人类文化进程已经经过这么多年，基本情绪和人性基本没变，很难有新意可言。最容易做到“新”的，是新故事，把老观点装进独特的新故事中，也是有价值的。

4. 有正向价值观

能广泛流传的爆款文章一定有正向价值观，一定在传递正能量。那些传递负面情绪、充满负能量的文章也许一时能成为爆款，但经不起时间的检验。爆款文章不是不关注负面问题，而是不纠结于问题或负面状态本身，更多的是总结相关经验，寻找解决方案，思考应对方法，让更多的人从负面问题中成长。

5. 逻辑条理清晰

爆款文章一定是逻辑清晰的。对写作新手来说，写文章前应尽量列出序号条目。序号条目可以是并列关系，可以是时间递进关系，也可以是逻辑递进关系。序号条目能让自己理清思路。反观很多新手作者，有时候写，几千字，也看不到一个序号条目，这类文章就很容易出现逻辑混乱的情况。

6. 实现双向沟通

爆款文章能实现与读者的双向沟通，读者愿意与这类文章的作者互动交流。很多文章说的道理都对，也很有条理，但读者就是不喜欢。为什么？很多时候是因为文章的作者写作时采取高高在上、居高临下的姿态。如今互联网中资讯众多，读者的选择非常多，所以在写作时要真诚，把读者当朋友，而不是总想着如何教育读者。

5.1.2　新手的四大法则

有多年经验的自媒体写作老手也许可以不假思索、信手拈来地写出爆款文章，但对于刚开始从事自媒体写作的新手来说，要想写出爆款文章，在写文章时就要遵循如图 5-2 所示的四大法则。

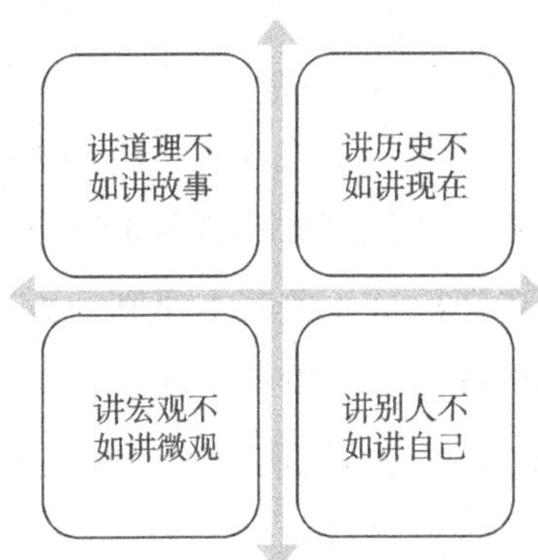

图 5-2　新手写爆款文章的四大法则

1. 讲道理不如讲故事

这个时代并不缺道理，道理到处都是，多到已经信息过载了，比如我儿子上小学时就能把道理讲得头头是道。文章如果只是一味讲道理，读者不会买账，人们爱听故事胜过爱听道理。同样的道理，可以孕育出很多不同的故事。要多写故事，先写故事，把道理作为对故事的总结。

2. 讲历史不如讲现在

很多人喜欢讲历史，文章中有大量历史人物故事。自媒体文章是写给读者看的，而不是给自己看的。因此，这类文章存在一个风险，就是如果读者不喜欢历史怎么办？如果读者是一群历史爱好者，那么采用历史故事作为素材是适合的；如果不是，这类故事很可能曲高和寡，让读者提不起兴趣。

3. 讲宏观不如讲微观

很多新手写文章时喜欢引用热点事件、国家大事或国际新闻，如果自媒体的属性不是新闻类或个人标签属性不是这类事件的相关专家的话，在文章中写这类内容可能会让读者认为作者眼高手低，不接地气。真理蕴含在日常生活中，新手写文章要尽量写小事。

4. 讲别人不如讲自己

如果新手有身边事可以写，就尽量写身边事；如果可以写自己的事，就尽量写自己的事。自省是非常有价值的自我提升，也是读者比较喜爱的内容。在强调个性的自媒体时代，读者既然选择关注某个自媒体账号，那么这个自媒体账号的运营者多写一些自己身边的事一定不会错。很多大V的爆款内容都是通过剖析自己，以自己的事来说明问题的。

新手写正文时一定要把握这4条基本原则。设计好标题，也要规划好正文，不然就会成为“标题党”。没有方法地盲目写作是浪费时间，不仅不会带来粉丝的增长，也不会提高写作能力，最终反而失去了写作的意义。

5.2 爆款文章的结构

文章的标题、开头和结尾，通常是全文的亮点所在，类似月饼的包装盒，只有盒子足够漂亮，才会吸引人来买。但仅仅盒子美观是不行的，还要有内容，内容就相当于月饼本身。自媒体写作不需要特别注重文笔，但一定要关注内容结构，也就是段落、层次、过渡和照应；只有结构清晰，才会是一气呵成的好文章。常见爆款文章的结构有 3 种，分别是总分总结构、并列结构和正反对比结构。

5.2.1　总分总结构

总分总结构是一种三段式文章结构，符合人类的记忆习惯。所谓总分总结构，就是开头阐述主题，表明总论点，中间部分阐述分论点或讲述故事来支撑论证自己的观点，结尾再呼应开头，升华主题。中间部分的分论点之间可以是并列关系、递进关系和对比关系，但不能是包含关系或交叉关系。

总分总结构非常适合自媒体写作新手。要用好总分总结构，可以参考金字塔原理。自媒体写作中的金字塔原理，就是任何文章都可以归纳出一个中心论点。这个中心论点可以由 3 ～ 7 个一级论据支持；这些一级论据本身也可以是论点，被 3 ～ 7 个二级论据支持。如此延伸，其结构就很像金字塔，如图 5-3 所示。

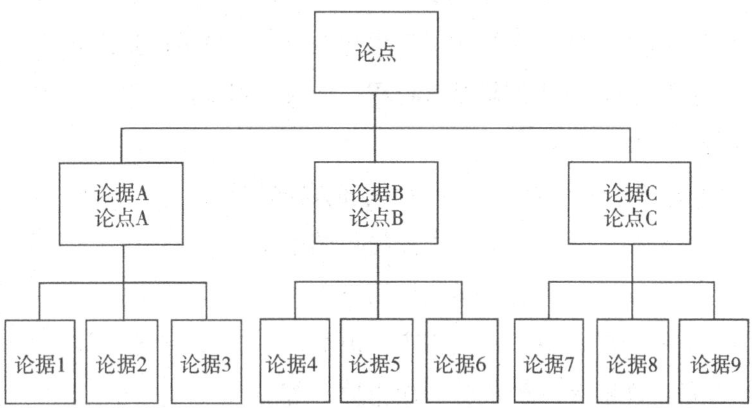

图 5-3　金字塔原理的结构

读者最容易理解的顺序是，先介绍主要的、抽象的思想，然后介绍次要的、为主要思想提供支持的思想。因为主要思想总是从次要思想概括总结得出的，文章中所有思想的理想组织结构也必定是一个金字塔结构——

由一个总的思想统领多组思想。

运用金字塔原理写作有以下 4 项原则。

（1）结论先行：每篇文章只有一个中心思想，放在文章的最前面。

（2）以上统下：每一层次的思想必须是对下一层次思想的总结概括。

（3）归类分组：每一组中的思想必须属于同一逻辑范畴。

（4）逻辑递进：每一组中的思想必须按照逻辑顺序排列。

搭建金字塔结构可以参考如下步骤。

1. 自上而下表达

以自上而下法构建金字塔的步骤如下。

（1）提出主题思想。

（2）设想受众的主要疑问。

（3）写序言：背景→冲突→疑问→回答。

（4）与受众进行疑问或回答式对话。

（5）对受众的新疑问，重复进行疑问或回答式对话。

2. 自下而上思考

在金字塔结构中，思想之间的联系方式可以是纵向的——即任何一个层次上的思想都是对其下一个层次上的思想的总结；也可以是横向的——即多个思想因共同组成同一个逻辑推理过程，而被并列排在一起。

3. 纵向总结概括

组织思想基本上只有如下 4 种可能的逻辑顺序。

（1）演绎顺序（大前提、小前提、结论）。

（2）时间顺序（第一、第二、第三）。

（3）结构顺序（中国、北京市、海淀区）。

（4）重要性顺序（最重要、次重要，等等）。

4. 横向归类分组

对于金字塔每一层的支持论据，有个比较高的要求：MECE（Mutually exclusive and collectively exhaustive），意为彼此相互独立不重叠，但是合在一起完全穷尽不遗漏。不遗漏才能不误事，不重叠才能不做无用功。

5. 序言讲故事

文章的序言最好采用故事形式，最好先介绍读者熟悉的某些背景，说明发生的冲突，并由此引发读者的疑问，然后针对疑问给出答案。最好的故事是人们已经听过的故事。向读者传递简单易懂、容易接受的信息，更容易使读者接受全文的思想。

6. 提炼思想精华做标题

找到适当的概括性语句，概括文章或段落的主要价值，将其作为整篇文章或整个段落的标题。这一步有助于读者领会文章的主要思想，可以提前把行文思路告诉读者，让读者做好准备，以便其更快地理解文章的思想，使其更可能认同文章的观点。

运用金字塔结构进行自媒体写作的新手要注意如下 4 点。

（1）刚开始要先搭结构，先尝试自上而下法。

（2）序言要先写背景，将背景作为序言的起点。

（3）先多花时间思考序言，不要省略序言。

（4）在关键句层次上，更宜选择归纳推理法而非演绎论证法。

5.2.2 并列结构

并列结构比较适用于写知识类或方法类的长文；在表述并列关系的论点或论据时，也适合采用并列结构。这类文章为了说明一个事物，往往需要列举多个并列的知识点、方法论、观点或事件。例如标题为《关于减肥的 10 个方法》的文章就非常适合采用并列结构。

并列结构比较能够彰显作者专业、知识体系完备、逻辑条理清晰，更容易获得读者的信任。这类结构的文章因为知识或方法干货较多，也较容易被读者转发，增加阅读量。

举例

我写的一篇关于学霸方法论的微博，是在高考前夕高考类话题最热的时候发布的，发布不久阅读量就超过 50 万。其内容如下。

细节决定成败：题海战术的门道

做题不仅可以巩固知识点，还能把知识记忆转化为经验记忆，让记忆更牢固。尤其是高三，大家都争分夺秒，在时间相同的情况下，效率就更重要了。这里给出4个刷题（大量做题练习）的小技巧：

1. 重复式练习

避免一个知识点只巩固一次，然后只做新题。正确的做法是分批、间隔开做。当天练习后，选择第二天、下一周、半个月、一个月分别巩固。把短期记忆变成长期记忆。

2. 批量对答案

避免做一个题目，对一次答案。否则效率很低，而且容易形成心理依赖。要按照考试的习惯，完成一套题，再统一看答案。

3. 多样化练习

避免只练习单一题型。正确的做法是从题海中选择该知识点的不同题型，如单选、多选、填空、解答、证明题。题型不同，难度不同，打乱顺序，交替复习。

4. 穿插知识点

避免针对单一知识点连续做题。应该穿插做不同知识点的题目。这种方式虽然不利于形成短期记忆，但可以加强知识点理解，形成长期记忆。

细节是魔鬼，同样是刷题，小A能刷到140分，小B只能刷到100分，差别就在这里啊。

在运用并列结构写作时，要注意并列结构的前3点非常关键，一定要在前3点说出重点，吸引读者，让读者表示认同。如果前3点平淡无奇，这篇文章很可能以失败告终。

对解释某个具体问题的自媒体文章来说，呈并列结构的点并不是列得越多越好；根据重要性，一般列举3～7点就可以了。人的阅读记忆是有限的，当呈并列结构的点过多时，读者比较难记住。当然，如果文章的定位是收集整理全部类别，也就是追求多、追求全，则并列条目的数量越多越好。

5.2.3 正反对比结构

自媒体文章不能只一味从正面说明问题，还应从反面说明。正面和反面一起说，这样更有说服力。这时候，就出现了正反对比的结构。

常见正反对比结构有以下 3 种。

1. 不同人物或事物之间的对比

例如，小王和小张是从相同学校相同专业毕业，初入职场的新人。工作 3 年后，小王发生了何种变化，小张发生了何种变化，他们遇到的关键事件分别是什么，他们产生这种变化的原因分别是什么。

2. 相同人物或事物在不同时间点的对比

例如，母亲做的一道拿手菜是自己最喜欢吃的菜，小时候，吃这道菜的感觉是怎么样的；长大之后，吃这道菜的感觉是怎么样的；结婚生子之后，再吃这道菜的感觉是怎么样的。记录这种感觉的变化，可以说明岁月流逝、物是人非，也可以说明人间温情、母爱伟大。

3. 不同人物或事物与某个标的人物或事物做对比

例如，在一个办公室中，小李、小刘、小孙平时工作状态如何，他们分别与同在一个办公室的小马比较，存在怎样的差距。后来，小马晋升为这个部门的经理，又进一步证实了这种差距。

举例

我写的一条标题为“学历低的人，素质就差么”的微博，内容中就正反对比了我的员工和一个大学同学，讲了他们的故事。微博发布没多久就获得超过 50 万的阅读量。其内容如下。

学历低的人，素质就差么？

我们公司的小姑娘，入职时不到 20 岁，打字都不熟练，学历低，也不聪明。当时正好缺人，就让她试一下。实习期的时候，合伙人教她都挺费劲，她学东西很慢。不过她有个优点，就是愿意问，知道自己不行，干活很努力。

看她做事认真，就留下了。我也偶尔关注她，发现她始终有那么一股劲头，不学会不罢休，愿意花时间琢磨。于是不知不觉她成了老员工。现在她是公司最不可或缺的人，营销工作由她负责；如果财务、后勤有什么事情，她也可以顶上。

她是通过自己努力，活得越来越精彩的典型。即使以后她不在我们公司了，到其他地方也会做得很好。

再看一个反例，清华的同学，大学毕业到了投资银行，起点是非常高了，2002年的时候，就年薪将近20万元。他的生活真是丰富啊，各种聚会，每天生活都很精彩，美其名曰广交朋友。

前年他向我借钱，想买房，说职位也没提升多少；工资40多万元，由于吃喝玩乐没存下多少，女朋友跑了，所以他下决心买房。按说以他的起点，现在年薪200万元都很正常，可惜这么多年他都没提升自己，现在年纪大了，只想保住工作。

现在总结一下。

1．“本事”这个东西是变化的，10年前有本事的人，可能10年后就不是了。这很公平，因为10年前努力了，所以出类拔萃；而10年后坐吃山空，沦为平庸也正常。如果天天吃喝玩乐，还能独占鳌头，那才有问题呢。

2．自己有一股冲劲，保持每天进步一点点，每个人都可以成为有本事的人。问问自己，今天又做了什么、学到什么，能不能提升自己。

3．目标感，不用说为了祖国、为了全人类。即使为了自己、为了家人，也应该不断努力、过上更好的生活，在这个动力下，必须努力。

5.3 六大类爆款文章内容写法

互联网上常见的爆款文章可分为六大类型，分别是知识干货型、热点解析型、读书笔记型、视频解读型、精彩故事型、罗列资源型。学会这六大类爆款文章的写法，写作将事半功倍。

5.3.1 如何写知识干货型文章

知识干货型文章适合追求获取知识的读者。写这类文章的自媒体作者通常是结合自身定位，找到了所在领域的痛点，给出了解决方案。例如教育类自媒体写的标题为《孩子没有专注力怎么办？》的文章，财经类自媒体写的标题为《年终奖应该怎么花？》的文章，教辅类自媒体写的题目为《考试粗心是大病，一定要重视》的文章。

写知识干货型文章时需要注意如下 5 点，如图 5-4 所示。

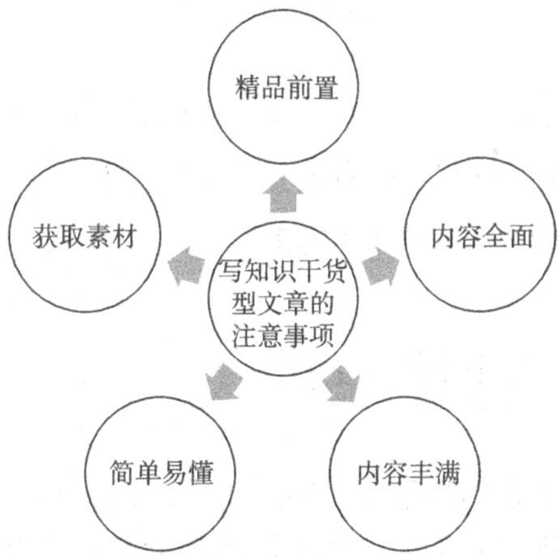

图 5-4 写知识干货型文章的 5 点注意事项

1. 精品前置

知识干货型文章前面 3 点的知识干货内容非常重要，很多读者其实看不完整篇文章，如果文章前面 3 点的内容足够精彩，读者就会点赞、收藏或转发。其注意事项与写并列结构文章的注意事项类似。

2. 内容全面

知识干货型文章的内容要足够全面。读者阅读知识干货型文章有一种心理，就是想通过阅读一篇文章了解某个事物。如果读者看完一篇文章觉得还有很多相关内容没介绍，就不会认为这篇文章是精品。成为爆款的知识干货型文章通常能把整个事物介绍得非常清楚。

3. 内容丰满

对于追求多而全的知识干货型文章来说，最少要写到 5 点。对这类文章来说，列出来的点越多，越能让读者觉得文章内容全面，觉得文章价值高，觉得值得点赞、收藏或转发。

4. 简单易懂

虽然是写知识干货，但内容不要过于晦涩，不要直接罗列专业术语，一定要与现实相结合，用读者看得懂的话表达。例如，关于费曼学习法，互联网上其实有很多介绍，但都比较难懂；我把这种方法与孩子的学习相结合，以故事的形式阐述，让人一看就明白。

5. 获取素材

如果当前知识体系不全面，没有能力直接写出系统、全面的知识干货型文章，那么在开始写作前，应当先寻找写作素材。可以重点参考本书 3.2 节中介绍的二手写作素材的获取和应用方法。

5.3.2 如何写热点解析型文章

热点解析型文章适合喜欢看新闻、关注热点事件的读者。有人认为这类文章只适合新闻类自媒体，实际上任何领域的作者都可以写作这类主题的文章。因为新闻热点事件的种类非常多，总有与自己领域相关的。

适当写一些热点解析型文章不仅有助于借助热点获得流量，也有助于自媒体人把自身领域的内容与现实联系，既能理论联系实际，增强文章观点的说服力，又能丰富自身的案例库。

写热点解析型文章时要注意如下 4 点，如图 5-5 所示。

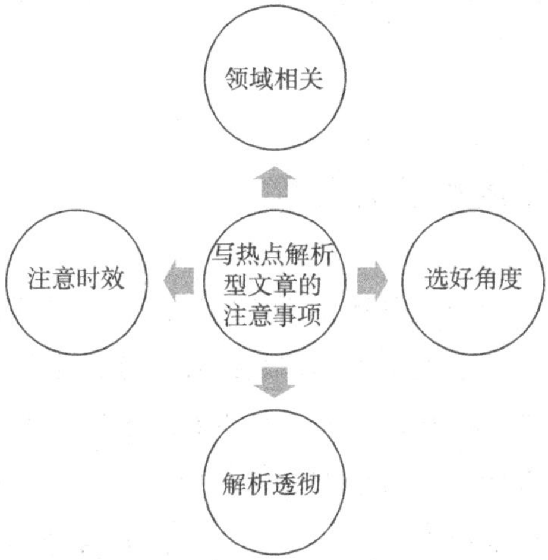

图 5-5　写热点解析型文章的 4 点注意事项

1. 领域相关

如果不是新闻类的自媒体作者，不建议过分关注新闻热点事件，或硬把写作的内容与新闻热点事件联系在一起。比较好的做法是顺其自然，当发现有与自己领域相关的新闻热点事件出现时，再写热点解析型文章。

2. 选好角度

热点解析型文章最怕人云亦云，如果对同一事物，所有自媒体文章的观点和角度都相同，读者会审美疲劳，不会对任何自媒体产生兴趣。写热点解析型文章一定要选择独特的切入角度。

3. 解析透彻

既然是热点解析型文章，对新闻热点事件的解析一定要透彻。这里的透彻不是指详述新闻热点事件的来龙去脉，这些工作专业新闻媒体会做。作为自媒体作者，要注重解析，对新闻地点、事件的解读要透彻，要让文章的深度高于大多数其他同类文章。

4. 注意时效

热点解析型文章有一定的局限性。因为新闻热点事件具有时效性，通常可以热一时，但很难像知识干货型文章那样被读者奉为精品一直收藏或流传。所以，最优质、最核心的写作素材，可以考虑留在其他能长远流传的文章类型中使用。

5.3.3 如何写读书笔记型文章

每个领域都有畅销书，自媒体作者可以选出最经典的那些，边学习、边划重点、边解读。这不仅是可用于自媒体写作的素材，而且是提升知识和能力的方法，还有可能因为解读名人的书，被名人推荐转发，增加流量。

读书笔记型文章比热点解析型文章的时效性弱，只要解析的书没有过时、仍在畅销，读书笔记型文章就会一直受读者喜爱。读书笔记型文章有较强的功能性，能解决读者的很多问题，体现在如下 3 点。

（1）当读者不知道这本书在讲什么时，可以看相关的读书笔记型文章。

（2）当读者不想看书，但想快速了解书中的知识时，可以看相关的读书笔记型文章。

（3）当读者看完书后没有完全理解，或已经忘记内容时，可以看相关的读书笔记型文章。

写读书笔记型文章时要注意如下 5 点，如图 5-6 所示。

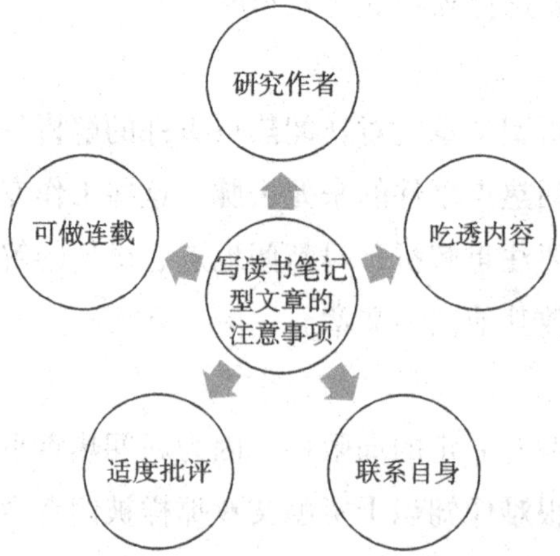

图 5-6 写读书笔记型文章的 5 点注意事项

1. 研究作者

写读书笔记型文章前，首先要研究这本书的作者是谁，看一下作者有没有自媒体账号、自媒体账号的影响力如何。如果自己的文章写出来，能得到这本书的作者有影响力的自媒体账号的转发是最好的。当然，研究作者也是为了更好地理解和解析书的内容。

2. 吃透内容

要想写读书笔记型文章，一定要认真看书，要吃透书的内容。有的自媒体作者一本书翻了几页后就贸然写读书笔记型文章，这样写出来的内容不仅容易思想不深、内容不全，还可能会以偏概全，容易引来看过这本书的读者不满，甚至引来原书作者的反感与抵制。

3. 联系自身

自媒体写作与传统写作有一点明显不同，就是自媒体写作要适当彰显个性。所以，自媒体作者写读书笔记型文章除了要概括书中的核心要点外，最好也要联系实际情况，把书中的要点用自己的话表述出来，结合实际案例写作。

4. 适度批评

有的自媒体作者写读书笔记型文章时，可能是为了彰显自身个性，显示自己认知水平高，会抱着挑刺的心态写作，文章用大篇幅论述书的不足之处，或者论述书中作者观点的错误之处。用辩证的眼光写读书笔记型文章是对的，但最好不要把文章的主基调变成对书的全盘批评或否定。读书笔记型文章最好以发现书中的闪光点为主。

5. 可做连载

对于比较经典、比较畅销、内容丰富的书，可以写关于这类书的读书笔记型文章的连载，定期发布。连载可以增加读者黏性，但要注意控制连载期数，一般不宜超过 10 期。发布文章时最好告诉读者一共要连载多少期，这篇文章是第几期，让读者知道自己的阅读进度。

5.3.4 如何写视频解读型文章

对视频内容的解读型文章同样是爆款文章类型的一种。例如，我写的标题为《提高积极性的 14 个小窍门》的文章，主题就源于一个视频，文章分成上下两篇，发布不久阅读量就达到 50 多万。

写视频解读型文章时要注意如下 4 点，如图 5–7 所示。

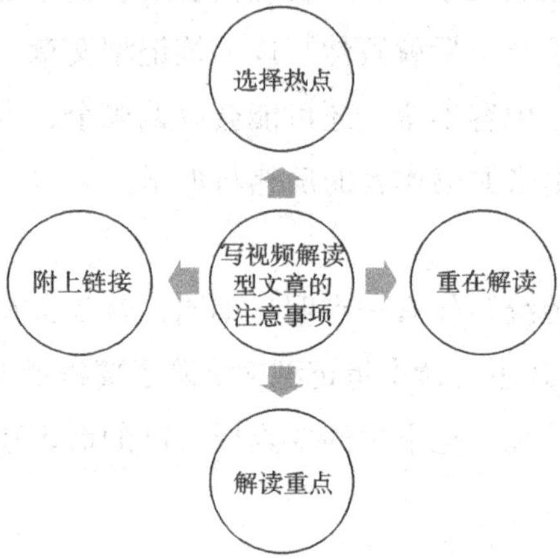

图 5–7　写视频解读型文章的 4 点注意事项

1. 选择热点

选择的视频应是热点视频，最好是读者看过或熟知的视频。选择热点视频时，要看原视频的播放量和转发量。转发量比播放量更重要，转发量高说明观众对视频的认可程度高。

例如，哔哩哔哩视频网站发布的《后浪》，原视频在网站上有将近 3 000 万次的播放量，有超过 100 万次的转发量，引起了各大自媒体的广泛讨论与解读。

2. 重在解读

视频解读型文章的重点在于对视频的解读，而不是把视频内容简单地整理成文字内容。要理解视频的核心思想，用自己的语言，以符合自身自媒体定位的角度拆解和分析视频，最好还能在视频内容的基础上做延伸扩展。

3. 解读重点

有些视频，为了起承转合，前期有大量铺垫，可能占整个视频 70% 以上的时长。这部分内容并不是视频的重点，文章中完全可以不介绍，可以只针对视频的核心内容做解读。

4. 附上链接

视频解读型文章应当附上原版视频的链接，一方面体现尊重原创的理念，另一方面便于没有看过视频的读者观看完整版视频，以增强文章的完整性，便于读者更好地理解文章表达的核心思想。

5.3.5　如何写精彩故事型文章

在爆款文章中，故事型文章是最受欢迎，也是写作难度最高的。难点不仅在于故事本身难写，还在于故事素材有限。例如我刚开始做自媒体不久，就把自己的故事写完了，类似《我的赔钱故事之研究生合伙》《培训班的悲剧》等文章，都是我早期发布的故事型文章。

后来我开始留心观察生活，从自己和周围人身上寻找故事，才发现其实可以用来写作的故事是有很多的，只是自己平时没留意。如果刻意留意生活、品味生活，是能够发现很多精彩的小故事的。

写精彩故事型文章时要注意如下 5 点，如图 5-8 所示。

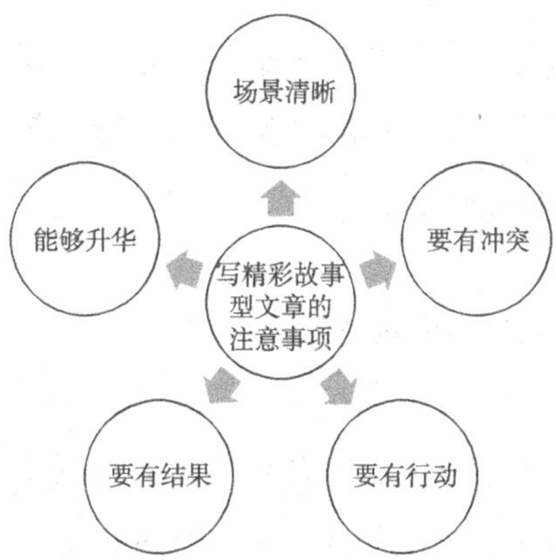

图 5-8　写精彩故事型文章的 5 点注意事项

1. 场景清晰

故事场景要描述清楚，要让读者感同身受。这里需注意，故事的场景最好简单用几句话交代清楚，自媒体写作切忌长篇大论地说背景。新手最初写故事时，很容易出现交代背景太啰唆的问题，这可能会影响读者的阅读体验，让读者放弃阅读。

2. 要有冲突

故事中要有冲突。这里的冲突可以是挫折、困难或悲剧，总之是一种不尽如人意的情节。冲突正是故事吸引人的地方，有冲突的故事才能吸引读者，让读者愿意读下去。例如，我在标题为《培训班的悲剧》的文章中，写了我最开始雄心勃勃，感觉前途一片光明，结果发现事与愿违，这就是冲突。

3. 要有行动

出现冲突后，要尝试解决，这一般应是故事的主题，故事的各种情节应在行动中展开。写故事时，可以列出几种解决方法，可以有失败的，也可以有成功的。失败后，可以从头再来；成功后，可能会出现新的冲突。

4. 要有结果

故事的最后无论如何要有结果，不论结果是成功还是失败的。人的内心都期望一种确定性，读者阅读也是这样。当读者开始阅读故事，进入故事情节，体验跌宕起伏的故事情节后，一定想知道最后结果如何。

5. 能够升华

对自媒体文章来说，光讲故事是不行的，要让小故事蕴含大道理，让读者能品出一些味道来。经常有粉丝给我发私信，说反复看我的文章，觉得故事本身没那么精彩，而最后的升华却为点睛之笔。自媒体文章的故事要引导读者，让读者有所收获。

5.3.6 如何写罗列资源型文章

罗列资源型文章是一种相对比较容易写的爆款文章类型，比较适合自媒体写作新手。通过写作这类文章，新手既可以梳理现有知识结构，也可以收获粉丝。这类文章追求大而全，需要把某个领域的相关资源罗列清楚，需要用心收集资料。例如，《买房前必看的 10 类数据及网址大全》《这 20 个公众号，把投资人必会的知识都说全了》《教育孩子，你必须看的 30 本书（附读书笔记详解）》《学做 PPT，你必须收藏的 500 个模板（附下载链接）》等。

写罗列资源型文章时要注意如下 3 点，如图 5-9 所示。

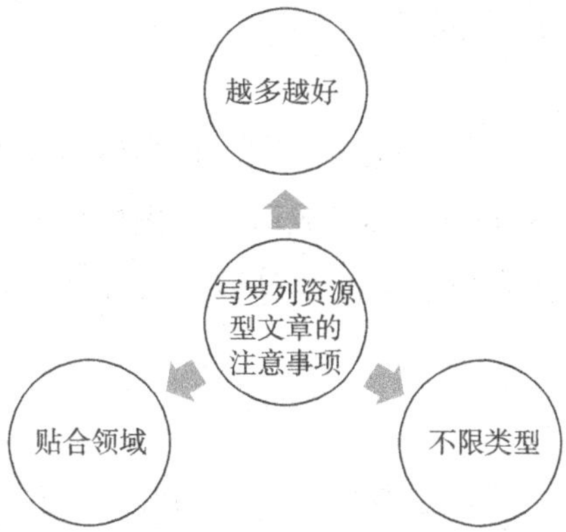

图 5-9　写罗列资源型文章的 3 点注意事项

1. 越多越好

罗列资源型文章中列出的资源越多越好，越全越好，一般至少要列 10 种以上。自媒体上针对相同领域、相同问题的罗列资源型文章可能很多，这时候比的就是谁更多、谁更全、谁更精。

2. 不限类型

罗列资源型文章的资源类型可以不限，只要能对读者有帮助，都可以算作资源的一种，例如微信公众号、微博、线上公开课网址、论文资源、法院判例网址、网盘地址等都可以作为资源。

3. 贴合领域

为巩固自媒体的定位，强化读者对自媒体的品牌认知，罗列资源型文章的主题应贴合自身领域。不建议为增加流量，发大量与自身领域无关的罗列资源型文章，否则会冲淡读者对自媒体的整体认知。

5.4 爆款文章内容的修改方法

好文章都是修改出来的。所谓的一气呵成写出好文章其实是一种美好的幻想或愿望，就算是资深作者，也很难做到一篇文章完全不修改。在写完文章后，要适当斟酌与修改，让文章的内容更容易阅读。

5.4.1 如何修改用词修饰

自媒体写作与学生写作文完全不同。自媒体写作不需要太多华丽的词语，不需要太多精妙的句子，甚至成语都不需要用太多。自媒体写作最重要的是思想和内容，语言反而越简单越好，最好简单到每个人都看得懂。

举例

很多人在微博上私信问我写文章时用词与修饰应注意什么。对新手，我的第一个建议是，不论写什么类型的文章，必须让每个人都能看懂，这才算成功。也就是说，用词与修饰越简单越好，返璞归真，切忌刻意修饰。

在自媒体写作用词修饰方面，要注意如下 4 点，如图 5-10 所示。

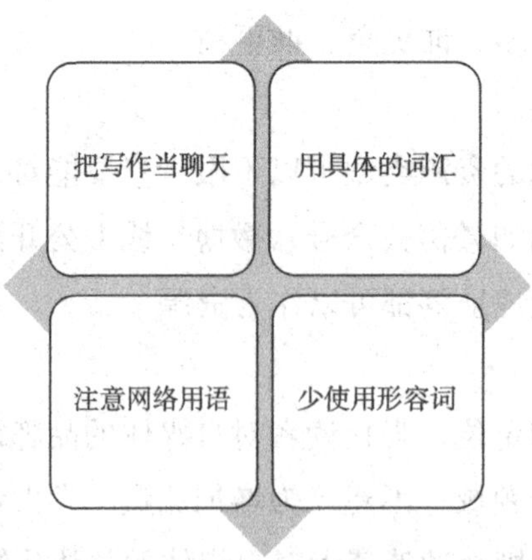

图 5-10　自媒体写作用词修饰的 4 点注意事项

1. 把写作当聊天

不必把自媒体写作想得太难、太高端。有些朋友一提写作，就觉得要正襟危坐，非要细细雕琢每一个句子。这种想法在写比较正式的文书时是对的，但在自媒体写作中没必要，甚至可能画蛇添足。自媒体写作可以直接把写作当成聊天，例如要说孩子打架的事情，就假想自己和邻居聊天，告诉邻居整件事的来龙去脉。

2. 用具体的词汇

自媒体写作中用的词汇越具体越好。例如，与其写“儿子在玩游戏”，不如写“儿子在玩王者荣耀”；与其写“他开着豪车”，不如写“他开着玛莎拉蒂”；与其写“他正在吃水果”，不如写“他正在吃橘子”。具体的词汇更容易让读者产生画面感，给读者留下的印象与感受完全不同，更容易使其对文章的内容产生共鸣。

3. 注意网络用语

虽然读者阅读自媒体文章的媒介是互联网，但写作时应尽量避免使用网络用语。因为很多网络用语并非通用语言，有的读者知道其含义，有的读者不知道含义。知道含义的读者不会因为文章内容中包含网络用语而对文章产生很多正面的感觉，不知道含义的读者却会因为文章有自己认知领域之外的网络用语而对文章产生负面的感觉。

4. 少使用形容词

除非必要，自媒体写作应尽量少用或不用形容词。形容词是比较主观的感受，不容易让读者感同身受。例如，与其写“今天的天气非常热”，不如写“知了在声嘶力竭地鸣叫，在家没吃完放在上衣口袋中的半块巧克力，出门走了 20 分钟竟然化了”。

5.4.2　如何删减文章内容

老舍说：“我们应当先把不必要的话、不必要的字，狠狠地删去，像农人锄草那样。不要心疼一个好句子，或一个好字，假若那一句那一字在全段全句中并不起什么好的作用。文章正像一个活东西，全体都匀稳调谐就美，孤苦伶仃的只有一处美，可是跟全体不调谐，就不美。比方说，一个人长得并不俊，服装也不整齐，可是戴了一顶极漂亮的帽子，那能教他变成美人吗？不能！文章也是这样。"

自媒体写作的最后一步，是"删"。在自媒体写作的初期，文章写得啰唆一点也没关系，最重要的是先写出来。写出来后，再做删减。也就是要先学会做"加法"，后学会做"减法"。

删减文章内容，可以参照如下流程，如图 5-11 所示。

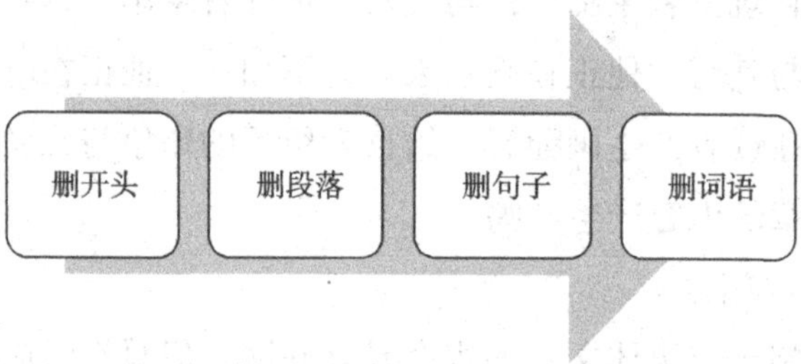

图 5-11　自媒体文章内容删减流程

1. 删开头

自媒体文章开头稍做铺垫后，应直奔主题。很多自媒体文章，开头铺垫过长，洋洋洒洒写了几百字都还没进入主题。遇到开头与文章主题不符或进入主题比较慢的情况，可以直接删除开头啰唆的内容。

如今互联网的大环境下，一切都追求快速获取。读者看到冗长的文章开头，可能直接放弃阅读。正确的做法是，开头只写最出彩的内容，例如"我曾经从年收入 5 万到年收入 100 万""我曾经是某省的高考状元"等，这样能让读者印象深刻。

2. 删段落

如果某故事中间有很多场景内容删除后也不影响中心思想的表达，那就应毫不犹豫地删除。自媒体文章的故事中出现的角色越少越好，能出现 2 个角色就不要出现 3 个角色。

例如，某文章的主题是讲自己如何养成习惯的，故事中却包含一段帮女朋友买首饰的桥段。虽然现实中的确发生了这件事，和主题有一点关系，但它会分散读者的注意力，影响阅读体验。若非必要，应果断删除。

对于表达同一主题，提供多个类似的案例也没必要，除非可以提供完全不同的场景，能让读者产生共鸣。

3. 删句子

自媒体写作中有些句子的含义是相似的，这类语句应当只保留一句。

例如，“在微博上，转、评、赞非常重要，因为这代表粉丝是否喜欢这篇文章。通过转、评、赞的数据，能够看出文章的好坏。每个粉丝的点赞或评论，都是对我们写作的反馈。”这段文字中有 3 句话，其实意思是重复的，只保留一句即可。

4. 删词语

文章刚写完，句子中难免会存在一些多余的词语。例如，“我们”“大家”“应该是”等如果经常出现，可以删除一部分；“× 的时候”可以删成“× 时”等。在删词语时，要注意以下 3 点。

（1）删除不必要的代词。例如，“昨天和小王吃饭，他对我说：‘写书哥要注册商标了。’”其中的“他对我说”，可以改成“他说”。

（2）删除不必要的连接词。例如，“很多粉丝忍受不了小张的戾气，所以大量取关”。这句话中的“所以”可以删除。

（3）删除不必要的“的”“是”“了”。例如，“今天的天气很好”，可以改成“今天天气很好”。

第 6 章

如何写爆款文章的开头和结尾

自媒体写作中有一种说法：好文章 = 好标题 + 好开头 + 好结尾。这种说法虽不全面，却表明了文章开头和结尾的重要性。如果说文章标题决定了文章的写作方向，文章结构决定了文章的呈现形式，那么文章的开头和结尾决定了文章的呈现质量。

6.1 精彩开头的 5 种方法

自媒体文章的标题决定了读者会不会对文章感兴趣、愿不愿意打开文章，开头则决定了读者愿不愿读下去。写作时要反复思量第一句话如何写，也就是如何写开头。心理学中有“首因效应”，指第一印象非常重要。阅读文章也有“首因效应”，也有“先入为主”的情况。如果读者阅读文章的开头就被深深吸引，那么对这篇文章的第一印象就会比较好，进而对作者产生好印象。

6.1.1 开门见山法

开门见山法非常适合写知识干货型文章。

例如，标题为《微博赚钱的 8 个方法》的文章，可以这样开头：“我的微博已经实现年收入过 50 万了。微博上赚钱的门道很多，刚开始时，我也不知道，慢慢才发现。下面这 8 个方法最靠谱。”

例如，标题是《高考志愿填报的 10 项注意事项》的文章，可以这样开头：“我曾帮助过几百位考生报志愿，他们都进入了理想的学府。关于高考志愿填报，作为过来人，我有些心得体会，主要包括如下 10 项。”

例如，标题是《孩子学习的三大误区》的文章，可以这样开头：“最近小 A 发现上课时自己都听懂了，能背诵重要内容，也能正确回答课后题目，结果摸底考试，只考了 70 分。小 A 的父母为此非常烦恼。为什么会出现这种情况呢？其实小 A 碰到了学习上常见的三大误区。”

开门见山法比较适合自媒体写作新手。新手刚开始写作时，可以先学习使用这种方法写开头，然后慢慢学会运用其他方法。

6.1.2 故事开头法

营销号的文章通常缺乏真情实感，这是因为写营销号文章的员工没有那么多真实经历，虽然能写出有事实、有理论的文章，却写不出有故事、有情感的文章。人人都喜欢故事，用故事作为文章的开头，能突出自媒体的个性和情感，是比较好的开头方法。

每个人都有自己的生活经历，会遇到各种事情，把这些事情总结、提炼后记录下来，就是很好的文章开头故事。写理论性比较强的文章时，以故事开场就显得更加重要，在讲道理前最好思考一下是否有对应的故事。

例如，我在标题为《好妈妈的小花招，激发孩子学习兴趣》这篇文章的开头写的是“这是我同学的故事，他儿子小 A 数学不太好”；我在标题为《人无完人，对孩子不要苛求太多》这篇文章的开头写的是“昨天中午，儿子偷偷玩《我的世界》游戏，我对他发了脾气”。类似这样以故事开头的文章，很容易引起粉丝的兴趣。

在使用故事开头法时，要注意如下 3 点。

1. 真实第一

故事开头要写明时间、地点和事件，故事内容应当尽量展示细节。例如，“昨天我遇到了老同学”，就不如“昨天下午，我在海底捞吃火锅，正夹起一片羊肉时，抬眼看见了清华大学的老同学”。

2. 设置冲突

故事情节最好有冲突，有冲突的故事比较容易吸引人。例如，热点新闻“24 岁清华大学生，放弃高薪工作进山养殖”，就是强烈的反差冲突。

3. 铺垫要少

故事内容要围绕主题，尽量删除无关内容。例如，想突出“清华大学学生毕业从事养殖”这个新闻，结果在前面讲了他小时候如何调皮捣蛋，就是和主题无关，应该删除。

6.1.3　设置悬念法

设置悬念法是在文章开头设立一个悬念，引发读者思考，引起读者的兴趣。这种方法很容易引发读者的好奇，激发读者继续读下去的兴趣。例如，“半年前，小 A 还租住在北京的地下室。今天见他，居然开上了玛莎拉蒂。”读者看到这里，一定会好奇到底发生了什么事，迫不及待地往下读。

在使用设置悬念法开头时，要注意如下 3 点。

1. 抓住重点

故事中的悬念应当是故事的重点，应当是故事中最大的矛盾点。写悬念时，可以先平铺直叙地写完整段故事，然后找出故事中最大的矛盾点，把这个矛盾点放到文章的开头。

2. 联系故事

设置悬念法通常应当与故事联系在一起，没有故事作为背景，悬念的力度通常比较弱。例如，与其写“一个人是如何从成功走向失败的”，不如写“小 A 上半年被评为优秀企业家，下半年企业就因经营不善倒闭了”。

3. 悬念感强

用设置悬念法写的开头，通常冲突和反转要足够强烈；如果冲突不强、反转不强，这样的开头大概率也不精彩。例如，与其写“毕业后，我很久都没找到适合自己的工作，然后我创业了”，不如写“我从清华大学毕业后，很久都没找到适合自己的工作，恰好几个志同道合的同学想创业，我们就一起开始了创业生涯。”

6.1.4　名人名言法

如果文章的主题恰好可用相关的名人名言表达，那就可以用名人名言做文章的开头。这里的“名人名言”不一定是乔布斯这类现实中的名人说的话，也可以是电影、电视剧、小说中精彩的句子。

例如，电影《教父》中有这样一段话："让朋友低估你的优点，让敌人高估你的缺点。不要憎恨你的敌人，那会影响你的判断力。"这段话很有道理，容易引起读者的共鸣，放在很多主题文章的开头都是合适的。

在用名人名言法写开头时，要注意如下4点。

1. 日常积累

名人名言法需要大量素材作支持。用名人名言做文章的开头，一般不适合临时抱佛脚式的写作。如果没有一些现成的名人名言可用，平时又没有积累名人名言的话，用这种方法写文章的开头较难实现。要用好名人名言法，平时就要多看资料，多留意，发现精彩的话立即整理记录下来，存到自己的素材库中。

2. 语言力度

用名人名言法写开头时，选择的名人名言应当具备一定的语言力度。有力度的名人名言能整体提升文章的格调，就算文章内容不够精彩，读者读了文章开头，也不会觉得文章差；没有力度的名人名言会拉低文章的格调，就算文章内容本身不错，但开头没有力度的名人名言反而会让文章逊色不少。

3. 注意筛选

名人名言的筛选和素材库的建立最好独自完成，不要偷懒。我曾尝试把这项工作交给一名员工去做，这名员工是大学刚毕业的小姑娘，她选的名人名言大多达不到我的标准。她阅历不够，思维深度、眼界格局不够，选出来的名人名言要么没有力度，要么脱离现实。筛选名人名言其实也是一项能力。

4. 网络获取

如果平时对名人名言积累较少，没有相关素材库，但又希望快速完成这类写作，可以通过网络获取名人名言。运用搜索引擎，在搜索框中输入"文章主题 + 名人名言"关键词，筛选搜索出来的结果，就能找到各类与主题相关的名人名言。

6.1.5　有违常识法

有违常识法是在文章的开头说一些有违常识的话，对读者的传统认知产生冲击，从而引发读者的兴趣，让读者产生继续读下去的欲望。只要是常识，都可以在使用有违常识法写文章开头时使用。

很多传统谚语被人们熟知，但其中有一部分已经不合时宜，用这类谚语做开头就比较有效。例如，“失败是成功之母？错，成功才是！”，“能成大事的人，都懂得麻烦别人”。这类话一抛出来，读者肯定好奇：为什么这么说？

在使用有违常识法写开头时，要注意如下 3 点。

1. 确认常识

有违常识法能够成立的关键是内容必须是大众认为的常识，而不能是作者认为是常识，但对大多数读者来说并不是常识的内容。例如，有一篇养生类文章的开头说：“众所周知，吃辣对身体有害，实际上，吃辣对人体也会有一定好处。”其中，“吃辣对身体有害”并非“众所周知”的常识。

2. 论证严密

有违常识法是通过提出与读者的常识认知不符的说法，激发读者比较强烈的好奇心。但有时希望越大，失望也可能越大。所以，这类文章的内容要有严密的论证，逻辑要清晰，证据要确凿，才能让读者心服口服。如果论证不够严密，被读者发现其中的逻辑漏洞，整篇文章可能不会被认可。

3. 做好互动

很多人不喜欢自己的认知被挑战，使用有违常识法开头的文章可能会引发很多读者的抵触情绪，可能使很多读者留言反驳，这时要做好与读者之间的互动。

有时候文章逻辑再严密、论据再科学，可能也没有用，因为一些读者可能会用自己的逻辑证明文章的逻辑有错误。遇到这种情况应避免与读者产生冲突。

6.2 完美收尾的5种方法

开头的作用主要是吸引读者的注意，阐述文章的主题，促使读者阅读全文。结尾的作用是收篇点题，升华主题，表明哲理。精彩的结尾往往能给读者留下深刻的印象，这源于心理学中的“近因效应”，是指最后出现的信息，会比最先出现的信息让人印象深刻。例如，听5个人演讲，人们对最后一位演讲者的内容的印象往往最深刻。文章结尾的部分最容易给读者留下深刻印象，从而产生点赞、留言或转发等行为。

6.2.1 故事收尾法

故事不仅可以作为文章的开头，也可以作为文章的结尾。文章结尾的故事应当能够统领整篇文章，起到总结或升华的作用。

举例

有一篇写母子关系的文章，文章开头是作者和母亲之间关系紧张的故事，其中包含一些母亲催婚、催生以及代沟导致的理念不合等比较常见的母子对话，令人啼笑皆非又感同身受。

讲完开头的故事之后，作者接着说学习了一些与母亲相处的方法，从而大大缓解了母子之间的关系。文章还具体介绍了这些母子相处的方法。

文章的结尾，作者讲述了自己在运用这些母子相处的方法后，与母亲之间的关系得到明显改善的具体故事。这里的故事首尾呼应，场景与文章的开头类似，但故事的走向发生了明显变化。这些故事的细节说明母子间关系得到了明显改善。

在使用故事收尾法时，要注意如下两点。

1. 与主题相关

用来做文章结尾的故事应当起到总结或升华主题的作用，这就要求故事内容应当与文章表达的主题相关。不能在结尾又写一个全新主题的故事，让读者刚接受了文章主题，却又要思考另一个主题。

2. 使用隐喻故事

如果没有与文章开头呼应的故事，又想使用故事收尾法，可以使用隐喻故事。隐喻故事指的是暗含哲理又能说明主题的故事。

例如，在一篇主题为发散思维的文章最后，可以使用下面这样一则隐喻故事。

举例

农场主临死前把儿子叫到身边，问他："现在农场里的牛嫌自己的活很多，羊嫌自己住的环境差，你准备怎么办？"

儿子回答："我可以减少牛的工作量，改善羊的居住环境。"

农场主说："不对，你应该告诉它们，农场的外面有狼。"

6.2.2 留下疑问法

很多自媒体平台的属性决定了作者与读者（粉丝）之间的互动非常重要，这有助于增强读者（粉丝）的黏性。在这类自媒体平台上写作，文章的结尾可以采用"留下疑问法"来写。结尾留下疑问，可加强与读者的互动，能够引起读者讨论，增加文章的留言数量，从而让文章更受欢迎。

在使用留下疑问法时，要注意如下 4 点。

1. 切勿简单

使用留下疑问法写文章的结尾时切勿只简单地写一句："对于这个事情，读者朋友们，你们怎么看呢？"这类简单通用的收尾方式是营销号经常使用的。读者看多了这类文章，看到最后这句话时可能会以为自己又看到了营销号的文章。这不但无法达到使用疑问结尾法的预期效果，反而可能令读者反感。

2. 要有新意

文章结尾留下的疑问要有一定的新意，没有新意的疑问，读者们很可能不愿意回答。例如，有的文章最后问“除了文章中列出的方法，你还有哪些方法呢？”这类疑问毫无新意，也与营销号的问法类似，这类问题在自媒体刚兴起时可能有效果，如今很难起到互动效果。

3. 容易回答

文章结尾留的疑问应当容易回答，如果给读者留下的问题过于复杂，读者就算本来想回答，写了一会儿后也很可能放弃回答。例如，有的文章最后问“读者朋友们，你们有没有类似故事可以与我分享呢？”这类疑问不仅毫无新意，而且留下问题过于宽泛，读者很难一两句说明白。要回答这个问题，不仅需要读者对这个话题非常感兴趣，而且需要读者有一定的总结能力和写作能力。

4. 留有余地

为了增加与读者之间的互动，可以用自己的小号回答文章最后留下的疑问。但回答时要注意留有余地。

举例

我有一次突发灵感，在文章最后写道“如果我突然死亡，要留给家人哪些数据？”这个问题非常有新意，互动效果本该比较好。但我追求尽善尽美的性格，让我习惯把一件事说得滴水不漏，后来我自己在留言区把能想到的数据都列出来了，比如银行卡、房产证、股票账户、微信、支付宝等，把读者能说的都说完了，读者就没话说了，只能点赞，互动效果反而不好。

以后遇到这种情况，自己就算知道很多，也应只写一部分，留一部分给读者讨论，才能让留下疑问法发挥效果。

6.2.3 金句收尾法

读者看文章看累了，马上要看完时，如果能看到一个金句，往往会大声叫好。文章结尾的金句能给读者留下非常深刻的印象，帮助升华整篇文章的主题，有助于读者看完文章后转发。另外，有时读者觉得文章好，想把文章发到朋友圈，但不知该说什么，结尾的金句正好可以作为读者发朋友圈的描述语。

在用金句收尾法时，要注意如下两点。

1. 主题相关

每篇文章都有主题，例如勤奋、珍惜时间、团结合作等。主题是文章的核心，金句应当围绕主题，总结主题，升华主题。如果用与文章主题不符的金句，会扰乱读者的思绪，让读者觉得文章思维跳跃，主题不清。

2. 获取方式

获取金句的方式有很多，日常积累是最好的方法，因为日常积累的金句自己比较熟悉，应用起来更得心应手，这一点和用名人名言法写文章开头类似。如果没有日常积累，也可以用“主题 + 金句”的关键词，在搜索引擎中搜索获取。

如今互联网上有很多专门收集名人名言或金句的网站，这类网站往往也具备关键词搜索功能。在这类网站直接搜索文章主题关键词，能快速找到自己想要的名人名言或金句。

6.2.4　带动情绪法

人是情绪化的动物，每个人看完文章后或多或少都会产生一些情绪。在文章最后，可以尝试点燃读者的情绪，让读者随文章一起高兴、愤怒或悲伤。如果文章最后能精准调动读者情绪，不论文章本身写作质量如何，都是成功的。

在用带动情绪法时，要注意如下 4 点。

1. 表情结尾

自媒体写作与传统写作最大的不同之处，在于自媒体写作要依托自媒体平台。很多自媒体平台都有添加表情功能，在这类自媒体平台上，用表情结尾是最简单有效的带动情绪法。文章最后发几个表情，常常比写一段文字还有效。想传递高兴情绪可以发"哈哈大笑"的表情，想传递愤怒情绪可以发"极度愤怒"的表情。

2. 情绪表达

情绪是有共鸣的，文章如果能说出读者平时想说但却不敢说的话，读者会产生共鸣，这时候很容易进入文章的节奏，很容易被文章传递的情绪所感染。例如，有的作者在文章中描述自己和上级的几次冲突，表示有的上级不理解下属，把下属当工具。这样的文章最后与其写"我选择了辞职"，不如写"一怒之下，直接不干了！"

3. 排比强化

排比句有增强表达的效果。例如，在主题是关于成长的文章最后，可以写"成长是历经磨难却心怀感激的沉着；成长是屡次失败却屹立不倒的豪气；成长是跌跌撞撞却依然前行的勇气；成长是面对困难却坦然微笑的信心。"如果写不出比较对称的排比句，简单多次重复也是一种表达情绪的方法。例如，在主题是老师别拖堂的文章最后，可以写"别拖堂！别拖堂！别拖堂！"

4. 标点符号

自媒体写作结尾的标点符号可以作为传达情绪的工具，例如，用感叹号表示震惊，用问号表示疑问等。自媒体写作在标点符号的应用上不必遵循传统写作规范，例如，结尾可以用"！！！"表示非常震惊，可以用"？？？"表示非常疑惑。

6.2.5 笑话收尾法

文章最后如果能让读者莞尔一笑，是写作水平高的体现。

举例

我写过一篇标题为《你的善良，必须留点锋芒》的文章，前面讲了故事，说了道理，告诉大家不要做老好人。虽然介绍的内容都对，但是还不够吸引人，于是我在文章结尾加了个笑话，效果立刻就不一样了。文章部分内容如下。

我从小被教育，要助人为乐，当别人找我帮忙时，我总是抹不开面子，说不出“不”字。

大学的时候，经常帮同学小 A 打饭，偶尔自己犯了懒病，想让小 A 帮忙，他却一口拒绝，心里很不是滋味。过几天，他又让我打饭，我还是同意了。

……

多年不见的同学突然问我借钱，我直接问：五万够么？他立马回复：够用够用，你小子可以啊，在哪发财呢？我微微一笑：没事，不够用你就说，我现在做信用抵押贷款，不用抵押房子车子，有身份证就行。

在用笑话收尾法时，要注意如下两点。

1. 平时积累

合适的笑话往往比合适的名人名言或金句更难找。如果平时不积累，在互联网上找笑话容易，但找到合适的笑话却比较难。所以要用好笑话，平时要注意积累，看到好的笑话可以先存起来，然后再给它们打上标签分类。

2. 不要低俗

文章收尾用的笑话不要低俗，否则会影响整篇文章的品质，而且会拉低读者对自媒体账号的评价。一旦读者认为某个自媒体作者品位不高，很可能会立即取消关注。

第7章 如何练成好文笔

如果把写作比作投资的话，写作基本功是本金，投资收益就是写作成就。在投资收益率相对稳定的情况下，投入本金（写作基本功）越多，收益（写作成就）才可能越大。要锻炼写作能力，首先要具备扎实的基本功。

7.1 写作的基本功

培养一切能力都要先练基本功，比如相声的基本功是“说、学、逗、唱”；京剧的基本功是“唱、念、做、打”等。写作的基本功其实是中学时期语文学习的重点，很多人因为当初写作基础没打牢，所以如今在写作时没有自信，不知从何处入手。本节主要介绍与自媒体写作相关度最高的三大写作基本功，分别是表达方式、表现手法和修辞方法。

7.1.1 选择写作的表达方式

写作的表达方式，是人们为有效表达自身观点、主张、思想、情感或价值观而采取的写作方式。常见的表达方式有 5 种，如图 7-1 所示。

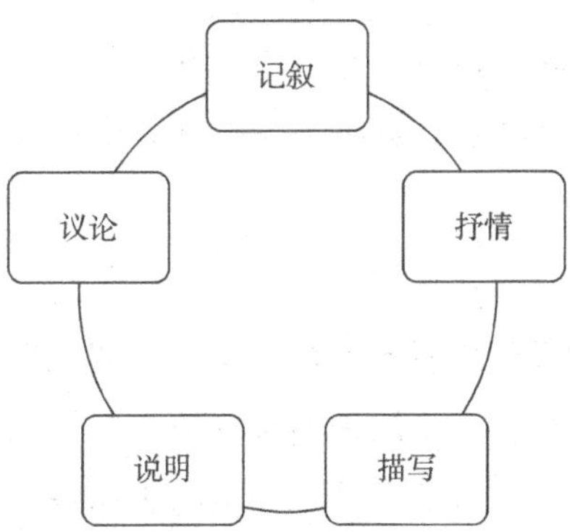

图 7-1　5 种常见的表达方式

1. 记叙

记叙指的是有顺序、有逻辑地把人物、情境、状况等的发生、发展过程用文字表达出来。记叙的关键是记录人物的经历或事件的发生经过或演化过程。在5种表达方式中，记叙相对平淡无奇，但也是最基本、最常用的写作表达方式。不论是什么时代的写作，记叙都是必不可少的。

根据人物经历或事件的发展过程，记叙表达方式又可以分成顺叙、倒叙、插叙。记叙最常用到的人称是第一人称（我、我们）和第三人称（他、他们）。用第一人称的优点是给人感觉更亲切、更真实，缺点是在记叙时会受时间或空间的限制。用第三人称的优点是不受时间和空间限制，缺点是不够亲切。

举例

曹文轩的《草房子》中，有一部分属于典型的记叙，部分内容如下。

油麻地家底最厚实的一户人家，就是杜小康家，但它竟在一天早上，忽然一落千丈，跌落到了另一番境地里，杜家的独生子杜小康失学了，只好跟着父亲去放鸭。

小木船赶着鸭子，不知行驶了多久，当杜小康回头一看，已经不见油麻地时，他居然对父亲说："我不去放鸭了，我要上岸回家……"他站在船上，向后眺望，除了朦朦胧胧的树烟，就什么也没有了。

杜雍和沉着脸，绝不回头去看一眼。他对杜小康带着哭腔的请求，置之不理，只是不停地撑着船，将鸭子一个劲赶向前方。

2. 抒情

抒情是作者抒发情感常用的表达方式，目的是把自己的情感传递给读者。在抒情时，运用的语言往往是饱含深情、个性化、带有一定主观色彩的。很多诗歌和抒情散文运用的都是抒情的表达方式。自媒体写作常常强调彰显个性、表达情感，因此抒情是自媒体写作中一种很重要的表达方式。

举例

余光中的《乡愁》就是一篇抒发自己思念家乡的情感的现代诗歌，内容如下。

小时候，
乡愁是一枚小小的邮票，
我在这头，
母亲在那头。
长大后，
乡愁是一张窄窄的船票，
我在这头，
新娘在那头。
后来啊，
乡愁是一方矮矮的坟墓，
我在外头，
母亲在里头。
而现在，
乡愁是一湾浅浅的海峡，
我在这头，
大陆在那头。

3. 描写

描写指的是用语言把人物、事物、情境的状态、特征、细节等描绘出来。描写的种类非常多样，包括对人物的外貌、神态、语言、动作、心理的描写；对事物的外观、细节的描写；对情境的场面、环境的描写等。细致入微的描写有助于展现细节，在自媒体写作时，运用得也比较多。

举例

莫言在他的著作《蛙》中，有一段描写母牛生小牛的内容，部分内容如下。

那老母牛憋得哞哞地叫，看样子非常痛苦。我爷爷我父亲他们都焦急万分，搓手、跺脚、转圈子，无计可施。牛可是农民的命根子啊，何况这牛是生产队放在我们家代养的，真要死了，那可了不得。

……

母牛调过头，舔舐着小牛身上的黏液。它的舌头上仿佛有灵丹妙药，舔到哪里，哪里就获得了力量。大家都感慨万端地看着这情景。我偷眼看到，姑姑的口半张着，眼神很慈爱，仿佛那老牛的舌头舔到了她身上，或者她的舌头舔到小牛身上。等母牛的舌头差不多舔遍小牛身体时，小牛抖抖颤颤地站了起来。

4. 说明

说明主要有两种写作目的。

（1）用来说明某个道理，例如某种观点、某个概念、某项技术、某个原理、某类意识等。

（2）用来描述客观事物的性状，例如建筑、器皿、植物、名山大川、江河湖海等。

在功能型内容的写作中，说明使用得比较多。

举例

茅以升的《中国石拱桥》就是典型的说明文，部分内容如下。

赵州桥横跨在洨河上，是世界著名的古代石拱桥，也是造成后一直使用到现在的最古的石桥。这座桥修建于公元 605 年左右，到现在已经一千三百多年了，还保持着原来的雄姿。到解放的时候，桥身有些残损了，在人民政府的领导下，经过彻底整修，这座古桥又恢复了青春。

赵州桥非常雄伟，全长 50.82 米，两端宽 9.6 米，中部略窄，宽 9 米。桥的设计完全合乎科学原理，施工技术更是巧妙绝伦。唐朝的张嘉贞说它“制造奇特，人不知其所以为”。这座桥的特点是：（一）全桥只有一个大拱，长达 37.4 米，在当时可算是世界上最长的石拱。桥洞不是普通半圆形，而是像一张弓，因而大拱上面的道路没有陡坡，便于车马上下。

5. 议论

议论指的是就某个观点发表自己的态度或看法，并用论点和论据证明自己的态度或看法，让人们相信或接受这种态度或看法的写作方式。议论通常带有比较强的主观色彩，很多时候，议论写作内容的反面也是成立的。自媒体写作强调个性，很多自媒体爆款文章让读者看后会产生一种强烈的认同感，原因是这类文章本质上都是议论文。

举例

马南邨的《不求甚解》这篇文章，就运用了议论的表达方式，部分内容如下。

一般人常常以为，对任何问题不求甚解都是不好的。其实也不尽然。我们虽然不必提倡不求甚解的态度，但是，盲目地反对不求甚解的态度同样没有充分的理由。

不求甚解这句话最早是陶渊明说的。他在《五柳先生传》这篇短文中写道："好读书，不求甚解；每有会意，便欣然忘食。"人们往往只抓住他说的前一句话，而丢了他说的后一句话，因此，就对陶渊明的读书态度很不满意，这是何苦来呢？他说的前后两句话紧紧相连，交互阐明，意思非常清楚。这是古人读书的正确态度，我们应该虚心学习，完全不应该对他滥加粗暴的不讲道理的非议。

7.1.2 运用写作的表现手法

写作的表现手法就是用文字来表现文章内容的方法，也可以简单理解为文章的写法。写作的表现手法非常多样，例如衬托、烘托、渲染、伏笔、铺垫、象征、对比、扬抑变化、借物言志、借景抒情等。在自媒体写作中，比较常用的表现手法有扬抑变化、正反对比、以小见大。

1. 扬抑变化

扬抑变化会让读者在看文章时，情绪上有起伏，从而增强读者的情感感受。扬抑变化中的“扬”，指的是表扬、褒奖、赞美、歌颂好的方面；“抑”指的是批评、贬低、讽刺、唾弃不好的方面。常见的扬抑变化有两种：欲扬先抑和欲抑先扬。

欲扬先抑指的是当要写一件事好的方面时，可以先适当写一些不好的方面。欲扬先抑中的“扬”是目的，“抑”是手段。欲抑先扬指的是当想写一件事不好的方面时，可以先适当写一些好的方面。欲抑先扬中的“抑”是目的，“扬”是手段。

举例

杨朔在《荔枝蜜》中，用了欲扬先抑的写作手法，内容节选如下。

蜜蜂是画家的爱物，我却总不大喜欢。说起来可笑。孩子时候，有一回上树掐海棠花，不想叫蜜蜂蜇了一下，痛得我差点儿跌下来。大人告诉我说：蜜蜂轻易不蜇人，准是误以为你要伤害它，才蜇；一蜇，它自己耗尽生命，也活不久了。我听了，觉得那蜜蜂可怜，原谅它了。可是从此以后，每逢看见蜜蜂，感情上疙疙瘩瘩的，总不怎么舒服。

……

吃鲜荔枝蜜，倒是时候。……一开瓶子塞儿，就是那么一股甜香；调上半杯一喝，甜香里带着股清气，很有点鲜荔枝味儿。喝着这样的好蜜，你会觉得生活都是甜的呢。

我不觉动了情，想去看看自己一向不大喜欢的蜜蜂。

……

我的心不禁一颤：多可爱的小生灵啊！对人无所求，给人的却是极好的东西。蜜蜂是在酿蜜，又是在酿造生活；不是为自己，而是在为人类酿造最甜的生活。蜜蜂是渺小的；蜜蜂却又多么高尚啊！

……

这黑夜，我做了个奇怪的梦，梦见自己变成一只小蜜蜂……酿造着未来……

杨朔这篇文章，表面在写荔枝蜜，实际在写小蜜蜂。如果没有小蜜蜂的辛勤劳动，又何来荔枝蜜的香甜可口。杨朔开头说自己小时候被蜜蜂蜇过，所以不喜欢蜜蜂，这是“抑”。中间说起荔枝蜜的甜美和蜜蜂采蜜的劳碌，是铺垫。接下来说蜜蜂的高尚和伟大，这是“扬”。最后说梦到自己变成了小蜜蜂，表明自己对小蜜蜂的情感认同，进一步升华了文章主题。

2. 正反对比

正反对比是把两组相对的、相反的情况进行比较，来突出表现其中一种情况的特征。正反对比可以是相同人物、事物在不同时空下的对比，也可以是不同人物、事物在相同时空下的对比。一般来说，只有具备可比性的人物或事物才能用正反对比。

举例

鲁迅在《故乡》中，描述了一个叫闰土的人物，其中鲁迅在刚开始遇到闰土的时候，是这样描写的。

深蓝的天空中挂着一轮金黄的圆月，下面是海边的沙地，都种着一望无际的碧绿的西瓜，其间有个十一二岁的少年，项戴银圈，手捏一柄钢叉，向一匹猹尽力的刺去，那猹却将身一扭，反从他的胯下逃走了。这少年便是闰土。

……

中间描写了很多主人公儿时与闰土嬉戏玩耍的美好回忆，然后是20年后又见闰土时的描写。

虽然我一见便知道是闰土，但又不是我这记忆上的闰土了。他身材增加了一倍；先前的紫色的圆脸，已经变作灰黄，而且加上了很深的皱纹；眼睛也像他父亲一样，周围都肿得通红，这我知道，在海边种地的人，终日吹着海风，大抵是这样的。他头上是一顶破毡帽，身上只一件极薄的棉衣，浑身瑟缩着；手里提着一个纸包和一支长烟管，那手也不是我所记得的红活圆实的手，却又粗又笨而且开裂，像是松树皮了。

3. 以小见大

以小见大指的是通过描写一些微观细节，反映宏观状况，也就是说表面上写的是 A，实际上是通过 A 反映 B。当写完 A 后，再提一下 B，这时候会让 B 更有可信度，给人感受更深。

举例

老舍在 1951 年写了一篇《北京的春节》，他刚从美国回来，感受到北京的变化，通过描写自己在北京感受到北京人过春节时热闹祥和的氛围，表现出对国家的赞美之情。

《北京的春节》内容节选如下。

从腊八起，铺户中就加紧地上年货，街上加多了货摊子——卖春联的、卖年画的、卖蜜供的、卖水仙花的等等都是只在这一季节才会出现的。这些赶年的摊子都教儿童们的心跳得特别快一些。在胡同里，吆喝的声音也比平时更多更复杂起来，其中也有仅在腊月才出现的，像卖宪书的、松枝的、薏仁米的、年糕的等等。

……

除夕真热闹。家家赶做年菜，到处是酒肉的香味。老少男女都穿起新衣，门外贴好红红的对联，屋里贴好各色的年画，哪一家都灯火通宵，不许间断，炮声日夜不绝。在外边做事的人，除非万不得已，必定赶回家来，吃团圆饭，祭祖。这一夜，除了很小的孩子，没有什么人睡觉，而都要守岁。

7.1.3 用好写作的修辞手法

写作的修辞手法是增强文章内容的表达效果，让文章更容易被他人理解的方法。修辞手法的种类更加多样，包括比喻、排比、夸张、拟人、对偶、反复、反问、设问、借代等60多种。在自媒体写作中，最常用到的有比喻、排比、夸张和拟人。

1. 比喻

比喻指的是利用A事物与B事物之间的相似点，通过描写A事物，来说明B事物的修辞手法。当人们形容一个人在哭时，可以写“小明哭了”，也可以写“小明的眼泪就像断了线的珍珠项链，一颗一颗地打在身上”。

举例

朱自清在《荷塘月色》中，有一段这样的比喻。

曲曲折折的荷塘上面，弥望的是田田的叶子。叶子出水很高，像亭亭的舞女的裙。层层的叶子中间，零星地点缀着些白花，有袅娜地开着的，有羞涩地打着朵儿的；正如一粒粒的明珠，又如碧天里的星星，又如刚出浴的美人。微风过处，送来缕缕清香，仿佛远处高楼上渺茫的歌声似的。

2. 排比

排比指的是为了加强语势，把结构相似、意义相似、语气相似的几句话排列成一组句子的修辞手法。

举例

马致远的《天净沙·秋思》就是一个把排比运用到极致的例子，作者罗列多种景物，使之形成排比，既让读者的脑海中浮现栩栩如生的画面，又让读者感受到游子漂泊的凄苦。

《天净沙·秋思》的内容如下。

枯藤老树昏鸦，小桥流水人家，古道西风瘦马。夕阳西下，断肠人在天涯。

举例

美国著名民权运动领袖马丁·路德·金（Martin Luther King）的经典演讲《我有一个梦想》中就运用了大量排比。通过这种排比，马丁·路德·金不断强化传递出的情感，让所有听众感受到他的能量与激情，让这段演讲成为永恒的经典。《我有一个梦想》的内容节选如下。

我梦想有一天，这个国家会站立起来，真正实现其信条的真谛："我们认为这些真理是不言而喻的——人人生而平等。"

我梦想有一天，在佐治亚的红山上，昔日奴隶的儿子将能够和昔日奴隶主的儿子坐在一起，共叙兄弟情谊。

我梦想有一天，甚至连密西西比州这个正义匿迹，压迫成风，如同沙漠般的地方，也将变成自由和正义的绿洲。

我梦想有一天，我的四个孩子将在一个不是以他们的肤色，而是以他们的品格优劣来评判他们的国度里生活。

3. 夸张

夸张指的是为了达到表达效果，把人物或事物的形态、特征、作用、时空等刻意加大或缩小的修辞手法。夸张可以增强文字内容的感染力，引发读者联想，有时候也可以揭示事物的本质，给读者某种启示。

举例

李白在《望庐山瀑布》中，就运用了夸张的修辞手法来表现瀑布的壮美。《望庐山瀑布》的内容如下。

日照香炉生紫烟，遥看瀑布挂前川。

飞流直下三千尺，疑是银河落九天。

常见带有夸张的成语有一步登天、一目十行、千钧一发、一字千金、一落千丈、一日千里、十万火急、百发百中、人山人海、山穷水尽、地动山摇、惊天动地、怒发冲冠、气吞山河、死去活来、大海捞针、只手遮天等。

4. 拟人

拟人指的是通过把某事物当成人来描写，反映这个事物的鲜明特点的修辞手法。

举例

五月天的歌曲《洗衣机》，一开始通过把洗衣机拟人化，描述了洗衣机的朴实无华和默默无闻。歌曲最后表明真正承担家里洗衣责任的是妈妈，表现了母爱的质朴与伟大。

歌曲《洗衣机》的部分歌词如下。

所有电器都住在屋檐下不必风吹雨淋。

却只有它孤独地守在阳台角落里运行。

多少年了旋转又旋转时间一眨眼过去。

上了年纪却依然尽力孤独勇敢洗衣机。

突然有天好想要帮忙衣服放进洗衣机。

才发现了它早就坏了只是舍不得换新。

奇怪是谁一直清洗着我闯的祸和污泥。

好久以来原来我衣服全部都是妈妈洗。

从来没有一句的怨言你丢多少她都洗。

她却总是全心又全力直到颤抖了身体。

7.2　让写作内容出彩的方法

掌握写作基本功后，围绕写作基本功不断练习时，还要注意运用技巧让写作内容出彩，博得读者的好感。让写作内容出彩的关键有 3 点，一是要保证内容让读者喜欢，二是要保证内容让读者读完，三是要准确使用词汇与短语。

7.2.1 写出读者喜欢的内容

要写出读者喜欢的内容，需注意做到以下 3 点。

1. 站在读者的立场写作，替读者说出心中的话

每个人都渴望表达，都希望说出内心的话，但不是每个人都有表达的机会。这时，如果有一篇文章能帮读者表达心声，读者会感到自己找到了知音，不仅会喜欢文章本身，还会欣赏写文章的作者。

很多公众号文章之所以受人欢迎，是因为这些公众号文章的标题和内容特别擅长替读者说出心中的话。而且很多时候，这些想法读者自己平时不敢表达出来。

例如，一篇标题是《你还在听老板的话，而我，能让老板听话》的文章，主要讲职场人应当学会“向上管理”，不能一味听老板的话，要“管理”老板。这其实是在帮很多职场人发声，说出了职场人内心的想法。

例如，在一篇标题是《真正的浪漫都藏在柴米油盐里》的文章中，作者主张浪漫并不需要惊天动地、海誓山盟，而是一个个小细节藏在日常生活的柴米油盐之中。这恰好说到了很多婚后男女的心坎里。

这类公众号文章往往标题就能说到读者的心坎里，而且读者只看标题就大约可以猜到文章的内容，增加了文章的打开率。这类文章被转发到朋友圈后，就算转发者不加任何说明文字，标题本身也可以表明转发者的态度。

2. 用自己的故事打动读者，与读者产生情感共鸣

自己的真实故事有助于让读者快速代入故事情节之中，有助于让读者感受到文章想要表达的情感。自己的故事不仅是写作的绝佳素材，而且是从情感上打动读者、与读者产生情感共鸣的有效方法。

举例

任康磊写作时，常拿自己的故事举例子，以下是他的一篇自媒体文章的节选。

前几天，第 20 本书交稿。

有人问：任老师，你写这么多书是怎么做到的？

我答说：因为傻……

如果人生有两个选项，一是精明地活着，二是傻傻地进步。

我建议选后者。

工作时，有位精明的老员工当着领导的面说：任康磊工作出色，能不能总结经验方法供同事学习呀？

当时傻，乖乖把东西全整理出来分享了。

后来那位老员工说：让这小子出风头！他都教给我们了，看他以后还有什么利用价值！

创业后，有个精明的咨询公司老板说：有个项目，要看你水平，把你的方法论总结发我看看吧。

当时傻，乖乖把 600 多页 PPT 全给他了。

后来那老板再没联系我，看他朋友圈接了那项目，背景中放着我的 PPT。

从工作到创业，一直傻到现在，不过傻着傻着，我成了畅销书作家，商务合作不断。

而当初的老员工同事一切照旧，那咨询公司老板濒临破产。

有时傻一点，不是坏事。

有时太精明，不是好事。

2020 年初，某线下课机构拉我进讲师群，讨论进军线上的宏图大业。

机构老板看我线上课经验足，主动找我聊。

第 2 天我就给了他要的方案，然后就没了动静。

后来我看那讲师群里大家每天都在聊伟大理想，聊正确的废话。

从春节聊到现在，没见一个人真做出点什么。

群里有人说：线上课赚不着钱了，只能引流。很多人表示认同。

真的吗？为什么我见到很多人线上课依然有不俗的收入？

按这个逻辑，图书早就该没落了，如今谁还看书？可为什么很多人还能靠图书盈利？

人们总喜欢说选择大于努力，意思是当人们做不成事时，可以怪自己选择不对。

做 HR 的，说 HR 是文员，自己做不好是因为选错了职业。同样是 HR，我朋友圈里年薪超 100 万有十几个。

回收废品的，说选错了行业，赚不着钱。同样是回收废品，每个城市的“破烂王”，经营业绩上亿的不计其数。

其实所有产业，都是头部 10% 赚钱，中间 20% 持平，剩下 70% 陪玩。

3. 讲道理时加入小故事，让道理更容易被接受

当要说明一个观点或道理时，如果只干巴巴地摆事实、讲道理，不仅内容不好看，而且说服效果也很差。如果能在讲道理的同时，加入一些小故事，不仅更有助于人们接受道理，而且能提高内容整体的亲切感。

举例

一篇标题为《三观不合，永远不会是一路人》的文章，开头讲了这样一则哲理故事。

一个青年感觉很迷茫，于是向禅师请教。

禅师问青年：“你觉得是一锭金子好，还是一堆烂泥好呢？”

青年立即答道：“当然是金子啊！”

禅师笑了笑，继续问：“假如你是一颗种子呢？”

青年这才恍然大悟：

这个世界上并没有绝对的好与坏，看事物的角度不同，答案自然就不同。

只有真正适合你的，才是最好的。

同理，人和人之间的关系也是如此，只有三观一致才能走到一起。

三观不同，永远不会是一路人。

7.2.2　吸引读者阅读完内容

互联网时代，人们的注意力越来越不集中。很多人打开一篇文章后，读一会就失去耐心。读者打开后读不完文章，自然不会产生下一步的转发行为，也不会对文章留下深刻印象。

文章的打开率主要和文章标题有关，文章的读完率则主要和文章内容有关。读者打开后没阅读完内容，通常有以下两个原因。

（1）文章标题与内容不符，读者看到标题点开后，内容没达到读者的预期。

（2）文章内容或排版不够好，不能抓住读者的眼球，不能提供吸引读者进一步读完的动力。

在互联网时代，要吸引读者阅读完文章正文需要注意以下 3 点。

1. 减少长难句的数量

互联网时代的文章应惜字如金，能用短句来表达的就不要用长难句来表达。在自媒体写作中，如果要写“他是一个脱离了低级趣味的、忧国忧民的、品德高尚的、具备崇高道德素养的人”，就不如直接写“他是一个好人”。

读者在短时间内接受信息的能力有限，因此自媒体文章应比较短，应当简明扼要地表达信息，让读者快速产生画面感和代入感，而不是追求信息的多和全。

举例

一篇标题为《“我的生日，老公花了 50 块”：成年人的感情，藏在细节里》的文章，阅读量超过 10 万。文章的部分内容如下。

最近看到一个故事让我很动容。

故事里，小女孩从小喜欢吃红烧肉，心心念念着长大后想从事养殖工作。

但她的父亲，却一直很反对，两个人自此矛盾横生。

这是一个天底下万千父亲的缩影。对孩子看起来总是满不在乎，一边训斥她：

“能不能有点小姑娘的样子。”

却也一边偷偷地给她做她爱吃的红烧肉。带着满满的耐心和爱意，一丝不苟地做着这点点滴滴：

和小贩挑剔肉的肥瘦，和妻子小心翼翼地掂量咸淡……

长大后的小女孩，如愿以偿成了一名养殖技术指导员。

今年春节回家的时候，她发现，原来她一直以为是妈妈做的红烧肉，竟然是爸爸为她做的。

原来她努力向前的背后，是父亲一直在默默守护，她终于释怀了。

作者整段叙事的起承转合都是由比较简单的短语和词句组成，没有运用复杂的修辞手法。但读者在阅读时，却很容易被代入其中，快速产生画面感，快速理解整段场景中的内容重点和蕴含的情感。

2. 减少每个段落的字数

在纸媒时代，一般最佳的阅读体验是每个段落 3 ~ 5 行。在互联网时代的屏幕上，这种最佳的阅读体验发生了一些变化。

在电脑阅读时代，人们对着电脑屏幕看论坛、博客、网络小说，那时候仍然以每个段落 3 ~ 5 行最佳。如今人们阅读的场景已经从电脑屏幕转向手机屏幕，而且人们阅读的注意力普遍降低。在手机屏幕阅读时代，最佳的阅读体验变成每个段落 1 ~ 3 行。

在手机屏幕上阅读，根据手机型号和公众号排版的不同，每行在 20 ~ 24 个字之间；微博大约在每行 22 个字。

如果是使用 Windows 系统，在台式电脑上用 Microsoft Word 软件写作，当字体设置为 5 号字时，假如一行全部是文字，则一共有 39 个字符，如果一行中有数字或标点符号，一般字符数会增加（根据 Word 字数统计）。也就是说，在电脑上每写一行字，在手机上将会显示为两行。

举例

一篇标题为《致新年：家人安康、岁月静好、初心不忘》的文章，阅读量超过 10 万。文章部分内容如下。

三毛说："岁月极美，在于它必然的流逝。"

春花、秋月、夏日、冬雪。

四季流转，是一年又一年的开始与终结。

对于自然来说，这只是一次循环。对人而言，却是必然的流逝。

子在川上曰："逝者如斯夫。"

桃花依旧，故人不在。

时间带走了许多，却也馈赠了许多。

一路走来，有悲有喜，有得有失。

岁月在自己身上流淌，曾经已成过往，一切都是最美的印记。

岁月也许波澜万千，并不静好。

但是我们却可以选择与岁月相处的方式。

"每逢大事有静气。"

在变化中汇总拥有改变的勇气。

在变化中，保持内心的平静。

在变化中超越昨天的自己。

以上内容在手机上阅读时，大部分内容为一行，个别句子是两行。在写作形式上这篇文章既像诗歌，又像短篇散文，让读者阅读时毫不费力，而且具有美感。

3. 每个部分之间用金句连接

在写文章时，除了正常分段外，还可以将文章分成 3 ~ 5 个部分，每个部分说明一个核心问题，并在每个部分的开头用金句引出核心内容。可能的话，也可以在每个部分的结尾用金句总结。

举例

公众号 MBA 智库发布过一篇标题为《〈精英律师〉被吐槽、朱丹再叫错嘉宾名字：专业不强尚可原谅，精神不足才是硬伤》的文章，文章的作者是追风天下。很多公众号转载了该文章。整篇文章分成五大部分。

第 1 部分是文章的开头，简单介绍背景，说明最近热播的《精英律师》网络评分持续下降，且剧情与现实生活差异较大。这部分用了一个金句结尾："现实中，我们最大的悲哀，是将'专业'当人设，却忽视了自我内心的打磨。"

第 2 部分，用金句"人生，最怕'业余'充'专业'" 开头，内容从央视《主持人大赛》节目开始说起，说明专业的重要性，并用金句"业余的人看见的是孤立的事件，而专业的人，看到的是事件背后的系统"结尾。

第 3 部分，用金句"专业不强尚可原谅，精神不足却是硬伤"开头，内容从朱丹在节目录制过程中频频出现错误说起，进一步说明专业的重要性，并用金句"无论其中有多少点做得如何出类拔萃，只要有一点不合格，整件事就是不合格"结尾。

第 4 部分，用两个金句"真正的专业，是打磨内心""对我们而言，世界越快，内心就应该越慢"开头，内容从 papi 酱因发布原创短视频在互联网爆火开始说起，点明专业是专注于一件事，并用金句"保持一颗敬畏之心，用极致的认真和恒心，去打造出极致的产品或作品"结尾。

第 5 部分，用社会学家理查德·桑内特（Richard Sennett）的话开头："只要拥有一种纯粹为了把事情做好而好好工作的欲望，我们每个人都是匠人。"该部分总结全文，强调专业的重要性，并用金句"真正的专业，是经得起时间检验，禁得住岁月推敲"结尾。

这篇文章用金句连接文章始末，金句在文章中就像一条环环相扣的锁链，让读者在阅读时不自觉地被接下来可能出现的内容所吸引。整篇文章并不是空洞地讲大道理，而是用现实案例恰到好处地说明观点。写在整篇文章最后的金句既能起到总结全文、画龙点睛的作用，又能促使读者读完之后转发。

7.2.3 各类词语写作的用法

要让文章内容出彩，离不开对词语的巧妙应用。词语可以分成实词和虚词两大类，每个大类中包含 6 个小类，如图 7-2 所示。

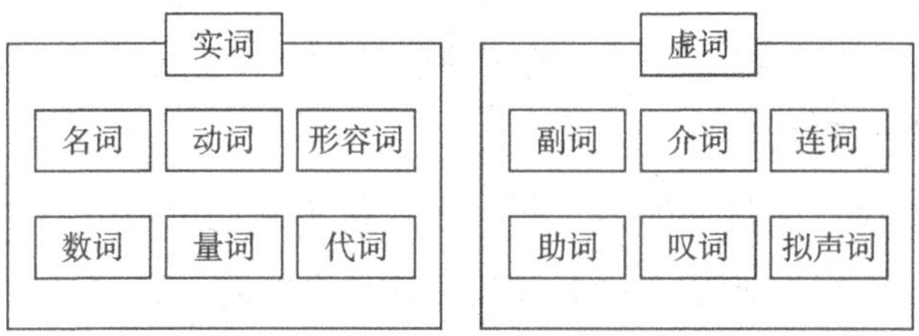

图 7-2 词语的分类

名词是表示人或物的词，包括人物名词（教师、学生、球员、警察等）、事物名词（电脑、手机、书本、铅笔等）、时间名词（上午、下午、昨天、明天等）、方位名词（左边、右边、上边、下边等）和关系名词（爷爷、奶奶、哥哥、姐姐等）。

动词是表示行为动作发展变化的词，包括行为动词（跑、跳、摸、闻等）、心理动词（喜欢、讨厌、爱、恨等）、判断动词（是、不是等）、发展动词（发芽、开花、结果、枯萎等）、存现动词（有、出现、消失等）、趋向动词（来、去等）、使令动词（使、令、让等）、愿望动词（希望、祈望等）。

形容词是表示人或物的性质的词，包括表示性质的形容词（香、臭、美、丑等）、表示状态的形容词（多、少、浓、淡等）、表示形状的形容词（大、小、高、矮等）。

数词（一、二、三等）是表示人或物的数目的词。量词（尺、公里、元、次等）是表示人或物或动作的单位的词。数词和量词常常一起使用，表示具体数量。

代词是代替人物或事物名称的词，包括人称代词（你、我、他、我们等）、指示代词（这里、那里、这边、那边等）、疑问代词（为什么、哪里、谁、怎么样等）。

副词是表示程度或范围的词，包括时间副词（已经、刚刚、将要、马上等）、范围副词（总共、全部、都、只等）、语气副词（尤其、保证、甚至、绝对等）、程度副词（非常、很、太、极等）、重复副词（再、还、仍、又等）、情态副词（刚好、果然、依然、全然等）。

介词（从、当、把、被等）是一种连接词，一般放在名词与代词前面，表示一种方向感和指向性。

连词（不仅、而且、因为、所以等）是用来连接短语和句子的词。

助词一般是放在别的词后面、没有具体意义的词，可以包括时态助词(了、着、过等）、语气助词（呀、呢、吗、吧等）、结构助词（的、地、得等）。

叹词（啊、哎、哼、呸等）是用来表达感叹的词。

拟声词（淅沥沥、哗啦啦、轰隆隆等）是用来模仿人物或事物的声音的词。

在自媒体写作中，要想善用各类词语，要注意以下 3 点。

1. 能用几种常用词语类型呈现信息的，就不要用其他词语类型

一般情况下，名词、动词、形容词和代词足以传达大多数的信息。需要比较精准地传达信息时，要大量用到数词和量词。当这些词语已经能传达信息时，就不要再用其他词语。不然的话，原本简短的句子很容易变成长难句，不利于阅读。

2. 除了介词和连词适当运用外，其他虚词尽量少用，尤其是副词

介词和连词有助于连接词语，让语言看起来更顺畅。例如“我一整天没出门，我没觉得无聊”中，前后两句连着看起来有一种“卡顿感”，让读者摸不着头脑。实际上“没出门”和“无聊”之间有一定的关系，加上连词后，变成“虽然我一整天没出门，但却没觉得无聊”的表达效果更好。

著名作家斯蒂芬·金（Stephen Edwin King）曾说：“我相信通往地

狱的路是副词铺就的。”斯蒂芬·金认为，使用副词是一种“偷懒”的行为；要想有效地表达程度，不能依靠副词，应当用上下文之间的细节，让读者感受到，而不是直接告诉读者。

例如，“他非常爱他的妻子”这句话用“非常”这个副词来形容“他”对妻子的爱的程度。实际上，“非常”是一种主观概念。作者的“非常”与读者的“非常”所表达的程度很可能是不同的，读者并不能准确地理解作者的感受。

同样要表达这层含义，可以换一个写法：“他回到家，妻子迎来，他吻了妻子的脸颊，把她最爱吃的葡萄放在桌上。”这种写法是用一个场景侧面表现他对妻子的爱，不仅能给人画面感，而且表达效果更好。

3. 写作内容口语化，少用生僻词语，尤其要少用生僻成语

口语和书面语有着不同的语言逻辑。如果是在比较正式的场合，写作内容应采用书面语，强调用词精确、内容严谨、表意丰富；如果是自媒体写作，写作内容可以有一定的口语化成分，在把事情交代明白的同时，更强调内容的可读性。

口语是人们在日常生活中接触最多的语言模式，更容易给人亲近感，更容易被人们理解和接受。有的作者为了显示自己深厚的文学功底，喜欢长篇大论，或者堆砌一些华丽的辞藻，这些都是不可取的，是画蛇添足。

一般来说，自媒体写作中要尽量少用生僻词语。如果要用成语，应当尽量用日常生活交流中高频出现的成语。如以下 4 个成语就是日常口语交流中的低频成语。

“沆瀣一气”，指的是臭味相投的人勾结在一起。

“胶柱鼓瑟”，指的是固执拘泥，不知变通。

“一傅众咻”，指的是一个人教导，众人吵闹干扰。

“怀瑾握瑜”，指的是某人具有纯洁优美的品德。

这类成语如果出现在比较正式的文学作品中，能显示作者的成语功底，但如果出现在自媒体文章中，很容易“吓跑”读者。自媒体写作要用读者看得懂的词语。

7.3 功能型内容的写法

功能型写作内容通常是用来诠释方法论的，方法论指的是人们做事的方法。方法论与理论的概念不同，理论是告诉人们“是什么”，方法论是告诉人们“怎么做”。方法论就像是一种自带使用说明书的工具，能帮助人们解决问题。

工具书中的文字内容，知乎中回答问题的文字内容，产品说明书中的文字内容，都属于功能型写作内容。本书中的绝大部分内容，都属于功能型内容。要写好功能型内容，需注意总结要点，用图形辅助表达并编写口诀。

7.3.1 设计功能型内容的要点

功能型写作内容通常具有比较强的逻辑性，因此非常适合结构化、模块化、分步骤地写作。功能型写作内容的结构通常可以分成“1、2、3”或“第1步、第2步、第3步”等要点，每个要点可以取一个总结性质的小标题。

分要点写作时要注意，人对一件事的注意力有限，所以功能型内容的要点不宜过多，一般一篇文章应控制在3～6项，最好为3项，类似“这件事共有12个重点”的写作方式不可取。

如果某事项的要点确实很多，可以先对要点进行整理、归类，看是否能将要点合并成3～6项。如果可以合并，则直接合并；如果不能合并，则可以将内容拆分，根据内容逻辑进行结构化处理，如图7-3所示。

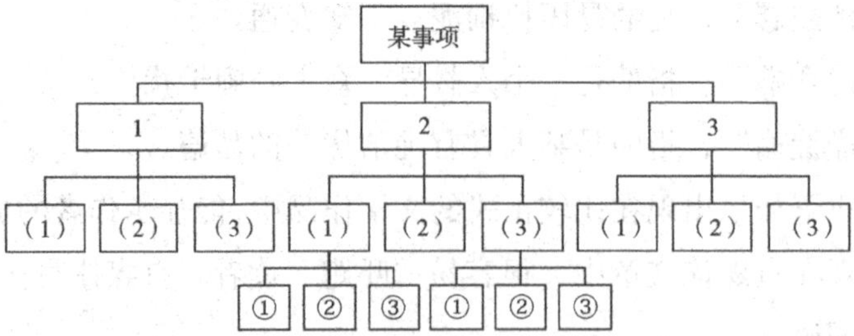

图7-3 内容结构化处理示意图

举例

任康磊在一篇介绍企业应如何提高招聘人才成功率的文章中是这样写的。

企业实现招聘的成功与互联网企业实现销售成交的原理相同，都遵循“产品 × 流量 × 转化率”的公式。

要系统性提高招聘成功率，需要在产品、流量和转化率 3 个方面同时做出努力，而且不能只做好其中的一个方面，不顾其他方面变差的情况。要系统提高招聘效率，HR 的努力方向如图 7-4 所示。

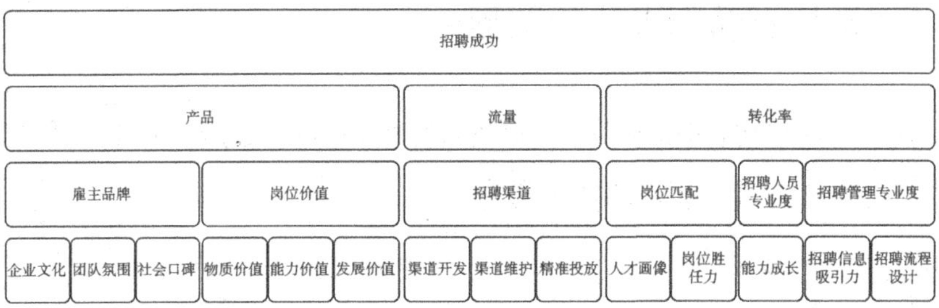

图 7-4　要系统提高招聘效率，HR 的努力方向

1. 产品

（1）从企业的角度，雇主品牌影响着岗位的吸引力，雇主品牌与企业文化、团队氛围和企业的社会口碑有关。

（2）从岗位的角度，岗位价值影响着岗位的吸引力，岗位价值可以分成岗位的物质价值、能力价值和发展价值。

2. 流量

招聘的流量主要与招聘渠道有关。招聘渠道越多，招聘信息传播范围越广，招聘流量就越大。要管理好招聘渠道，招聘渠道的开发、招聘渠道的维护和根据岗位情况在不同的招聘渠道精准投放招聘信息都会影响招聘的流量。

3. 转化率

（1）招聘转化率与产品本身的吸引力有关，与流量投放的精准度有关，除此之外，还和岗位与候选人是否匹配及招聘管理的专业度有关。通过人才画像，企业可以实现“人人匹配”；通过岗位胜任力，企业可以实施“人岗匹配”。

（2）招聘人员的专业度影响着招聘管理的专业度。要提高招聘人员的专业度，可以通过刻意学习，让招聘人员获得能力成长。

（3）招聘管理是否专业，决定了投放的招聘信息是否具备吸引力，决定了招聘流程设计的专业度。这些都决定了候选人最终是否会选择企业，影响着招聘的成功率。

7.3.2 设计有助于表达的图形

对于一些结构性比较强的功能型内容，在运用文字的同时，可以借助图形化的表达方式，让表达效果更好。

举例

任康磊曾经在一篇介绍人力资源管理全貌的文章中这样介绍企业实战中的人力资源管理。

在人力资源管理实战中，人力资源管理的工作内容包括 3 个层面，如图 7–5 所示。

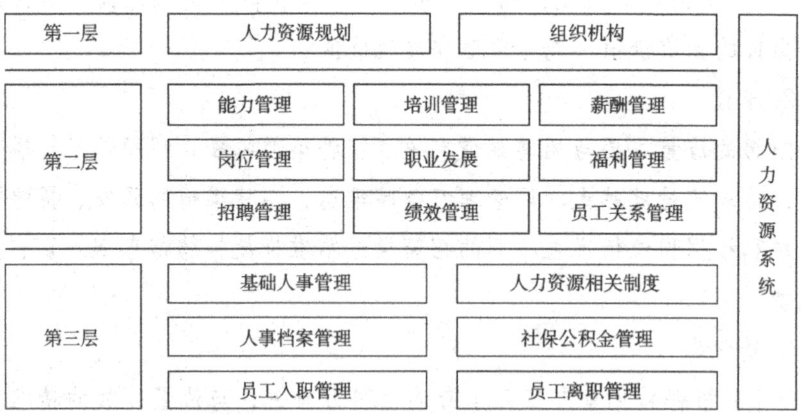

图 7–5 人力资源管理模块示意图

对一些比较复杂的内容，用文字往往很难表达到位，这时候用图形表达信息，既容易被人们理解，又容易被人们记住。

举例

任康磊曾经在一篇介绍公司管控类型的文章中这样介绍公司管控类型。

根据公司的特点，公司的管控模式可以分成 3 种：财务管控型、战略管控型和运营管控型。其中，运营管控型最集权，财务管控型最分权，战略管控型介于这两者之间。

这 3 种公司管控模式的特点如图 7-6 所示。

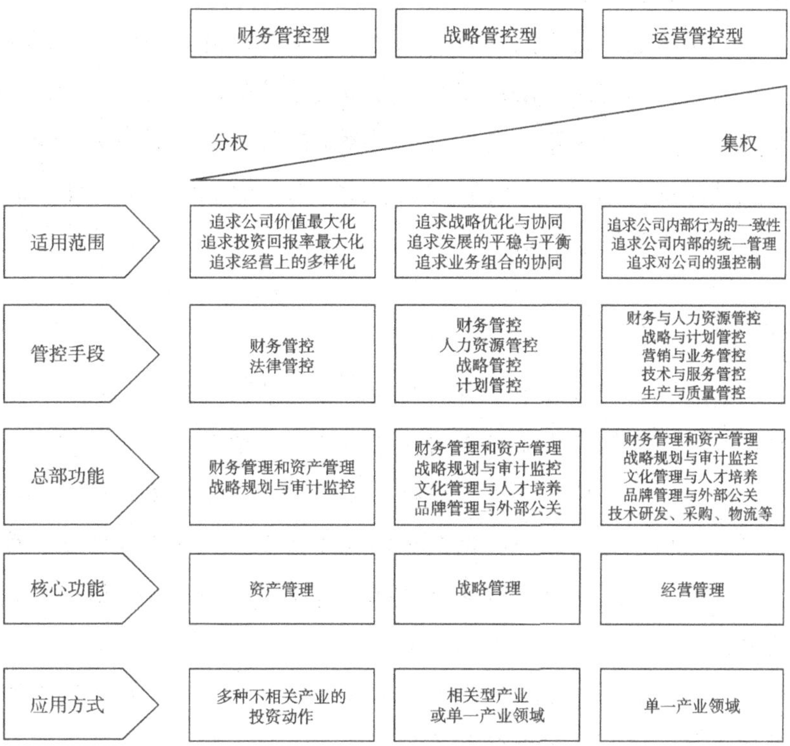

图 7-6　常见的 3 种公司管控模式

在发展目标方面，财务管控型更强调子公司或各部门在投资回报、投资业务组合的结构优化和公司价值的最大化等财务结果层面。

运营管控型强调各业务单元经营行为的统一与优化、公司整体协调成长、对行业成功因素的集中控制与管理等具体操作层面的事项。

战略管控型，既强调财务结果，又强调操作层面，介于前两者之间。

7.3.3 编写能帮助记忆的口诀

写作功能型内容的目的是有针对性地解决某一类问题。既然是为了解决问题，为了让读者记得住、学得会、用得上，在写作功能型内容时，可以在内容中总结编写一段口诀。口诀有助于人们快速领会并记住功能型内容的要点，同时便于实施。

例如，小学老师在教数学入门课时，有最基础的“一一得一，一二得二，一三得三”的乘法口诀；交警在宣传交通法规时，有“红灯停，绿灯行，黄灯是提醒；过马路，走人行，不要走捷径”的交通安全口诀；消防员在普及消防安全知识时，针对燃气泄漏，有“燃气泄漏莫慌张，断气禁火开门窗”的消防安全口诀。

举例

在美食自媒体的内容中，有调制糖醋汁的“54321”秘诀。

糖醋口味是中国各大菜系中的经典口味，是很多中国人钟爱的味道，比较常见的糖醋口味的菜品有糖醋鱼、糖醋肉、糖醋虾等。

要制作糖醋口味的菜品，调制糖醋汁是必不可少的关键环节。糖醋汁赋予了糖醋菜品味道，是整道菜的灵魂，其重要性相当于火锅中汤底和蘸料的总和。

然而很多人并不知道如何调制糖醋汁。这就造成人们每次做糖醋口味的菜品的时候，调制出的糖醋汁的口味不一，有时候太甜，有时候过酸。这都是因为没有掌握糖醋汁的配方。

那么，如何调制美味的糖醋汁呢？

调制糖醋汁有个“54321”秘诀，这 5 个数字分别代表着 5 种配料的比例。其中，“5”指的是 5 勺水；“4”指的是 4 勺醋；“3”指的是 3 勺白糖；“2”指的是 2 勺老抽；“1”指的是 1 勺料酒。

根据人们对糖醋汁的味道的不同要求，还有另一种糖醋汁配方，该配方同样遵循“54321”的秘诀。其中，“5”指的是 5 勺水；“4”指的是 4 勺番茄酱；“3”指的是 3 勺白糖；“2”指的是 2 勺白醋；“1”指的是 1 勺淀粉。

第 8 章 如何讲好一个故事

自媒体平台的文章很多，但有故事的文章不多，能把故事讲好的文章更少。人人都爱看故事，讲一百个道理也不如一个好故事更能打动读者。故事对自媒体写作而言太重要了，自媒体作者要多搜集身边的故事，掌握正确的讲故事方式，讲好不同的故事。

8.1 常见的五大好故事公式

同样一个故事，流水账式的写法会让故事像一碗清水，平平淡淡，索然无味。换一种巧妙的写法就像往这碗清水中加入了调味料，让水有了不同的味道。好故事是有一些共同的特点的，这些特点可以总结为写作故事的公式。根据故事的整体框架，梳理故事的发展脉络，套用故事写作公式，就能写出精彩的故事。在自媒体写作中，根据常见的好故事的共同特点，可以总结出以下 5 个故事公式。

8.1.1 问题 + 行动 + 转折 + 结果

“问题 + 行动 + 转折 + 结果”的故事公式适合发现问题并针对问题做出行动或努力之后，发现这个问题原来并不是自己当初想象的样子，故事情节发生反转的情境。例如工作或生活中的乌龙事件。

这类故事公式的逻辑如下。

1. 问题：发现一个问题，通常是严重、紧急、需要立即采取行动的问题。

2. 行动：针对这个问题，采取了一些比较常规的行动，或做出了一些必要的努力。

3. 转折：某情况出现，忽然发现事情原来不是自己想的样子，行动和努力是错的。

4. 结果：针对整个事件，得出某个结论或进行某种反思。

原版流水账式的故事如下。

举例

儿子考了一百分，老婆奖励儿子可以玩一会游戏。我回到家，发现儿子在玩游戏，很生气，想要制止儿子，结果发现这件事是得到老婆允许的。儿子此时委屈地大哭起来，我一边摸着儿子的头，一边向儿子道歉，说：“是我不好，你继续玩吧。”

流水账式的故事就像一壶白开水，让人看故事时提不起兴趣。

新版按故事公式写作的故事如下。

举例

本来一个说好要合作的客户突然变卦，我和这个客户周旋了一整天，下班走到自家楼下时才发现自己一口水没喝。（必要的铺垫）

看来这个月的业绩奖金又要泡汤了，工作上的不顺心让我觉得很郁闷，回到家后发现儿子竟然在玩游戏。（问题）

这小子最近怎么迷上游戏了！这样下去学业肯定要受影响，我大声呵斥儿子，让他把游戏关了。（行动）

儿子怯生生地说是妈妈允许他玩游戏的，这时候老婆听到我的怒吼，从屋里快步跑出来，说确实是自己允许儿子玩一会儿游戏的，因为儿子考了 100 分。（转折）

我摸着儿子的头，向儿子道歉说是“爸爸不好，爸爸不该没有弄清楚事情的原委就乱发脾气，希望儿子以后做事情时不要犯和爸爸一样的错误”。（结果）

这个故事的最后，可以再写一些道理，其可以与人际沟通有关，可以与亲子教育有关，可以与职业和生活平衡有关，也可以与情绪管理有关。在好故事后面加道理，会让读者对道理的印象更深刻，更认同这个道理。

8.1.2　结果 + 曾经 + 原因 + 感悟

“结果 + 曾经 + 原因 + 感悟”的故事公式适合写作一开始人物在某方面比较弱，采取一些措施后得到较大提升的情境。可重点描述这种变化产生的原因。例如，一个职场新手成长为上市公司 CEO 的故事；某人原本某方面的技能较差，后来成长为这方面的专家的故事。

这类故事公式的逻辑如下。

1. 结果：首先说明当前结果，通常是比较令人满意的、比较难达到的结果。

2. 曾经：说明曾经的情况，通常是比较差的情况。

3. 原因：说明从曾经到结果之间到底发生了什么，这是这类故事的叙述重点。

4. 感悟：叙述最后悟出的一些道理、做出的某种总结或得到的某个结论。

原版流水账式的故事如下。

举例

儿子平时学习不好，每次考试成绩都不好。我很着急，于是把自己当年使用过的很多学习和考试技巧教给了他，并对他说了很多要好好学习的道理。他渐渐听进了我的话，开始努力学习，最后考了班级第一。

原版流水账式的故事过于平淡，情节不吸引人，而且缺乏冲突与转折，未表达出儿子变化的具体原因。

新版按故事公式写作的故事如下。

举例

今天儿子回到家，一进门就兴冲冲地朝我跑来，大喊着：“老爸，我做到了！我这次语文考了 99 分！是全年级第一！”（结果）

儿子在2个月前，语文成绩还从来没进过全班前20名，这次竟然考到了全年级第一。（曾经）

儿子是如何做到的呢？其实是我2个月前，教了儿子很多学习方法。主要包括……

儿子一开始是听不进去的，后来我又给儿子讲了3个自己以前的故事。我小时候也不喜欢学习语文，正是因为这3个故事，我才喜欢上了语文。

这3个故事是这样的……（原因）

经过和儿子的几轮沟通，我发现，原来教育孩子……（感悟）

这类故事的核心是对原因部分的描写。在上例新版故事中，为了让原因部分更真实、更精彩、更丰满，还可以在其中再加入一些曲折、冲突或反复的情节。

8.1.3 目标+障碍+努力+结果

“目标+障碍+努力+结果”的故事公式比较适用于写作克服重重艰难险阻，付出各种努力，最终达到预期结果的故事。这个故事公式适用的故事类型与“结果+曾经+原因+感悟”类似，都是情节由弱到强的类型。不同的是，在这个故事公式中，障碍和努力是核心，障碍通常较大，努力程度通常较高。

这类故事公式的逻辑如下。

1. 目标：首先，出于某种原因，为自己设定了一个目标。
2. 障碍：在实现目标的过程中，发现原来有重重阻碍。
3. 努力：面对这些阻碍，做出了相应的努力。
4. 结果：最终达到了预期结果，或者与预期结果很接近。

原版流水账式的故事如下。

举例

张三是个普通的上班族。有一天，他决定做自媒体，改变现状。于是他注册了一个微博账号，开始在微博上写文章。经过 3 年的不懈努力，张三的微博拥有了 100 万粉丝，他终于成长为微博大 V。

原版流水账式的故事中没有描述张三遇到的障碍，没有展现张三面对障碍具体做了哪些努力，让一个原本可以成为张三微博成长奋斗史的故事变得平淡无奇。

新版按故事公式写作的故事如下。

举例

张三是某外企的行政人员，每天朝九晚五、没有目标的生活让张三感受不到丝毫乐趣，职业上张三也看不到发展的希望。张三的写作能力较强，大学时写过中长篇小说。在看到如今很多自媒体崛起后，张三决定利用业余时间做自媒体，于是注册了微博账号，希望成为大 V。（目标）

然而坚持写了 3 个月，张三发现粉丝仍只有不到 500 人。张三在微博上写的是连载长篇小说，每篇文章的平均阅读量仅有几百。这让张三心灰意冷。他发现微博是一个轻阅读平台，小说在微博难成功，而功能型、知识型、干货型文章反而很受欢迎。（障碍）

这时，张三决定放弃微博，转战几个文学类网站。在文学类网站坚持输出 6 个月后，张三的粉丝数、阅读量依然很少，这让他一度感到绝望。咨询了一些朋友的意见后，张三发现是自己输出的方式不对，不适合在自媒体中写长篇小说。

于是张三回到微博，在微博上分享自己这几年的职场心得，并在自己经历过的故事的基础上加上方法、原理、工具，形成干货内容。这些文章很快在微博上火爆起来。加上张三人的际交往能力强，结识了微博上的很多大 V，涨粉的速度得以加快。（努力）

经过3年的不懈努力，张三的微博拥有了100万粉丝，他终于成长为一个微博大V。（结果）

障碍和努力是这类故事的写作重点，是写这类故事时应当重点描写的内容。如果想要增加上例的精彩程度和曲折程度，可以继续增加障碍和努力部分的内容，可以将障碍和努力分段，进行更细致的描写。

8.1.4 目标＋意外＋反转＋结果

“目标＋意外＋反转＋结果”的故事公式比较适合描写原本目标是A，后来经过一些事情，将目标转为B的故事情节。例如，工作中原本职业应当朝某方向发展，结果某情况出现，使职业朝另外的方向发展了；生活中原本进展方向是这样的，结果某情况出现，出现另外的走向。在这类故事中，意外和反转是核心。

这类故事公式的逻辑如下。

1. 目标：原本有一个目标，对实现这个目标坚定不移。

2. 意外：出现了意想不到的事情，对目标的信念开始动摇。

3. 反转：原本的目标出现变化，剧情出现反转，开始形成新的、真正的目标。

4. 结果：调整目标之后，达到了什么样的结果，或者产生了什么样的感悟。

原版流水账式的故事如下。

举例

张三毕业后找到一份安逸稳定的工作，本想就此成家，可公司突然宣布业务重组，要裁掉一部分人，张三正是其中之一。张三顿时觉得人生没有了方向，离职后一直没找着工作。后来他索性创业，竟然获得成功。

流水账式的故事中没有展现张三从最初的目标向最后的目标过渡的细节，看不出整个故事要表达的核心观点是什么，故事的主题不突出。

新版按故事公式写作的故事如下。

举例

名校毕业的张三进入一家大型上市公司的行政部门工作，工作轻松，工资很高，引来身边同学的羡慕。张三很庆幸自己高考成绩好，考入了好大学，找到了好工作，接下来的人生目标就要放在娶妻生子上了。（目标）

没想到有一天，公司领导紧急开会，宣布要进行业务重组，需要裁掉一部分人，张三正是其中之一。张三不服气，找领导理论，说自己是名校毕业，有那么多连本科学历都未达到的员工没有被裁，为什么不先裁他们？

领导拍着张三的肩膀说："小伙子，你以为这是考试呢，按谁的学习好来排名？公司讲的是价值规则，谁对公司的价值大，公司就保留谁。以你平时的工作状态和工作能力，别说是业务重组了，就算没这事，早晚也会被淘汰。"（意外）

张三一下蒙了。之前他不懂居安思危，不懂提升职业能力，每天只知道上班下班、随波逐流，只会做自己工作职责范围内的简单事务型工作，完全不具备商业世界的职场生存能力和抵抗风险能力。

张三先后给几十家公司投了简历。因为具有名校学历，每次都能得到面试机会，然而却没有一家公司录用他。不录用的理由出奇地一致："没有创造价值的能力。"万般无奈之下，张三只能选择创业，开起了淘宝店。（反转）

创业后，张三痛定思痛，发现必须改变自己对待事业的态度，以做一天和尚撞一天钟的心态做事是不会有成果的。所以，张三四处学习开淘宝店的知识，提升经营能力。张三还……

5 年后，张三的淘宝店在同品类中名列前茅，年销售额超过一亿元。（结果）

在这类故事中，对意外的描写是最重要的。第一个目标不是最终目标，当意外出现后，才产生反转，发现了真正的目标。意外描写得越精彩、越出人意料，故事的内容就越精彩，越能衬托取得成功的艰辛。

8.1.5 努力+结果+反转+结果

“努力+结果+反转+结果”的故事公式比较适合描述付出努力之后产生某个结果，之后出现反转，又出现另一个结果的故事情节。例如，工作中原本做某件事一直做不好，后来出现某个情况，这件事做成了；生活中原本总达不成某个目标，后来出现某个情况，目标达成了。

这类故事公式中的第1个结果和第2个结果之间可以是相反关系，也可以是递进关系。例如，第1个结果是好结果，第2个结果可以是坏结果，也可以是比第1个结果更好的结果；第1个结果是坏结果，第2个结果可以是好结果，也可以是比第1个结果更坏的结果。

第1个结果和第2个结果之间可以有关系，也可以没有关系。如果二者之间没关系，则也适合用“目标+意外+反转+结果”的故事公式描述，但两者叙事结构的重点有所不同。

这类故事公式的逻辑如下。

1. 努力：针对刚开始的目标和障碍，做出一些努力。
2. 结果：经过努力后，得到了第1个结果。
3. 反转：出现某个情况，事态发生变化。
4. 结果：事态变化，继续努力后，得到了第2个结果。

原版流水账式的故事如下。

举例

某人在工作上遇到一些困难，本来想放弃，后来发现只要自己努力，是能够解决问题的，于是奋发图强，最终克服了困难，完成了工作任务。

原版流水账式的故事缺乏吸引力，缺乏故事张力，平平无奇，没有亮点。

新版按故事公式写作的故事如下。

举例

张三大学刚毕业，来到一家公司从事销售工作，加入了大客户销售团队。第一次踏入社会，张三满是期待。然而，上岗的第一天，张三就遇到一个难题：公司谈了很久的一个大客户，马上就要成单，但客户反悔了，因为竞争对手给出的价格更低。张三和团队领导一起拜访客户，并在无奈之下降低了价格。客户动摇了，说可以考虑合作。（努力）

不久后，竞争对手也降价了，客户表示合作意向要再次考虑。在某次晨会上，公司销售部门的领导对大客户销售团队的工作成效非常不满。张三感觉很没有成就感，想要放弃。团队领导找到张三，向他讲了很多自己的故事，说做销售一定要经得起失败。成功与失败都会让人成长，成功会让人“长叶”，失败会让人“长根”。张三听后备受鼓舞。（结果）

痛定思痛，张三认为应当为成功找方法，不能为失败找借口。几经周折，张三发现，原来竞争对手之所以总能报出比本公司更低的价格，是因为竞争对手在产品交付上采取的技术方案比本公司更低。这项技术虽然价格更低，但质量并不稳定，而且他搜集到很多相关证据和案例。在请示领导后，他与客户再次做了深入的交流、沟通。（反转）

张三事先做足了功课，他在交流会上作为主讲人，把竞争对手的技术缺陷、本公司的技术优势和成功经验，以及产品的成本构成，做了详细分析。张三本着互利互惠、合作共赢精神的讲话内容打动了客户。客户当场拍板决定合作。张三的努力也得到了公司的认可。（结果）

若希望增加故事长度或增强情节曲折度，这类故事公式可以视情况进一步扩展成“目标＋障碍＋努力＋结果＋意外＋反转＋行动＋结果”。

8.2 功能型故事的写法

在生活的各个领域中都能见到故事。电影有电影的故事模式，电视剧有电视剧的故事模式，纪录片有纪录片的故事模式，游戏有游戏的故事模式，就连随处可见的广告片也有自己的故事模式。根据应用场景的不同，好故事的模式也不尽相同，写作方式也各有不同。在自媒体写作中，常常需要写一些功能型故事，因此需要学会这类故事的写法。

8.2.1 如何写营销软文故事

营销软文是自媒体中最常见的功能性内容。所谓营销软文，指的是以推广产品、商业营销或促成交易为目的，带有广告属性的文字内容。营销软文的关键在于“软”，相比直接的硬广告，软文广告具有一定的隐蔽性，读者不会一眼就发现自己阅读的内容实际是属于广告宣传。

广告与读者之间总是存在着天然的矛盾。广告主想方设法吸引读者的注意力，希望读者能看到广告，但几乎没有读者喜欢看广告，大多数读者会直接跳过广告内容。而营销软文，恰好能够平衡广告主和读者双方的诉求，让广告主既可以展示广告，读者又能安心阅读。

故事在营销软文中起着至关重要的作用，是营销软文的核心。如果营销软文只是简单地说明原理或道理，内容就过于枯燥，读者一定不喜欢看。而故事则不同，很多成功的营销软文中没有任何原理或道理，只通过精彩的故事就可以达到营销目的。

营销软文故事的通用写法是“负面 + 影响 + 转变 + 正面”，逻辑如下。

1. 负面：首先引出一个负面状况，这个状况越严重越好，最好比一般人能遇到的负面情况还要严重。这里的负面状况要具备一定的普遍性，只是程度比一般的情况更甚，这正是待营销的产品或服务能解决的问题。

2. 影响：说明这种负面状况带来的负面影响，强调负面状况的严重性，表明当前的负面状况急待解决。这里的影响要介绍得足够深刻，要贴近大多数人的痛点，是大多数人希望解决的问题。

3. 转变：使用了某个产品、选择了某个服务后，负面状况得到了明显改善，同时转变过程带来了诸多好处。这部分突出了营销软文期望宣传的产品或服务的亮点。

4. 正面：转变后，原来的负面状况完全扭转，变成一种正面状况。这里可以描述正面状况的正面影响，可以将原本的负面状况和如今的正面状况做对比，进一步体现转变的重要性。

举例

某篇销售 Excel 学习课程的营销软文的故事模式是这样的。

张三是个职场新人，几年工作下来还只是个普通文员，每天只能帮领导打打下手、跑跑腿，做些简单的事务型工作。（负面）

张三没有拿得出手的职业能力，觉得看不到职业发展的希望。眼看年龄越来越大，家里已经催着张三找女朋友，可当前的职级和薪酬，让他觉得很自卑。别人介绍了几个相亲对象，每次对方问起他的工作，他都含糊带过。（影响）

有一次，公司开一个重要的会议，张三负责做会议纪要的工作。这个会议总经理也在场，张三发现全场竟然没有人会用 Excel 处理数据，会议的效率很低。张三灵机一动，在网上找到一套 Excel 学习课程开始学习，把 Excel 学到精通。

张三学成 Excel 后，再一次参加公司会议。到了数据处理环节，依然没人会处理。这时张三主动请缨，利用 Excel 函数，简单的几步操作，处理好了数据，让会议效率大大提高。这让总经理眼前一亮，记住了张三。

后来的几次会议中，张三都表现出色，总经理看在眼里。过了不久，总经理把张三调到自己身边做贴身助理，帮助总经理抓取数据，生成报表，监控整个公司的运转情况。（转变）

张三机灵好学，踏实肯干，跟着总经理学到了很多经营管理的核心知识，也接触了很多公司机密。渐渐地，张三成了总经理的左膀右臂，职级和薪酬也一路飙升。3年后，张三被晋升为副总经理，成了公司的“二把手”。（正面）

有时为了强化表现力，营销软文的故事也可以变成“正面 + 负面 + 影响 + 转变”。这种写作模式类似“结果 + 曾经 + 原因 + 感悟”的故事公式。当正面状况非常正面，是很多人的期望，可以在简单说明当前的正面状况后，立即引出曾经的负面状况，在故事的开头形成强烈对比，引发读者的兴趣，从而引出后续的转变。

8.2.2 如何写商业路演故事

路演指的是通过某种演示，引起人们对公司、产品或项目等的关注与兴趣，从而实现商业融资、商业合作、项目招商的目的。引起兴趣是商业路演的第一目的。商业路演是否成功，主要看结束后人们是否产生浓厚的兴趣。

故事是商业路演的辅助手段，而不是商业路演的核心。商业路演中加入故事的目的不全是通过故事实现融资或进行销售，而是通过故事引起人们的兴趣。如果商业模式本身有问题，故事编得再好也没有用。

在自媒体写作中，常会出现商业路演型的文章。这类文章的主要目的是激发读者的兴趣。商业路演故事的通用写法是“平行案例 + 成功案例 + 挫折困难 + 成功案例”，逻辑如下。

1. 平行案例：介绍与目前项目类似或平行的项目的成功案例。

2. 成功案例：介绍目前项目的一些成功案例，或者接近成功的案例。

3. 挫折困难：介绍成功案例中还存在的一些问题，或整个项目可能存在的问题，并说明这类问题如何解决。这里介绍挫折和困难主要是为了打消读者的顾虑。

4. 成功案例：介绍目前项目的另一个成功案例，这个成功案例最好比第 1 个成功案例还要成功，并展望未来，呼吁人们采取行动。

举例

某火锅餐饮连锁公司期望通过自媒体发布一篇关于商业路演的文章，促进招商加盟。故事的框架可以这样写。

某小龙虾连锁公司的业绩优异，获得了巨大成功。其中，某加盟商获得了高额利润。这里要展示小龙虾市场的整体状况和加盟商盈利的各类数据。（平行案例）

火锅的市场比小龙虾还要大，运营更简单，收益更高。该公司在某城市的某店，每年销售额能达到 ×。这里可以对比小龙虾行业和火锅行业的数据。（成功案例）

要做好加盟，需要注意一些问题，包括……，不然的话可能会被骗。

火锅行业虽然简单，也存在竞争激烈的问题。不过，该公司的火锅与普通火锅不同，其具有的特色如下……，能保证市场的独有性。

另外，火锅店的选址、原材料的选用、运营流程等都需要专业的支持。普通人自己开店无法做好，然而这些问题该公司都能帮助加盟商解决，具体的解决方式为……（挫折、困难）

某城市的某加盟商，在某年某月加盟之后，经过怎么样的经营，到某时已经盈利多少。有意加盟者，可以拨打电话……（成功案例）

8.2.3　如何写文化传播故事

很多企业为了宣传自己的企业文化，建立企业的雇主品牌形象，会在自媒体平台发布企业文化故事。好的文化传播故事不仅能给企业带来正面影响，还能起到广告宣传的作用。例如“海底捞的服务很好”这个品牌形象，正是在自媒体崛起后，海底捞的客户服务故事被自媒体广泛宣传的结果。

文化传播故事的通用写法是“人物 + 事件 + 反转 + 结论”，逻辑如下。

1. 人物：某个人物的基本情况和基本介绍。根据需要，这个人物可以是企业创始人，可以是企业内部比较有代表性的人物；也可以是企业外部的某个人物；不仅可以是一个人物，也可以是多个人物。

2. 事件：人物在某个时刻遭遇的一些事件或经历。这里的事件或经历通常是比较典型的、普遍的，但通常包括一些平时不常遇到的冲突。虽然属于常规事件，但属于特殊情况、紧要关头或重要转折。

3. 反转：人物的境遇与事件的发展出现了某种反转，这种反转是常人无法引发的，或无法事先预料到的。

4. 结论：这样的反转最终引发了什么样的结果，或说明了何种问题、得出了何种结论。

举例

有一家外国零售公司的一条经营理念是：顾客至上。秉承这条理念，该公司规定接受顾客无理由退货。然而，顾客至上、无理由退货，这些概念只是停留在标语层面，如何让员工真正理解呢？这家公司在传达这一理念时，会给员工讲这样一个企业文化故事。

有一天，这个公司的一家店来了一位气冲冲的顾客，要求退货。这个顾客要退货的商品是雪地防滑链（一种雨雪天绑在汽车轮胎上用来防滑的金属链）。这家店的客服人员 Susan 热情地接待了这个顾客。（人物）

这位顾客来退货时，冬天已经过去了。从这条雪地防滑链的外观看，明显已经使用了很长时间，看情况至少用了一整个冬季。顾客表示商品的质量不好，既然公司有无理由退货的理念，那就必须退货。

Susan 问这位顾客："您是多少钱买的？有当时购物的单据吗？"

"100 美元买的！"对方理直气壮地说，"我是你们的会员，我的购物单据早就弄丢了！你们不是无理由退货吗？没有购物单据还不给退货了不成？"

Susan 想了想，收下了顾客旧的雪地防滑链，礼貌地用双手将 100 美元递到顾客手中。

顾客一把抓过钱，头也不回地离开了。（事件）

故事到这里，还没讲出这家公司真正的经营理念。因为很多零售公司为提升服务质量，也都会在顾客没有购物单据且商品已经被使用一段时间的情况下给顾客退货。故事的关键，在接下来发生的事。

办理完这个顾客的退货，Susan 拿起电话向总部报告了整件事的来龙去脉，并向总部经理表示，自己为了维护企业理念，同意顾客“退了”这家店从来没卖过的商品；费用共 100 美元，是自己垫付的。总部经理听完 Susan 的处理方式后，赞扬了 Susan，并给 Susan 发了 100 美元的“退货款”。（反转）

这件事发生后不久，Susan 成了这家公司总部的客服经理，负责管理全公司的客服人员，帮助公司维护经营理念，做好客户服务。这体现了这家公司顾客至上、无条件退货的经营理念的真正含义。（结论）

8.3　好故事的五大组成要素

一个好故事，通常包括人物、事件、悬念、冲突和反转五大要素。在自媒体的故事写作中，好的故事不仅要包含这些要素，而且这些要素的写法也要比较独到。要想让自媒体写作的故事出彩，应注意用好这些要素，学会这些要素的写法。

8.3.1　如何塑造人物

每个故事都有人物，人物是构成故事的第一要素，也是最重要的要素。读者看故事，看的主要是围绕人物发生了什么样的故事。好故事都是从人物出发去推进情节、说明情况的。自媒体故事中对人物的塑造，与传统文学作品中对人物的塑造完全不同，主要体现在以下 3 点。

1. 篇幅有限

传统的文学作品中，尤其是在中长篇小说中，将人物形象描写得丰满才是最重要的，可以通过描写人物的神态、容貌、穿着、行为、语言等反映人物的性格。除非是配角人物，否则不得草草带过。自媒体的写作篇幅有限，一篇文章要传递的信息量大，往往只需要用几句话准确地描述一个人，没有太多篇幅用来做细致入微的人物描写。

2. 控制数量

传统文学作品中，根据情节的需要，可以有主角、配角；配角要为主角服务，主角之间可能发生很多故事。在自媒体的故事写作中，考虑到读者要在短时间内接收大量信息，因此人物的数量越少越好，只用一个人物就把故事讲清楚是最好的。没必要出现的人物以及无关人物，就不要在自媒体的故事中出现。

3. 简化关系

与控制自媒体故事中的人物数量类似，人物之间的关系要越简化越好。描述人物关系要用准确的通用名词，可以适当口语化，但应偏大众口语。例如，与其用“家里那口子”“孩儿他妈”，不如用“老公”“老婆”。

虽然自媒体篇幅有限，但也不代表自媒体故事不需要塑造人物。如果不注重人物塑造，故事中的人物将没有灵魂。自媒体故事写作中对人物的塑造具备独有的特点，内容如下。

1. 注重细节

塑造自媒体故事中的人物要注重细节，不论是外貌、动作、语言还是心理描写，都可以通过小细节来刻画人物。

举例

要表现一个人物的性格直爽、不拘小节、做事干脆利落，可以描写其行为，例如：事出突然，他等不了主人回来，飞起一脚闯进门去，一个箭步来到里屋……

2. 危难表现

什么时候最能看出一个人的品格？当然是危难时刻。所谓“危难时刻显真情”，人物在身处困难、陷入危机、面临危难时的所作所为，最能说明他是什么样的人。而且往往情况越危险、压力越大、越难抉择，越有助于塑造人物。在危难状态下对人物的各类描写，有助于读者在短时间内快速了解人物。

举例

下班前，张三接到妻子的电话，说女儿在家不适，而此时妻子在外地回不了家，让张三下班后务必立即往家赶。张三刚赶到自家楼下，电话响了，说出了个案子，要张三到现场。张三迟疑了 2 秒钟，决定不自己回家，而是给妹妹打电话，让她马上赶来带自己的女儿去医院。张三把钥匙放到门垫下，没进门，立即赶赴案发现场。

3. 直接描述

对自媒体写作新手来说，直接描述是自媒体故事写作中塑造人物的最简单的一种方法。既然自媒体的文章篇幅有限，直接把人物情况说清楚未尝不是一种好方法，这样有助于读者快速了解人物。

举例

张三大学毕业后不学无术，好吃懒做，变成“啃老一族”，每天待在家里打游戏。其实他之前尝试过几份工作，但都嫌累，索性辞职了。现在他没钱花就伸手向妈妈要；妈妈没辙，只能给他。

8.3.2　如何设计事件

每个故事都有事件，没有事件，故事将无从发展。事件是事物发展变化的情况，其中包括人物的行为变化，也包括事物的变化。事件构成了故事情节，任何故事的情节都由事件构成。

故事的框架可以相同，人物可以相同，但事件不同就能形成不同的故事，也会产生截然不同的故事效果。好故事中事件的发展扣人心弦、让人揪心，能让读者产生心理波动，让读者产生酣畅淋漓的感觉。

事件是以画面的形式存在的。好故事的事件能让读者产生画面感，让读者产生代入感，不仅能让读者觉得故事真实，而且觉得故事仿佛就发生在自己身边，或者仿佛就发生在自己身上。

自媒体的故事写作中，设计事件时要注意以下 3 点。

1. 研究读者

如果能事先知道自媒体的读者群体画像，就能总结出情节的基本特征，根据主要读者群体所处的环境，能够更好地设计故事情境，增加情节的代入感。在写自媒体故事前，首先要明确文章内容的潜在读者群体，根据读者的特点设计事件。

举例

如果某自媒体的读者主要以大学生为主，现在要写一篇以如何用好时间为主题的故事，事件设计就应当从校园内高频发生的故事中选择。例如可以描述某高校“学霸”每月、每周、每天的时间安排，看“学霸”在一段时间内能做多少事。

2. 情节合理

有些自媒体写作新手身边没有那么多真实的故事可以写，为了有故事可写，为了让故事精彩，就编造故事。自媒体中的故事最好是真实的，这样才能让逻辑严丝合缝，才能获得读者的信任。如果出于写作的需要非要编故事，那么故事情节也要设计得合理，不能过于夸张。

举例

张三是财务专业毕业，刚开始做的是与财务相关的工作。做了 3 年财务工作后，虽然已经是财务专家，但他觉得财务工作没前途，后来转行做编程。做了 3 年编程后，他成了编程专家，但觉得其实编程也没前途，于是转行做厨师。做了 3 年厨师，他成了大厨，又觉得大厨也不是自己喜欢的职业，于是又转行做电气焊。（情节显然不合理）

3. 行云流水

自媒体故事因篇幅有限，事件的发展要行云流水，最好一气呵成，不要东拉西扯，不要断断续续。如果要写多条故事线，则故事线之间要存在某种逻辑关系，例如都拥有相同的时间线。

举例

10 年前，张三开始创业，一路磕磕绊绊，不太成功。李四 5 年前开始创业，相对比较成功。王五则没有李四那么幸运，15 年前开始创业，很失败。张三年龄不小了，事业不成功，一直没结婚。王五成家早，事业成败没有影响他的家庭。李四虽然事业比较成功，但一直没结婚。（叙事混乱）

8.3.3　如何设计悬念

悬念是故事的一种表现手法，指的是故事中悬而未决的事情。有悬念的故事往往比没悬念的故事更吸引读者。悬念是促使读者将文章读下去的原因之一，会让读者在阅读过程中产生好奇和联想，从而让读者对故事后续的情节发展产生浓厚的兴趣。

影视作品、舞台剧、小说，往往因为有悬念而变得精彩。为自媒体故事合理设计悬念，同样能让故事更出彩。

自媒体故事写作中常见的悬念设计过程可以分成以下 3 步。

1. 预设结局

预设结局是指在故事的开头直接提出问题，或者设置令人疑惑的场景，让读者对故事产生好奇。故事开头的问题或场景要足够吸引人，最好是出人意料的，是常人梦寐以求或难以想象的。预设结局的内容要快速引出悬念，不宜拖沓。

2. 加重渲染

预设结局是设计悬念的第 1 步，起到吸引读者的作用。加重渲染则是设计悬念的第 2 步，起到助推悬念的作用。如果只有预设结局，悬念感不仅不够强烈，而且不够丰满。加重渲染的内容要慢慢展开，要加深悬念，看似要揭开谜底，实际是在预设结局的基础上进一步吊读者的胃口。

3. 拨开疑云

拨开疑云的过程就是消除悬念的过程。这部分是故事的核心，要重点描述。这部分内容要能承接前面的悬念，要让读者产生“原来如此”的感觉，让读者觉得自己读到这里是值得的。

举例

两年前，张三注册了微博账号，开始在微博上写作。如今，张三已经是坐拥200万粉丝的微博大V了，靠运营微博实现年收入超过100万元。张三是如何做到的呢？（预设结局）

张三其实出生在普通的农民家庭，父母务农，连智能手机都不会用，电脑碰都没碰过。张三人生中的第一台电脑，还是自己工作后吃了三个月泡面，用积攒的工资买的。

大学期间，张三没钱上网，对互联网一窍不通，他接触微博还是近几年的事。刚使用微博时，他连发文章的按钮都找不到。……（加重渲染）

能成为大V，全是因为张三做对了一些事情，主要内容如下。

……

（拨开疑云）

为自媒体故事设计悬念时，如果拨开疑云的环节比较单薄，读者会认为文章是故弄玄虚。许多营销号文章为提高打开率和读完率，会仿照悬念设计的3个步骤写作，但最后拨开疑云环节却非常单薄，造成悬念十足、后劲不足。

8.3.4 如何设计冲突

文似看山不喜平，故事要想有趣，情节就得一波三折。平平淡淡、毫无波澜的故事很容易成为流水账，读者看不进去，也记不住。在故事中设计冲突，正是解决故事似一碗清水索然无味的问题的最好方法。

自媒体故事写作中常见的冲突有如下 4 类。

1. 时间不够

在“时间不够”的冲突中，时间是主要矛盾。这类冲突通常表现为故事中的时间紧迫，或者人物在有限的时间内要达成某个目标、完成某个任务。

举例

还有 3 个月就要高考了，可孩子的成绩很不稳定。成绩好时，考进重点大学不成问题；成绩不好时，连本科都够不着。如何能在 3 个月内稳定孩子的考试成绩呢？

2. 空间不够

在“空间不够”的冲突中，空间是主要矛盾。这类冲突通常表现为人物或事物的行动空间、发展空间、思维空间等有限。

举例

张三在一家小公司担任行政文员工作，因工作出色，多次受到领导的表扬。可时间一长，张三开始郁闷起来：自己的工作虽然出色，但因为公司的规模很小，行政部门除了张三外，只有一个 40 岁出头的领导，没有职业发展的空间。这可怎么办呢？

3. 资源不够

在“资源不够”的冲突中，资源是主要矛盾。这类冲突通常表现为故事中的人物想要做成某事，但缺乏做成这件事的必要的资源。

举例

年会上，总经理的讲话让张三深受鼓舞。在讲话中，总经理提到了公司发展遇到的瓶颈。关于促进公司发展，张三恰好有个比较成熟的方案。这个方案张三给直属领导看过，被否决了。张三认为，直属领导否决方案是站在个人利益的角度做出的决定，方案对公司是有利的，于是他想把方案直接提交给总经理。

但张三只是个小职员，和总经理之间层级差异较大。他不仅拿不准自己越过直属上级直接向总经理提交方案会不会影响自己未来的职业发展，而且压根不知道通过什么方式能直接与总经理对话。遇到这种情况，张三该怎么办呢？

4. 能力不够

在“能力不够”的冲突中，能力是主要矛盾。这类冲突通常表现为故事中的人物想要达成某个目标，但是却缺乏达成目标所需要的某方面能力。

举例

毕业后，张三来到一家大公司的销售部门担任业务员。能得到这样的工作机会，张三十分珍惜。但这家公司规定新录用的业务员在3个月的试用期内，必须开拓至少3个新客户。若试用期内业务员开拓的新客户少于3个，说明其业务能力差，将失去工作机会。

张三工作满2个月时，新客户的开拓数量还是0，是唯一没有成功开拓新客户的新人。同期入职的同事中，新客户开拓数量最高达到9个。张三每天也很努力地在开拓新客户，问题到底出在哪呢？

8.3.5 如何设计反转

故事反转能增加故事的精彩程度，让读者始料不及。故事反转可以分成人物反转和事件反转。根据反转的类型，可以分成正向反转和反向反转。

故事反转可以千变万化、随心所欲。曾经有个综艺节目，要求艺人根据旁白即兴表演，过程中不断反转剧情，以增加艺人的表演难度，增强节目效果。

自媒体故事中的反转不宜过于频繁，一般一个故事可以视情况设置 1 ~ 3 个反转。在自媒体中，一个故事如果有超过 3 个反转，读者可能会认为作者故弄玄虚，从而对文章的内容产生负面评价。

自媒体故事写作中常见的反转设计有如下 3 类。

1. 虚惊一场

看起来形势、状况比较负面，发展到后来发现事情并没有那么糟。

举例

张三与父亲的关系紧张，很久没回家。这天他接到姐姐的电话，姐姐说父亲突发重病晕了过去，人在医院，但事发突然，没准备住院物品，让张三先回父亲家里拿些东西，然后到医院看父亲。

张三赶到父亲家中，匆忙收拾父亲住院需要的物品。这时姐姐又打来电话，说不要准备了，父亲已经走了……

听到这句话，张三手一滑，电话掉到地上。电话那头传来姐姐“喂……喂……”的声音。

张三一屁股瘫坐在地上，眼睛像开了闸的水坝，泪水倾泻而出。回想起自己与父亲的点点滴滴，张三悔恨自己与父亲闹脾气，悔恨自己没能见父亲最后一面。张三这时才真正理解什么叫“人只有在失去后，才知道珍惜”。

正想着，父亲推门而入，吓得张三一下子从地上蹿了起来。张三说：“爸，你别放不下我们，安心地去吧……”

父亲说：“臭小子！这么长时间没见我，这一见面说什么呢！”

原来，张三姐姐说的“父亲走了”，指的是父亲自己离开医院回家了，不是父亲去世的意思。张三没听到姐姐后来的话，以为父亲过世了。

2. 是非颠倒

本来人物或事物是某个状态，结果被误解成了另一个状态。

举例

为了完成第二天领导开会要用的方案，张三加了一整夜班。第二天早晨上班时，张三把方案给了李四，让李四发给领导，自己回家睡觉。

领导来后，李四把方案给了领导。领导看完方案，非常满意，在整个部门面前表扬了李四，开会时又再次表扬了李四。

张三回公司后，发现事情不对，自己辛苦加班做出来的方案，怎么功劳却成了李四的？于是主动找领导说明情况。

领导听到一半，不但不支持张三，反而说张三斤斤计较：都是一个团队的同事，为什么分得那么清楚？

张三认为这样的团队不值得再待下去，愤而离职，开始创业。10年后，张三的公司在行业内已经小有名气，而张三当初的领导和李四相继离开那家公司后，辗转了几个公司，职业发展非常不顺。

3. 事与愿违

原本期望某个人物或事物向某个方向发展，结果却与愿望相反。

举例

女儿到了青春期，特别叛逆，不爱学习，学习成绩全班倒数。眼看要中考了，再这样下去女儿肯定与重点高中无缘。母亲为此操碎了心。

为让女儿好好学习，母亲想到用金钱激励女儿学习，规定如果女儿下次考试考到全班前20名，就奖励500元，如果考到全班前10名，就奖励1000元。没想到这招真管用，女儿的成绩渐渐提高到全班的前几名。母亲觉得这下女儿上重点高中没问题了。

中考前，由于女儿在班级与同学发生冲突，班主任请母亲去学校一趟。母亲到学校后，才知道女儿的成绩一直都很差，根本没提高。女儿每次拿回家的考试成绩和成绩单全是假的。没想到这种金钱激励方式，竟催生出这样的结果。

第 9 章

畅销书养成策略

基于不同诉求，很多人都有出书的愿望。然而出书并不容易，这才显出了出过书的人与没出过书的人之间的差距。出书后，想成为畅销书作家更是非常难。写书前，要明确目标，要掌握写书的方法，这样才能事半功倍，让自己不仅能出书，还能成为畅销书作家。

9.1 适合出书的 6 类人群

出书能给人带来巨大的“势能”，“势能”越大，可转化为“动能”（变现）的能量才会越大。对不同人群来说，出书的益处各有不同。有 6 类人群，非常适合出书。

9.1.1 企业主

按理说，企业主通常较忙，没时间写书。但从长远发展看，企业主是最需要出书的一群人，因为他们经常要与人打交道，需要开拓新客户。为了获得客户，要打广告，要参加展销会，营销费用巨大，而写书可以完美解决这个问题。

对企业主来说，出书有如下好处。

1. 方便找客户

书的展示功能很强，在互联网上销售，经常一挂就是 10 年，展示位中的作者信息、公司介绍等都是免费的广告。

2. 增加信任感

当客户来了，先送客户一本书，让客户看看公司理念，看看公司的成功产品，看看企业故事等，这本身就是信任背书。这比宣传册更有力度，更有价值。

3. 方便拉投资

商业计划书的影响力肯定比不上实体书，如果已经有完善的商业思想，用实体书配合商业计划书，可以有事半功倍的效果。

4. 容易找人才

如今人才招聘越来越难，这个时代已经不是公司挑好的人才，而是好的人才挑公司。面试人才时，把书放到公司的显眼位置，会让应聘者眼前一亮，提升对公司的好感。

正因有如此多的优势，如今越来越多的企业主开始出书，很多人甚至自费出书。因为他们算过账，和广告费相比，出书的钱实在太便宜了。

举例

我曾帮一位咖啡馆老板出过一本《咖啡馆经营者养成笔记》，书中讲的都是他的创业故事，写得很真实、很诚恳，正是他的这些亲身经历打动了我。如今这位作者经常组织各种聚会，每次必定要在聚会场所摆放一摞自己的书，参加聚会的朋友都很钦佩他，毕竟能出书的咖啡馆老板，全国也没几个。

9.1.2 上班族

上班族出书意愿最强，但大部分人并未付出行动。有想法却不能出书的人，大多是自己给自己制造了很多障碍。那些付出行动最终出书的上班族，都为自己带来了很高的正向价值。

上班族出书，主要有如下好处。

1. 职业自由

出过书的上班族往往职业选择更广。能出书，就证明自己有能力。很多作者出书前工作比较一般，出书后就能获得职业发展。

2. 获得朋友

写书是很好的结识朋友的渠道，能帮助人们结交同行。我有好多作者就以书会友，实现资源互助，为日后的发展铺平了道路。

3. 获得成长

写书不仅是输出的过程，也是查漏补缺的过程。写书前，对有些知识，自己可能一知半解。但在写作过程中，自己被迫思考、学习，把这些知识短板补齐，从而获得比同龄人更高的能力成长。

4. 善用时间

很多上班族在没写书前，每天晚上的时间都在休闲娱乐中度过。一旦开始写书，人们会自动减少娱乐时间，让时间得到更有效的运用。

举例

我在2010年接触过一位作者，写了《财务报表分析从入门到精通》这本书。最初这本书销量一般，后来她开始参加各种活动，这本书一下子火起来，成为同类书中的佼佼者。

到了2016年，这本书的作者跳槽到一家大公司，里面人才济济，竞争激烈。她从财务经理做起，作为新人，她本以为要熬很多年才能出头。

没想到有一天，她的领导把她叫到办公室。她发现领导桌子上放着自己的书。原来她的领导是她忠实的读者。这下好了，她的职业发展从此一帆风顺。

9.1.3 家庭主妇

企业主和上班族是最应该出书的，但从时间上并不是最适合出书的。他们平时比较忙，如果不是抱着很大决心，如果不具备较强的行动力，如果不做时间管理，很容易最终写不出书。从时间上最适合出书的人群是家庭主妇。当然，专门照顾孩子的妈妈比较忙，这类人群除外。

家庭主妇为什么最适合出书呢？主要有如下原因。

1. 时间充足

家庭主妇的时间相对较充足，把孩子送到幼儿园或学校后，除了必要的家务、采购和健身外，写书是消磨时间的好办法。

2. 接触社会

家庭主妇的社交圈子通常较小，很多家庭主妇经常会莫名烦躁，而写书的过程中要不断学习，能开阔眼界；有编辑可以聊天，有助于保持心情愉快。

3. 增加信心

家庭主妇总操持家务，虽然费了很多心，但却没有收入，总是花老公的钱，难免底气不足。写书能让自己赚些零用钱，如果书畅销，说不定还能成为家庭的主要收入来源。

4. 保持技能

写书的时候，可以练习文笔，同时可以把离职前的技能都捡起来。有了书的加持和回忆起的技能，日后再次求职时，会更有底气。

举例

我认识一位作者，她在大学期间写过一本关于 Java 编程的书。后来她结婚生子，成了家庭主妇，我与她好多年没联系。2018 年底，我看她朋友圈，发现她在教孩子学编程。于是我问她，能不能写一本《和儿子一起学 Python》的书。

她那时正好有时间，就欣然接受。她说写书的过程正好能让她填充自己的时间，觉得很充实，而且能把自己的专业知识再捡起来并做系统的梳理，非常适合她。

9.1.4　自由职业者

创业初期，我自己是自由职业者，因此对自由职业者颇有些了解。自由职业者最怕什么？最怕突然没事可做。对自由职业者来说，没事可做意味着没有收入来源。自由职业者最喜欢每天忙不过来，项目 A、项目 B、项目 C，最好一个接一个。

自由职业者非常适合出书，主要有如下原因。

1. 时间自由

写书没有严格的时间要求，自由职业者忙时，可以做自己的项目，闲时，就可以写书。

2. 品牌价值

自由职业者出书后，可以为自己树立品牌，能够提高自身价值。把书送给客户，让对方相信自己的能力，得到的报价也可能会高一些。

3. 均衡收益

自由职业者当下从事的项目可以作为自己的短期收益，写书的收入可以作为长期收益。长期收益与短期收益相结合，能够均衡自由职业者的收入配比。

4. 结交朋友

自由职业者难免会有一种孤独感，通过出书，可以结交一批朋友。平时与这些朋友交流，可以互通有无。

举例

市面上关于写文案的书非常多。有位作者有文案相关的实操经验，文笔也很好，在我这里出了一本《文案爆炸 轻松写出打动人心的销售文案》。书出版后，很多读者加她微信，她渐渐和读者们成了朋友。出人意料的是，还有很多读者找她咨询业务，书刚出版了两个星期，她就谈成了3个单子。

9.1.5 在校大学生

很多人觉得在校大学生社会阅历尚浅，写不了书，实际上每年在校大学生出书的人不少。通过我的公司，每年都有十多位在校大学生作者成功出书。能不能出书看的不是阅历，而是看作者在某个方面是否有过人之处，是否有独到见解，是否能将观点表达清楚。

在校大学生具备一个突出优势——学习技巧，尤其是学霸型大学生。

只要学习优异、学习能力强，把自己学习的方法和经验分享出来，就是比较好的图书主题。

俞敏洪通过分享英语学习经验，创建了新东方；张邦鑫从奥数培训做起，创建了好未来（原学而思）。这两位都是北大毕业生，有丰富的学习和考试经验，他们正是运用自己的长处创业成功，成为亿万富豪。分享学习经验，是很有市场的。

举例

我的公司前几年帮一位在校大学生出版的《逆袭，一个高中差生的三年奋斗史》就非常畅销。这本书讲的是作者从学渣成为学霸的真实故事，深受读者好评。很多家长把它当作礼物，送给高中学生。一到寒假和暑假，这本书就大卖。

除了与学习技巧相关的书外，专业类图书在校学生也是可以写的，我的公司也帮助在校大学生出过这类书，其中畅销的也不少。

在校大学生写书有缺点，也有优点。其中缺点如下。

1. 经验不足

在校大学生写的书容易纸上谈兵，写作内容的质量可能不达标。

2. 见识不够

在校大学生对社会的认识尚浅，很容易拘泥于细节，在一些次要的地方浪费篇幅。

3. 理解不深

在校大学生对知识的理解不深刻，一般写不出比较有知识深度的书。

但在校大学生写书也有优点。

1. 时间够多

这是企业主和上班族无法比拟的，在校大学生可以针对一项技术（例如某个机器学习的开发包），用几个月时间，将其研究透彻，然后将成果写出来。

2. 面向新手

在校大学生自己也是初学者，在研究过程中，会遇到各种新手会遇到的问题，因此更容易理解新手的心态。在校大学生若能把这些问题搞清楚，写进书里，对新手的学习非常有价值。

3. 态度端正

在校大学生更有敬畏感，更重视书的内容，因此不会糊弄了事，不会抄袭别人的作品，原创性更高，读者更喜欢。

举例

《Python与机器学习实战》的作者是北京大学数学系的一位本科生。上学期间，他研究人工智能、机器学习的算法，因此把书写得深入浅出，很适合初学者。这位学生毕业后，就被李开复的创新工场聘用。

要注意的是，很多在校大学生喜欢写小说，其实大学生不适合出小说类图书，原因如下。

1. 大学生经历少，没见识过真正的大千世界，写的小说容易不接地气。

2. 小说市场竞争非常激烈，名不见经传的新人很难有机会成功。

3. 缺乏推广资源，小说的营销费用较高，普通大学生很难接受。

9.1.6 退休老人

退休老人因为个人时间比较充裕，同样适合出书。退休老人出书的目的往往不在于金钱，而在于其他方面。

1. 帮助后人

退休老人的人生经验丰富，干货多，而且知识大多来自一线实战，接受过岁月洗礼，经历过实践检验，能帮到后辈。

2. 打发时间

很多退休老人在家不知道做什么，常常会感到无聊，除了跳广场舞、聊天、健身外，写书也是打发时间的有效方法。

3. 锻炼思维

退休老人通过写书，能保持思维活跃，提升思维的敏捷程度。很多人退休后，社交圈子里主要是老人，无形中多了暮气。写书过程中有机会接触很多年轻人，让自己与年轻人思维同频。

9.2 6 类人群出书的方法

我在邀请作者写书时，经常会遇到作者认为自己经验少、文笔差、身边有比自己还牛的人、时间不够、没有名气或领域窄等问题。实际上，只要具备写作能力，愿意付出行动，每个人都可以出书。

9.2.1 经验较少者

很多人觉得，只有行业专家才有资格写书，其实不是这样的。我公司的作者中有 1/3 是工作经验在 3 年以下的。

关于经验与书的销量的关系，我专门做过数据统计。我发现书的销量与工作年限并不相关，没有工作经验的大学生出的书比在世界 500 强公司工作 15 年以上的高管出的书卖得好的情况比比皆是。

这听起来有些反常识，但仔细思考，这其中是有原因的。在写书的某些维度上，经验较少者反而比经验较多者更具备优势。

以下以工作经验最少的大学生和世界 500 强的高管为例，说明经验较少者与经验较多者相比存在的优势。

1. 时间充裕

较多时间的投入能弥补经验的不足。大学生时间较充裕，能集中精力写书。同样一个主题，大学生可以花 500 小时写作；而世界 500 强公司的高管由于工作繁忙，只能用晚上或周末时间写作，真正的写作时间可能只有200小时。慢工出细活，时间在哪里，结果就在哪里。

2. 好奇心重

经验较少的人往往反而比有经验的人好奇心更重。大学生的好奇心重，能吸收各种知识，也许这些知识不够深入，但能取百家之长；而世界500强的高管可能思维已固化，也许能讲自己的经验，但好奇心不强，学习劲头不足，外延不足。

3. 大众视角

经验较少的人写书往往贴近大众视角，而经验较多的人写书容易曲高和寡。大学生写书能站在新手角度考虑，书中内容比较简单，适合初学者，讲解由浅入深，逐步深入；而世界500强的高管因为职位高、眼界广，总试图写得较为深入，很容易让初学者看不懂，导致书反而不受新手欢迎。很多工具书的主要读者群体是初学者，所以世界500强高管的书销量反而不如大学生写的书。

与大学生类似，工作不久的职场新人同样也具备这些优势。所以经验较少者不必妄自菲薄，只要肯投入足够的时间，保持好奇心和积极的学习态度，从新人的视角由浅入深地写作，同样能写出一本好书。

9.2.2 文笔不佳者

很多人问我：对于出书来说，文笔重要吗？

当然重要。文笔好，能提高阅读体验，让读者欲罢不能。但互联网时代是“快餐时代”，读者追求快速获取，更重视内容本身。例如下面这段话。

举例

柔和的阳光斜挂在苍松翠柏不凋的枝叶上，显得那么安静肃穆，绿色的草坪和白色的水泥道貌岸然上，脚步是那么轻起轻落，大家的心中却是那么的激动与思绪波涌。

这段话读起来是不是很有诗意？如果读者有时间，能细细品味文字之美，确实能感受到美妙的意境。可如果这本书是工具书，连续两三页都是这样的句子，读者一定不喜欢。

工具书不用考虑用什么形容词最优美，需要的是准确阐述干货内容，三两句话能把一件事情说清楚，就是好工具书。例如，要写“外贸价格谈判”的工具书，可以直接写“外贸价格谈判最重要的有 3 点，第 1……，第 2……，第 3……”。用最直白的语言表述清楚即可。

所以除了对文笔有要求的小说、散文、诗歌等形式的书外，文笔不佳者也可以出书。这里特别推荐其出工具类的书，只要能搭建知识结构框架，能干净利落地把知识点说清楚，就可以写书。

当然，文笔不佳者可以出书不代表出书对文笔毫无要求，不代表词不达意、逻辑不通或废话连篇的图书也可以出版。

9.2.3　牛人相伴者

有的人不是不想出书，而是觉得不好意思出书，这类人有个共同的理由，就是：我身边的某某某比我厉害多了，他都没出书，我能出书吗？例如，我领导比我厉害多了，他都没出书，我能出书吗？

其实大可不必有这样的想法，世界上牛人有很多，没出过书的也有很多，何必和这些牛人比呢？要不要做一件事，首先要考虑自己的需求，而不是别人的情况。出不出书和周围的人没有关系，只和自己想不想出书、想成为谁有关系。

要不要出书，更多应考虑自身的发展规划，包括未来 3 年的规划、5 年的规划和 10 年的规划，包括未来的收入规划、事业规划和家庭规划。有了这些规划，就有了目标，有了目标，再倒推要通过哪些途径，增加自身影响力，实现目标和规划。

我已经出过 1 000 多本书，接触过 3 000 多位作者。我得到的经验是，出过书的人，后期发展都很好。有的作者还成了商业巨头，实现了财务自由。

别人不出书，有他的原因，自己是否要出书，与别人无关。反过来想，别人没出书，而自己出了书，可能就是一次超越他人的机会。这是因为出书后，自己就比别人多了一个标签，多了一层背书，多了一种可能性，影响力自然会大许多。

9.2.4 时间不够者

很多人想出书，但总觉得时间不够。这时可以问自己，真的很忙吗？每一天是如何度过的？除了常规的与家人相处的时间和工作时间外，有哪些时间是可以自由支配的？

鲁迅说："时间就像海绵里的水，只要愿挤，总还是有的。"写书是个系统工作，可以从很多地方挤出时间。

举例

我有一个机器学习领域的作者，经常背着笔记本电脑在全国各地出差。他利用在火车上的时间写书，即使工作非常忙，也能做到4个月交稿。

觉得自己时间不够的作者，可以参考如下方法。

1. 打开手机，看看哪些用来消遣与消磨时间的App是可以删除的。一旦决定写作，与写作无关的App要坚决删除。

2. 上下班路上，可以构思书的目录和内容框架。思考成熟后，利用晚上时间将思考出的内容录入电脑，这样事半功倍，效率更高。

3. 工作中，要留心观察和整理，其实很多写作素材都源自工作中的积累。日常做好积累，能够节省大量专门寻找写作素材的时间。

4. 推掉一切的无效社交，晚上的聚餐、逛街或娱乐活动，尽量不去，节省出时间用来写作。

以上4点很多人知道，但做不到。其实写书也是一个磨炼心性、自我升华的过程，是一个提升专业能力，控制自身欲望，实现自我管理，达成长远目标，放弃短暂娱乐的过程。

举例

任康磊曾经也是上市公司的高管，平时工作很忙，日常工作的琐事、公司的大事、平时的出差、晚上的应酬一点不比别人少。但他懂得充分利用时间，他的前 3 本书都是上班期间利用碎片时间写出来的。

9.2.5　没有名气者

很多人想写书，但觉得自己没有名气，怕写了书也卖不出去。不可否认，名人是自带光环的，例如白岩松写的书肯定畅销，但名人毕竟是少数，而且名人其实都很忙，愿意静下心来写书的其实不多。

没有名气的作者如何写书呢？

这就要看选题。图书的选题策划做得好，就算作者没有名气，图书一样能够畅销。要判断选题优劣，可以通过如下角度进行。

1. 热点

如果要写的内容正好是热点，例如前段时间 Python 比较火，这个主题的书比较好卖，那这类主题就可以写。

2. 特色

每本书都要有自己的特点，要有独到之处。人云亦云的书不一定好卖，独树一帜的书反而容易受欢迎。

3. 竞品

如果某品类市场较大，但同类书内容质量不佳，领域内还没有超级畅销书，那么这个领域就值得尝试。

总之，没有名气的作者如果做好图书主题内容策划，就很可能会成功。

9.2.6 领域较窄者

有的人觉得自己所在的领域太窄了，不适合出书。图书的领域确实影响书的销量，例如标题为《飞机发动机制作》的工具书，全国研究这个领域的人并不多，这类书的销量确实堪忧。但这并非绝对，需要结合数据，通过市场来判断，而不是自己拍脑袋想当然地做出判断。

举例

前几年，我认识的一位作者在银行工作，负责贷款业务。他想写书又觉得没什么可写的，关于“银行业专业人员职业资格考试”，已有专门讲解公司信贷的书，写得很全，没必要重写一本。

但我们调查后发现。

1. 信贷从业者很多，不单银行工作者对这类书有需求，互联网金融、各类金融机构人员都需要看这类书，甚至在大企业融资部门工作的人也要看。

2. 考试相关的书讲的大多是原则，理论都对，但操作性不强，厚达400多页的书中，贴近实战的案例并不多，不易阅读。如果有只讲实战的书，设计成200多页，多讲实战案例应用，与用于考试的书形成互补，肯定受欢迎。

3. 目前市场上没有这类书，值得尝试。

基于这些调查分析与考虑，我们出版了这类书，销量不错，作者也很满意。

每个人的认知都有局限性，主观判断不一定是对的。一本书能否畅销，作者仅根据本人掌握的信息很难做出准确判断。作者熟悉专业领域，但对出版市场不熟，不知道图书竞品情况，也不知道市场需求如何。

这正是图书策划人的价值之一，选题看上去很简单，从结果上看只有“值得做”和“不值得做”，但其中凝结了图书策划人多年的经验，是看了上万本书和总结了多年数据后才能达到的境界。

总之，领域较窄者能不能出书，需要分析后才能做出判断。

9.3 畅销书做对了什么

书的本质也是一种商品，需要有人买单。一本书能不能畅销，需要满足特定需求。这个需求，出版社、编辑和作者说了都不算，甚至部分读者说了也不算，市场说了才算。

9.3.1 畅销书的 4 种类型

畅销书能畅销是得到了市场的认可，满足了市场的需求。通俗地说，就是有一群人认可这本书，这群人愿意为这本书付费。市面上所有的畅销书，通常满足了读者 4 方面的需求。这 4 方面需求，对应着 4 种畅销书类型，如图 9-1 所示。

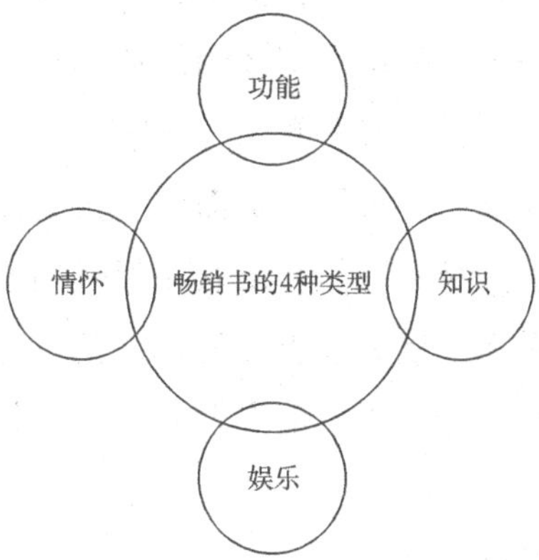

图 9-1　畅销书的 4 种类型

1. 功能

有一类畅销书，是让读者读完后能学到技能、解决个人问题、实现个人目标的书。这类畅销书属于功能型畅销书，例如编程类、会计类、外贸类、写作类、管理类图书。

2. 知识

有一类畅销书，是让读者读完后能学到人文、社科等知识的书，能让人增长见识。这类畅销书属于知识型畅销书。不过能写知识型图书的人非常多，要让知识型图书畅销，通常需要其具有一定的独到之处，例如通过图解、漫画或不同视角来阐述知识。

3. 娱乐

有一类畅销书，是读者用来打发时间的。读者看这类书就是为了好玩，就是为了打发时间。这类畅销书属于娱乐型畅销书。娱乐型图书的本质与游戏、电影、电视剧类似，主要是供人休闲娱乐用。

4. 情怀

有一类畅销书，是读者买来满足个人情怀或用来收藏的。读者买这类书纯粹是喜欢和支持作者。有时候读者已经买过作者的某本书，书再版时，就算改动很小，也要再买一本收藏。这类畅销书属于情怀型畅销书。这类书的作者通常都是名人，例如明星、主持人、自媒体大 V 等。

所有畅销书，必定属于以上某种类型，无一例外。如果某本书能同时满足以上两个或多个需求，那这本书畅销的概率很大。如果某本图书不能满足以上任何一个需求，那么大概率无法畅销。

很多人想当然地写书，不根据市场需求、读者需求来写，而是按照个人喜好来写，这类书虽然最终可能会出版，但畅销的概率很低。对有些联系我想出书的人，我看完书稿后会直接告诉他们不适合出版。我做判断除了看市场和销量外，主要是从这 4 个需求的角度来分析的。

9.3.2 畅销书的写作方向

知道了图书市场 4 方面的需求以及对应的 4 种畅销书的类型后，就可以明确畅销书的写作方向，也知道如何判断一本书值不值得写，值不值得出版。检验图书是否值得写作与出版的工具如表 9–1 所示。

表 9-1　检验图书是否值得写作与出版的工具表

需求类别	是否满足（是打√，否打 ×）	如果是，程度大小（最高 10 分，最低 1 分）
功能		
知识		
娱乐		
情怀		

举例

很多人在知乎或简书平台写随笔，有些甚至累积写了几十万字的文章。有人想把文章整理成书出版，于是找到我。他们的书适合出版吗？

以某位知乎上主要写历史题材文章的作者为例，利用检验图书是否值得写作与出版的工具表，对他想要出版的一本书做判断，得到结果如表 9–2 所示。

表 9-2　检验图书是否值得写作与出版的工具表

需求类别	是否满足（是打√，否打 ×）	如果是，程度大小（最高 10 分，最低 0 分）
功能	×	0
知识	√	3
娱乐	√	1
情怀	×	0

用检验图书是否值得写作与出版的工具表评判，结果清清楚楚。满分 40 分，这本书只能打 4 分，所以这本书我不建议出版。

要想出书，可以在某一点下功夫，例如把历史钻研透，满足知识需求；把内容写得很有趣，满足娱乐需求；在知乎或其他平台上努力涨粉，成为大 V，满足情怀需求。当满足这些条件之后，这本书就值得出版了。

总而言之，要写出畅销书，需要顺应图书市场的规则，满足读者需求。另外，要写出畅销书，在图书写作的内容风格上，也要满足这 4 个方面的需求，不然图书不仅无法成为畅销书，而且甚至达不到出版的基本标准。

举例

几年前，有一位名校的大学生对计算机算法很有研究，我邀请他写书。这位大学生绝对有能力写出一本好书，可他太自我了，非要按自己的想法写，书中甚至偶尔出现荤段子。

我看完他的稿子，让他删除与主题无关的内容。他很生气，说他导师觉得很好，说他爸爸妈妈觉得很好，说自己的内容没问题，认为我这是故意找茬，故意为难他。

后来，我接到他妈妈打来的电话。他妈妈严肃地教育了我一通，让我珍惜这本"好书"，说错过了会是我这辈子的遗憾。

最终我选择放弃与这位作者合作，后来也没见这位作者出版这本书。因为任何有经验的图书编辑和我的判断都是一样的。

9.3.3 小说畅销写作方法

写小说的人很多，很多人拿着他们的小说书稿问我能不能将其打造成畅销书。其实，绝大多数小说书稿，别说是成为畅销书了，出版的价值都很低。小说市场的竞争太激烈了，普通人写小说很难出头。

举例

仅起点中文网一个网站，小说的数量就已经累计超过 100 万部。起点中文网属于上市公司阅文集团的一个子品牌。根据阅文集团的官方数据，其拥有 1 120 万部作品的储备，拥有 770 万名创作者。

阅文集团 2018 年总收入为 50.4 亿人民币，净利润约为 9 亿元人民币。假设成本中有一半是作者的稿费，那么总稿费就是(50-9)÷2=20.5 亿元。平均到 770 万名作者中，平均每个作者的收入约为 266 元。

但这还不是结论，因为头部作者的稿费很高。实际情况是在这 770 万名作者中，排名在700名之后的作者几乎就没什么收入了。这不仅是人群中万中挑一，而是作者中万中挑一，可想而知难度有多大。

当然，这是网络文学的数据。那纸质小说的情况很好吗？其实情况更不容乐观，这一点问一下周围的人就能知道，看看他们有多久没买过小说了。

读者买小说大致可分为4种情况。

1. 某个电影或电视剧火了，于是相应的图书也畅销，例如《人民的名义》。

2. 某个作者比较出名，于是慕名购买其图书，例如韩寒。

3. 在互联网上很火爆的小说，后来被出版成纸质书，例如《明朝那些事儿》。

4. 网购图书时，为了凑单享受折扣优惠，通过文学类图书排行榜找心仪的书。

没有名气的作者，如果怀着文学梦，实在想出版小说，建议如下。

1. 首先尝试

先到各类文学网站（起点中文网、晋江文学等）或自媒体平台连载小说，测试效果，如果有人看，就持续更新，等拥有足够粉丝数量，在网络上具备足够影响力后，再考虑出版。

2. 自费出版

如果实在想出小说，又找不着策划人和出版社愿意帮自己出版，就自费出版吧。

普通人写哪些题材的小说，最有可能畅销呢？

常规的小说有盗墓、玄幻、穿越、都市、爱情等题材，这些题材都有巨头的销量排在前面，很难畅销，甚至写出来也没人看。

那普通人是不是就没希望了？也不是。普通人可以写自己熟悉、经验独到、竞争又不激烈的领域，让读者有新奇的感觉，例子如下。

（1）如果是职业编辑，可以写编辑部的故事。很多人觉得出书很难，那么，负责出书的编辑是怎么工作的？出版过程中发生了哪些趣事？遇到不容易沟通的作者编辑会怎么办？这些都是可以写的内容。

（2）如果是华为公司的工程师，可以写华为的研发故事，可以讲华为的投入、艰辛、阻碍、领导的决心等，描绘好整件事中各色人物的立场与行动。

（3）如果是外贸公司的老板，可以写外贸老板恩仇记，讲各色外贸老板之间的恩怨，结合时代背景，也许会成为经典。

作品具有一定专业背景，就能和其他小说区分开来，就能吸引眼球。这相当于小说的背景设置，设定好背景，再加入人性和感情的描写。赋予小说时代背景和行业特色后，再结合以下畅销小说的3点必备内容，小说畅销的概率会变大。

（1）有感情戏：要有人与人之间感情的跌宕起伏。

（2）要有冲突：有好人和坏人，有人性的斗争。

（3）要有悬念：不断制造悬念，吸引读者读下去。

9.4 【案例】任康磊成为畅销书作家之路

任康磊在出书前，是上市公司高管，分管人力资源管理。他的第1本书，在2017年11月底上市，销量很差，是滞销书。他的第2本书在2018年6月初上市，销量一般，一度也成为滞销书。从第3本书开始，他就一路高歌，成为畅销书作家。

截至2020年年底，任康磊已交稿25本书，他的出版作品主要聚焦人力资源管理相关领域，销量在同品类中名列前茅。他的全网付费线上课程有超过100万人次学习。在线下课和管理咨询领域他也有接不完的项目。

任康磊在线上课、线下课和管理咨询上的业务拓展，很大程度上借用了畅销书带来的势能。当然他的稿费本身也是一笔非常可观的收入。

任康磊成为畅销书作家的经历可以分成以下3个阶段。

9.4.1 懵懂阶段

在这个阶段，他不知道自己该写什么，不知道自己为什么要写作，当时他只是发现自己的职业发展遇到瓶颈期，对职业现状不满，但不知道该如何摆脱现状。

任康磊工作能力很强，我见识过他的工作状态，简直可以用不要命来形容。他从早到晚每天至少工作 14 个小时，经常忘记吃饭，就算和同事一起吃饭，别人聊的是八卦，他聊的全是工作。他说这是因为他是没有伞的孩子，只能拼命奔跑。他从小父母离异，被爷爷奶奶带大，家庭条件很差。他结婚、买房、买车，家里人都没给予任何帮助，全靠自己打拼。

凭借着拼命三郎的工作劲头，他 26 岁就成为一家大型上市公司的高管。这也让他比普通人更早遇到职业瓶颈期。他最初的梦想是做职业经理人，成为 CEO。但绝大多数公司选拔 CEO，要求人选具有较多的经验。这对能力很强、主动拼搏、追求上进，但司龄和年龄不长的人才来说是一种折磨。

为寻求发展，他开始在简书上输出，只要是与职场相关的，他都写。这个阶段他写的东西杂，用力而分散，但也算锻炼了写作能力，给了他试错的机会。很多人觉得写作能力是天生的，但任康磊说他的写作能力完全是练出来的。他是典型的理工男，高中时偏科严重，数理化能考全市第一，语文反而常不及格，作文写得一塌糊涂。

他写的第一本书是心灵鸡汤类的书，讲得都对，但就是没人看。这本书我原本不想出，后来他说愿意自费出版，才帮他出的，结果销量果然非常差。

为什么销量差呢？因为他犯了以下 3 个大忌。

（1）没名气时写鸡汤文。所有没名气的人写鸡汤文都不会成功，很少有例外。

（2）没提前联系编辑，自己写。这是很多作者的通病，自己拍脑袋想当然地写，结果辛辛苦苦、耗时很久，写出来的内容却不适合出版。

（3）没有后续推广。要成为畅销书作家，需要持续对书做推广，让书畅销。书先畅销，人才会知名。可由于工作原因，他没时间做推广。

因为这 3 点，这本书以失败告终。不过幸好，他有韧性，开始准备第 2 本书。

9.4.2 开悟阶段

吸取了第 1 本书的经验后，任康磊专门给我打电话沟通，确定了第 2 本书的写作方向是人力资源管理。我的分析如下。

（1）他做了十几年的人力资源管理，有在世界 500 强公司工作的经验，人力资源管理的每个模块都做过，有非常专业的见解。他既熟悉外企的做法，又知道本土企业的做法；既做过顶层设计，又熟悉实操工具；既有扎实的理论基础，又有丰富的实战经验。这是他的核心竞争力，是他不可替代的优势。

（2）中国人力资源管理从业者众多，粗略估计有超过 500 万人，图书市场需求大，而且我之前策划过销量超过 20 万册的人力资源管理类畅销书，有这方面的经验。

（3）人力资源管理品类图书市场还没有巨头，竞争情况不算一片红海，有希望把他打造成头部。

任康磊对这个方向很赞同，但谈到写作细节，他表现出了很多能力强、经验足的作者的通病。我认为应该讲人力资源实操，重点讲工作方法，例如“如何设计奖金”“如何做好招聘”这些工作细节，因为市场需要这个，但他当时认为，这些太小儿科，显示不出水平，想站在更高的高度写。我们反复沟通几次后，他采纳了我的部分意见，但整体上还是按他的思路写。

结果第 2 本书的销量虽然比第 1 本强一点，但依然惨败。幸好后来他成了大 V，带动了一些销量，不然这本书就彻底滞销了。

第 2 本书为什么会失败呢？原因如下。

（1）没名气时务虚。同样是关于人力资源管理，有接地气的书，也有高屋建瓴的书。高屋建瓴的书多数情况是务虚，只有大咖才有资格写这类书。

（2）目录和内容结构设计有问题。这本书没有完全按人力资源管理常规模块划分（招聘、培训、薪酬、绩效等），知识点不明确，让读者看不到书的价值。

（3）实操性不够。这本书虽然讲了很多原理，但不能帮助初学者掌握足够的实操技能。

有了前两本的经验，任康磊终于体悟到写书的要点了。于是，我们开始策划第 3 本书。

9.4.3　觉醒阶段

第 3 本书的写作方向依然是人力资源管理，不同的是细节。

（1）接地气：目标读者为 HR 新人，内容贴近 HR 实战工作，满足 HR 实战需求，HR 可照着做。

（2）易上手：人都有偷懒心理，因此书中给出了大量的表格、规范、工具，让 HR 能拿来就用，一学就会。

（3）内容全：把实战层面涉及的所有事情、细节都写出来，变成实操大全，让这本书成为 HR 必不可少的案头工具书。

（4）讲故事：每一个实战知识点都给出真实案例，并阐述应用场景和注意事项，让读者感同身受，更有共鸣。

（5）录视频：为了给读者更好的学习体验，他专门录制了一批视频课程，作为购书后的增值服务。

任康磊还是很厉害的，这本书的目录标题将近 300 个，全书有超过 500 个实操知识点。这可不是一般作者能做到的，这时他的核心竞争力得到了充分展现。如果不专业，哪能写这么全面。加上他对待工作良好的态度和极强的执行力，拿到稿子后，我就知道：这本书成了！

不出所料，第 3 本书出版后，很快就上了畅销榜。这本书能畅销，不仅因为图书策划出色，还因为营销宣传到位。除了出版社和我公司提供的营销资源外，任康磊也全力配合。

为全身心投入，他选择辞职。他当时可是上市公司高管，有着很多人梦寐以求的职位，拿着很多人羡慕的高薪。在这种状态下辞职，是需要很大魄力的。我见过很多作者又想事业蒸蒸日上，又想成为大V和拿高稿酬的畅销书作家，最后什么都做不好。

辞职后，他做了下面这些事情。

（1）到各大人力资源管理垂直领域网站写文章，而且日更，这不仅可以提高知名度，而且能极大地吸引流量。

（2）参加各种线上、线下活动，只要参加活动，他就找机会推荐自己的书。他后来内购了上千本书，作为线上、线下活动的赠品，提升活动质量。

（3）与各大线上教育机构平台合作，出品了大量人力资源管理线上课，通过图书+线上课的模式，进一步增强自己线上的影响力。

一番操作后，不仅让这本书成了人力资源管理品类头部畅销书，而且任康磊的影响力也迅速提升，成了人力资源管理领域的大V。

本来我以为，成为大V后，任康磊会像其他作者一样，不再写书了。没想到的是，他还在坚持写作，而且丝毫没有停歇的意思。

为什么呢？

因为从产品端，他形成了“出书→读者反馈→设计课程（线上+线下）→继续出书→读者反馈”这样的良性循环，能实现螺旋式上升。

从个人品牌端，他形成了“出书→影响力增强→个人品牌增强→继续出书→影响力增强→个人品牌增强”这样的良性循环，影响力和个人品牌持续高速增长。

任康磊的书，将来不仅会覆盖人力资源管理的各个领域，还会覆盖“管人”的所有相关领域。以后我们会把他的书打包，做成套装，就像金庸的成套小说集那样，争取将其打造成人力资源管理从业者的必备丛书。

第 10 章

微博涨粉与粉丝经营

很多人希望通过运营微博，实现涨粉的目的。这种想法无可厚非，但要注意写作、运营和涨粉间的关系。写作是内功，运营是外功，涨粉是结果。写作的内功最关键，也最难练，耗时长，要反复练、持续练。一旦练成，个人能力得到成长，可以运用在任何相关领域。运营的外功其实是花架子，学起来快，聪明人一点就通，但遇到内功强的人，一触即溃，是一种相对成长。因为外功只有样子，没有内核，没有内功的支持，无法长久。

10.1 微博涨粉与变现原理

一个微博账号的读者可以分成 4 个层级，即展现层、点击层、关注层和信任层。这 4 个层级就是微博涨粉的漏斗原理。要实现微博涨粉，要针对这 4 个层级读者的特性，做好相应的运营策略。

10.1.1 微博涨粉的漏斗原理

在互联网电商领域，有个经典的漏斗原理，如图 10-1 所示。

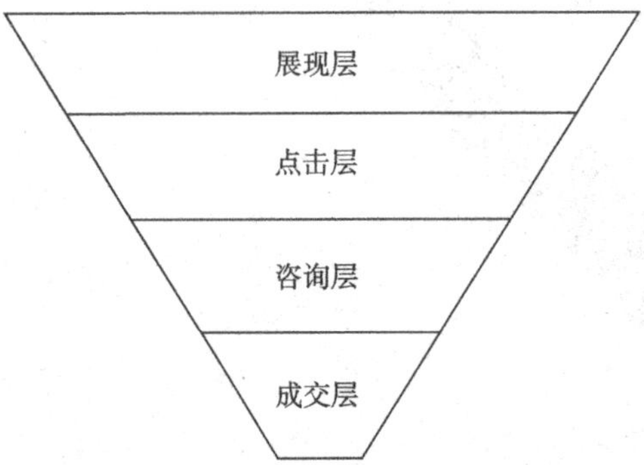

图 10-1 互联网电商领域的漏斗原理

展现层指的是所有能在互联网上看到商品相关信息的潜在顾客。

点击层指的是看到商品相关信息后感兴趣，点击进入商品详情页面的潜在顾客。

咨询层指的是看完商品相关信息后，向客服询问，了解商品细节的潜在顾客。

成交层指的是拍下商品，最终付款，完成商品购买的顾客。

漏斗原理其实不仅应用于互联网电商领域，在整个营销领域都有比较广泛的应用。

举例

以淘宝上某销售羽绒服的商家为例，说明买家购买羽绒服的过程。

1. 展现层

买家在淘宝中搜索关键词“羽绒服”，会出现成千上万的商品展示。这些展示会一起出现在买家眼前。这时候很显然，排名靠前的商品被买家看到的机会更大，更有优势。

2. 点击层

浏览后，买家对某羽绒服感兴趣，点击商品，进入商品详情页。也许买家在展现层一共浏览了 1 000 件商品，只点击了其中 10 件查看详情。也就是说，99% 的商品被买家淘汰了。

3. 咨询层

买家进入某个商品详情页后，有意购买，于是询问客服羽绒服的价格、款式、尺码以及物流情况等。在这一层，买家同样会淘汰掉大部分商品。

4. 购买层

买家询问客服后，看中了 3 件心仪的商品，但买家只想购买其中 1 件，于是思前想后，最终选择了其中一件。买家付款，交易达成。

与互联网电商领域一样，微博涨粉同样遵循漏斗原理，如图 10-2 所示。

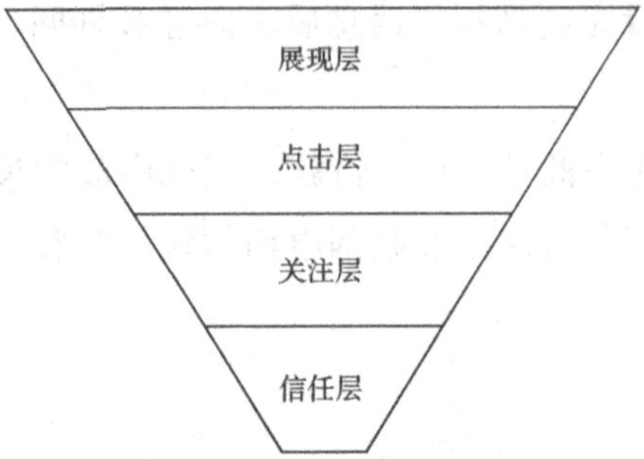

图 10-2　微博涨粉的漏斗原理

展现层指的是微博内容传播的广度，展现层的大小主要与微博内容的曝光度有关。展现层越大，被潜在粉丝看到的可能性越大。

点击层指的是微博内容被读者看到后，读者对写这条微博的博主感兴趣，点击进入博主的微博主页，看博主值不值得自己关注。处在点击层的读者是潜在粉丝，能不能有下一步点关注的行为，主要看微博主页的整体质量。

关注层指的是读者进入微博主页后，觉得博主的其他内容也很好，符合自己的预期，读者点击关注。至此，涨粉环节初步完成。但微博涨粉不是一劳永逸的，会涨粉，也会掉粉。要想让粉丝持续关注，需要源源不断地为粉丝提供好内容。微博上除了“关注”外，还有“特别关注”。

信任层指的是读者成为粉丝后，不仅喜欢博主，而且信任博主。对处在信任层的粉丝来说，博主是意见领袖。微博博主要通过销售课程或商品变现，靠的正是信任层的粉丝的支持。

10.1.2　展现层：增加曝光度

展现层是微博流量的基础，扩大展现层，增加微博内容曝光度，是涨粉的第 1 步。要让更多人看到你的微博，可以通过如下途径。

1. 账号名称

微博账号名称定位不清会让读者摸不着头脑。如果微博账号名称都无法吸引读者，相当于在第一层就失败了。

2. 评论大 V

在大 V 的评论区发表评论的人都是同领域、志趣相投的人，在这里发表评论展现自己很关键。

3. 微博推荐

“追热点”，增加曝光度，能让微博上更多读者看到自己的内容。

4. 被引用

如果某个博主的账号经常被引用，说明这个博主很重要，人们会渐渐熟悉这个博主，对这个博主感兴趣。

5. 被转发

如果文章被转发，相当于得到了转发者的认可，他的粉丝会看到文章，这能有效增加曝光度。

在这 5 种途径中，评论大 V 是最关键、最有效、成本最低的一种途径。因为主动评论可以靠主观努力，其他方法大多是被动等待。方法得当，评论得越多，增加曝光度的可能性越大。

评论大 V 要注意如下事项。

1. 评论的权重

越是排在前面的评论，曝光度越高。点赞多的、被回复多的评论会排在前面。其中，大 V 回复 + 大 V 点赞的评论的权重最高；其他人回复 + 点赞也会增加评论的权重。要提高曝光度，可以采用如下技巧。

（1）自己给自己点赞。

（2）在自己微博的评论区回复评论。

（3）向大 V 提问，吸引大 V 回复。

2. 不要写满 140 字

评论写到 120 字就够了。因为写满后再转发，加上自己的账号名称字数就超了，只能字斟句酌地删除。转发后，还可能会有二次转发，这时假如评论太长，很多人就不想转了，从而失去了传播机会。

3. 第一时间评论

在大 V 发布微博内容后第一时间评论，评论处在前排的概率会增加。可以把自己喜欢的大V设置成特别关注，当大V发微博后，迅速评论。

4. 研究大V的发文时间

很多大V发文是有时间规律的，记住这些规律，有助于抢先评论。

5. 不要只转发不评论

有的博主评论写得很精彩，但却直接转发了大V的微博，没把文字评论留在评论区。只转发不评论几乎相当于自己没有得到展示。

6. 不要故意反驳大V

不要为了显示自己比大V更高明而故意评论反驳大V的话，因为可能会被大V拉黑。这是人之常情，就好像到别人家做客，却当面批评主人，被赶出去很正常。

7. 适度搞笑抖机灵

有的评论很幽默，会被顶到评论头条。这种抖机灵是可以的，但前提是和微博定位相符。

8. 结合定位

结合微博定位来评论，能增加读者对微博的认知，吸引同道中人关注。例如，我以前评论时很喜欢举与出版相关的例子。

9. 重点关注转发评论的大V

有些大V喜欢转发评论，这类大V一定要重点关注，重点评论这类大V的微博。

10. 引用其他大V账号

评论时也可以引用其他大V账号。例如我在春节前在微博中提及年底借钱的话题，有人引用了一个大V账号，相当于推荐了他，他转发了我的微博并表示感谢。而他又链接了很多大V，这形成了连锁效应，使我的博文的曝光度增加。

10.1.3 点击层：让人感兴趣

展现层和点击层的本质，都是吸引用户关注。在展现层让海量的用户看到自己的微博，引起他们的兴趣。一旦他们产生兴趣，就会点击进入我们的主页。到主页后，他们将决定是否关注。用户是否关注博主，主要在4点：粉丝多不多，文章多不多，内容好不好，置顶棒不棒。粉丝数量的小幅度增长和文章数量的累积都可以在1个月之内快速实现，关键是后面两点。

1. 内容好不好

这正是锻炼写作能力的目的，写出好内容，才能吸引更多读者。这里有以下4个细节要注意。

（1）展现的文章，一定是精品，如果内容不好，可以设置为仅自己可见，这样既保留文章，又不会被用户看到。

（2）发表的文章要和自己定位相符，例如教育博主，如果总转发搞笑博主的内容，就是与定位不符，用户会觉得博主格调太低。

（3）认真设置自己的话题。微博在个人主页的最上方，会默认显示博主最近参与的话题，如果总追热点，话题会很乱，给人印象不好。当然也可以把这个功能关掉。

（4）检查互动量。如果粉丝开始多了，就要注意互动量，互动太差的文章，可以直接隐藏，只让用户看到互动量较高的微博文章。

2. 置顶棒不棒

微博个人主页的置顶内容很重要。置顶就像文章的标题，在整个微博中是点睛之笔。如果粉丝多了，为变现，可以把广告做成置顶。如果粉丝在1万以下，变现困难的话，不建议在置顶放广告，会拉低微博品位，让用户不愿关注。

关于置顶，要注意以下5个细节。

（1）置顶放置自我介绍几乎没效果，这是站在自己的视角思考问题。微博上的人形形色色，绝大多数用户一开始关注的不是“我们是谁”，而是“我们能带来什么”。

（2）评论或点赞数高的内容不一定适合置顶。例如，我之前有几篇文章，评论和点赞数很高，大家都说好，但将其放在置顶中对涨粉无益。

（3）用话题做合集置顶，这个做法很不可取，因为很多微博用户都不知道话题怎么用，根本不愿意点进去看。

（4）如果要看数据，不如把转发数高的博文置顶。转发数高说明用户不但认同该文章，还愿意分享给他人，通常说明这篇文章是有价值的。

（5）可以用精华文章合集做置顶，可以精选自己的历史文章，找出转发量高的，合并到一起。这最能代表自己，而且梳理文章也是种回顾反思，对个人成长很有帮助。

如果有超级爆款文章，可以用这篇文章做置顶；如果没有，可以选精华文章做合集，让用户愿意分享。合集会让新粉丝会更信任博主，做合集时，一定要把最精彩的文章放到第一个，不必按时间顺序或作品种类分类。因为在文章下方，会显示第一个链接的部分内容，这是个超级展位，别浪费了。

10.1.4 关注层：粉丝黏合剂

当用户在点击层，对博主产生兴趣，点击关注后，就正式成为博主的粉丝了。但让用户成为粉丝其实只是第一步，之后还需要继续经营，让粉丝不断看到好的内容，增加对博主的好感，持续关注博主。

微博中除关注外，还有特别关注功能。微博会向粉丝推荐其特别关注的博主的文章。有人说，关注只能算一半粉丝，特别关注才是真粉丝。这么说确实有一定道理。

当我有 17 万粉丝时，如果没有大 V 转发的话，每个微博大约只有 10 多万的浏览量，其中有 3 万 ~ 4 万是微博推荐带来的。也就是说，有一半左右的粉丝没有看到我的内容。这时就显出特别关注的价值。

要想增加粉丝对自己的好感，成为粉丝的特别关注，要避免成为以下 7 种类型的博主。

（1）转发型：看到好文章就转发，没有自己的思想。

（2）刷屏型：一天写上百条低质量微博。

（3）抱怨型：发很多负能量的内容。

（4）中立型：观点没有立场，内容不偏不倚，滴水不漏。

（5）鸡汤型：天天说鸡汤，没有故事，没有灵魂，没有生活，没有意思。

（6）自嗨型：写流水账，没有中心思想，自娱自乐。

（7）图片型：每天发自拍，把微博变成了朋友圈，内容对粉丝无价值。

以上这些类型的博主难以涨粉和维护粉丝。这类博主大概率会掉粉，所示要避免成为在这些类型的博主。知道了不能做什么，那么应该做什么呢？这里要注意以下 4 点。

1. 内容为王

写出粉丝爱看的内容才是根本。很多博主找我帮忙推荐他们的文章，我的回复一律是“写出好内容，有独到见解，之后再找我推荐”。发文数量不是关键，质量才是关键。最好每篇博文都是精品，不要为凑发文数量乱发。

2. 节奏输出

如果有能力输出，可以每天有节奏地发 5 ~ 20 篇文章，如果内容质量普遍较高，再多一些也是可以的。例如，我发微博的节奏是每天早起先发早安，然后再转发几篇好文章，之后再发一个原创重磅内容，剩下的就看到或想到什么就写什么。

3. 研究粉丝

要维护粉丝，要研究粉丝特点，研究粉丝组成类型、阅读习惯，以此调整发微博的节奏或内容。以发文节奏为例，刚起步时，发微博的时间可以尽量均匀，例如隔一小时发一篇，粉丝多了后，研究粉丝，再调整发文节奏。

4. 引导粉丝

博主可以偶尔在文章最后引导粉丝把自己设置为特别关注，也可以在发布一篇爆款文章后，趁热打铁，通过评论或转发提醒粉丝把自己设置为特别关注。

10.1.5 信任层：流量变现法

当粉丝达到一定量后，要考虑变现问题，这就需要利用信任层的粉丝来实现。对大多数博主来说，只有粉丝是不够的，还要获得粉丝的信任。只有让粉丝信任，粉丝才愿意付费。所以在写微博时，要注意打造粉丝的信任感。

要让粉丝产生信任感，实现变现，要注意如下 9 点。

1. 坦坦荡荡谈钱

变现时不必故作清高，摆高姿态，显得自己好像视金钱如粪土。我始终强调自己是小老板，要给员工发工资，要赚钱养家。这样无论通过微博变现的方式是什么，大家会有预期，而大多数粉丝是理解的。我第一次接电动牙刷广告时，没有掉粉。因为大多数粉丝知道，写微博也是要付出劳动的，要花费大量时间和精力。因此，博主赚点钱也是应该的。

2. 真实信息

要与粉丝建立信任关系，自己在什么城市，从事什么行业，家里什么情况，只要公开后不会给自己带来负面影响，都可以对粉丝公开。这样粉丝对博主的认识更立体，信任感也更强。

当博主把自己的真实信息都公开的时候，如果做坏事，粉丝也有足够的能力反制。这相当于不给自己留退路，这种做法可有效让粉丝产生信任感。有段时间，我发文章都带定位，早上从家里出发，然后到公司上班，每天的路线都一样，大家都看得到，粉丝对我也产生了更强的信任感。

3. 专业与通俗平衡

微博变现，不论是通过提供知识服务，售卖线上课程，还是带货卖商品，一定要显示出自己的专业。不过这里也要在专业和通俗之间做好平衡。我几年前微博写得非常专业，都是专业出版知识，结果内容太专业，外行完全不感兴趣，反而掉粉。

4. 坚持与勤奋能赢得尊重

坚持与勤奋不仅是一种能力，也是一种美德，做到的人能打动别人。

我不是个特别聪明的人，但我懂得持之以恒。写微博，我就坚持写、每天写，我粉丝中有很多人是被我的这种坚持与勤奋所打动，才愿意一直关注我。

5. 不要怕出糗

真实的人是立体的，就像电视剧中的人物，有优点，也有缺点，这样才真实，才能让人印象深刻，观众才会喜欢这个人物。为什么《亮剑》中的李云龙很受欢迎？因为他是个优点非常突出，缺点也非常鲜明的人物。

社交类自媒体运营者要张扬个性，不能只表现优点，不表现缺点，不能把自己包装得过于完美，这样反而给粉丝感觉很不真实，不容易让粉丝信任。如果微博上有人指出自己的错误，大方认错就行，这样反而能留下个知错就改的好名声。

6. 评论区很关键

在运营微博初期，一定要熟悉给自己评论的用户，这些人是最初班底，是一起成长的伙伴。我最开始天天与粉丝聊天，和现实中的朋友一样，互相调侃，这种氛围非常重要，会带动新来的粉丝。信任感，就是在这一来一回的聊天中建立的。而且评论区可能隐藏着未来的大 V，要倍加珍惜。

7. 承诺一定要做到

被信任也是一种信誉。之前我专门写过一篇标题为《如何找到靠谱的人》的文章，结论是："人可以脾气不好、说话难听、沉默寡言或油嘴滑舌，但只要承诺的事情保证做到，那他就是个靠谱的人，我都会长期和他合作。"

微博上更是如此，我经常和大 V 相互推荐彼此的微博。别人转发我的文章，我会专门记下，从来不会忘记转发他们的文章。所以很多领域的大 V 都愿意和我来往，这种信誉就是在一件一件的小事中积累起来的。

微博变现一定要控制好质量，我觉得微博是可以做一辈子的事业，千万别为小钱自毁长城。不论是带货还是卖课，一定要把控产品质量。粉丝对博主越信任，变现风险就越大。一旦出现质量问题，就可能功亏一篑。

8. 宁可吃些小亏

在我和大 V 互相推荐的过程中，有些大 V 会忘了推荐我的文章。遇到这种情况，我也不着急，等到他下次找我时，看到聊天记录自然会想起来。这样表面上我吃了亏，实际上在大 V 中的信誉是很好的，他们知道与我来往不会吃亏。这种信誉是无价的。

9. 吸收各方观点

这似乎与信任无关，但仔细想想，如果有人给我们提意见，我们立即就反驳，给出各种理由，留给人的印象肯定是小肚鸡肠，固执己见，不值得信任。微博上如果有人提意见，一定要想想他说的有没有道理，适不适合采纳，无论如何，先口头上表示感谢，心里再反复掂量，考虑是否转化成行动。

10.2 快速涨粉的 4 种方法

微博涨粉需要时间，用好微博涨粉的漏斗原理，坚持写作，就能逐渐实现涨粉。除了漏斗原理外，善用一些方法，也能够实现快速涨粉。常见的微博快速涨粉的方法有 4 种，分别是嘉宾宣讲式涨粉法、关联牛人式涨粉法、官方活动式涨粉法和增加势能式涨粉法。

10.2.1 嘉宾宣讲式涨粉法

如果有作为线上或线下嘉宾宣讲的机会，一定要抓住。有一些线上分享活动虽然没有报酬，但却可以增加曝光度，一定要积极参与。只要内容够好，宣讲的过程也可以收获粉丝。

任康磊就经常在人力资源管理垂直领域的社群内部做分享，他分享的内容很吸引人，每次都能收获大批粉丝。因为他讲得好，有很多人力资源管理头部机构请他做分享，帮他宣传书。书卖得越好，线上课销量也越好，相辅相成。

实施嘉宾宣讲式涨粉法，要注意如下 5 点。

1. 别妄自菲薄

很多人看轻自己，觉得自己不是专家，没资格做分享。其实每个人都有自己擅长的领域，我们觉得习以为常的事，很可能能帮到别人，例如，会 PS、会拍照、懂财务等。不要小看自己的能量，有机会就应当尝试。

2. 提前做准备

很多线上授课活动不需要与他人面对面，有的还可以提前录播。这给了没有分享经验的人机会，新手可以提前列好大纲，准备逐字稿，把想说的话都写出来，反复斟酌。分享时可以按逐字稿讲，这样不仅有底气，而且不会遗漏重点，会让分享效果更好。

3. 别担心失败

失败没什么可怕，只有尝试了才知道自己哪里有问题。分享失败其实和文章写出来没人看差别不大，对自己没太大影响，听众也会很快忘记。对分享失败耿耿于怀的，只有自己。

4. 讲自己故事

分享时要讲自己的故事，丰富故事的细节，细节很容易打动人。如果讲太多方法，太多干货，听众很可能听不下去。讲故事也是让别人快速认识自己的好机会，能让他人对自己印象深刻。

5. 控制好时间

分享时间太长，听众容易走神、听腻；分享时间太短，听众还没进入状态就结束了，接受不到有价值的信息。一般线上分享，视情况可以控制在 20 ~ 45 分钟。线下分享，视情况可以控制在 30 ~ 120 分钟。

10.2.2　关联牛人式涨粉法

关联牛人式涨粉法就是与大 V 形成强关联，借助大 V 势能，让自己获得比较高的曝光度，增加展现层的读者数量，从而获得粉丝增长。

实施关联牛人式涨粉法，要注意如下 5 点。

1. 找到大V

每个领域都有喜欢转发他人内容的大V，不同的大V偏爱转发不同的内容。例如，有的大V偏爱转发资源型文章，这时候可以写优质的资源型文章，在文章最后可以引用大V账号，向大V投稿，期望能获得大V的认可和转发。

2. 研究大V

找大V的过程要注意区分真假大V，要观察大V的领域、习惯和特性，要研究透彻大V的情况后再与大V互动。每次不要引用大V账号超过10个，不然可能被微博限制，导致部分大V看不到。引用大V账号之前首先要关注大V，表示对大V的尊重。

3. 分清重点

应当只在重点、优质文章结尾引用大V账号，不要所有文章都引用很多大V账号，这种行为不仅会让大V不舒服，也会让粉丝看文章时觉得不舒服。

4. 勤于互动

与大V形成强关联的关键是让大V认识自己，熟悉自己，最好能与大V成为朋友，相互支持，相互帮助。这就需要平时多在大V的微博下评论，多转发大V的文章。一开始与大V不熟时，不要随意给大V发私信，要有基本的社交礼仪。

5. 传达善意

投桃报李不仅是社会中与人相处的基本礼仪，也是微博上与人相处的基本规则。不帮是本分，帮助是情分，要感激大V的每一个帮助。当大V转发内容后，不要删除引用大V账号的文章，要到大V的微博表示感谢。

10.2.3 官方活动式涨粉法

为提升微博内容活跃度，微博官方在很多领域开设了官方微博，博主可以找到自己所在领域的官方微博，并关注这些微博。

如果不清楚官方微博的账号名称，可以在微博中尝试用“微博+领域”搜索，例如微博教育、微博母婴、微博财经等，可能会找到相关领域的官方微博，也可以通过搜索引擎搜索。

官方微博的特点是名称后有个蓝色的“V”，介绍最后通常都有“官方微博”4 个字，粉丝数量通常都在 100 万以上。

官方微博经常会在置顶内容中发布官方活动。博主应随时关注这些官方活动，在官方微博发布后，最好第一时间参与。这些官方活动都有流量加持，如果内容写得精彩，会被官方微博发掘和私聊，可能成为微博官方的重点扶持对象。

10.2.4　增加势能式涨粉法

展现层的读者点击进入博主微博主页后，会不会点击关注，主要与粉丝多不多，文章多不多，内容好不好，置顶棒不棒 4 点有关。除此之外，还与账号展示出的势能大小有关。增加账号的势能，能有效涨粉。

如何增加账号的势能呢？可以参考如下两点。

1. 申请加 V

申请微博加 V 后，会让账号看起来更权威。只要达到微博加 V 的标准，就可以申请认证加 V。认证加 V 后，用户会更认同博主，觉得是经过官方认证的大 V，比较权威。认证加 V 后，文章更容易被推送，流量更大、涨粉更快。如果单月阅读量超过 1 000 万，还可以申请金 V 标识，这是目前微博账号的最高礼遇。

2. 出版图书

如果能出版一本图书，不仅能迅速提升账号势能，也会增加自己博文的专业度。读者更信任专家型博主，出版过图书，正是专家型博主的一项证明。如果图书畅销，比较知名，效果会更好。加 V 代表被微博认可，出版图书代表被出版社认可，图书畅销代表被市场认可。

10.3 不同粉丝数量的运营策略

拥有的粉丝数量不同，微博运营的策略是不同的。掌握这些策略，可以知道微博账号到了不同阶段应如何运营，不至于进入瓶颈期。绝大多数想做大 V 的博主，因不懂不同阶段的运营策略，卡在某粉丝数量级别上迟迟不能突破。

10.3.1 粉丝数为 1 000 以下时

微博粉丝在 1 000 以下时，属于创建账号初期“一穷二白”阶段。

处在这个阶段的博主写出来的内容很难得到曝光。因为粉丝量很少，这类博主的原创文章的阅读量、点赞数、转发量都会比较低。

这时博主要少写原创文章，发布原创文章的频率可以控制在两天一篇，甚至再少一些，一周一篇也可以。这个阶段的博主，写再多原创文章也很少有人能看到。

这个阶段博主的主要精力可以先放在如何涨粉上。这个时期正是应充分利用加入各类微博社群、参与官方活动、转发和评论大 V、当嘉宾做宣讲等上文介绍的各类涨粉方式的阶段。所有涨粉技巧都可以在这个阶段用上。

例如，我的写作训练营中的学员可以通过相互推荐，相互转发实现涨粉。我的写作训练营中有不少愿意扶持新人的大 V，凡是加入写作训练营的人，只要用心经营，不懈怠，一周后粉丝数量超过 1 000 是很容易的。

10.3.2 粉丝数为 1 000~1 万时

微博粉丝为 1 000~1 万时，微博文章已经会收获不少评论了。这时一定要积极回复评论，每一条评论都要回复。在与博友或粉丝的聊天中，体会微博的"律动"。

长期练习踢球的人有"球感"，"球感"好的人才能踢好球。常在互联网上交流的人也有"网感"，"网感"好的人才容易在互联网上被他人认可，获得好感。所谓"网感"，就是在这个阶段获得的。

举例

我曾经听过@营养师顾中一解答问题，他的回答方式，和我之前在所有讲座中听到的都不一样。不一样在哪呢？

1. 他善于编写顺口溜，让人印象深刻。例如他说中年胖子减肥，要做到"挑三拣四"。具体怎么挑？怎么拣？他再逐个罗列，听众一下子就记住了。如果是一般人，大概率会说这里要注意3点，那里要注意4点，远不如"挑三拣四"朗朗上口，让人印象深刻。

2. 他俏皮话多，搞笑的内容比较多，让原本无趣的知识变得有趣起来。例如，他说"人生如戏，全靠演技"，这是很多专家型博主不会说的话，这也是"网感"的体现。

营养师顾中一的微博有400万粉丝，他能成为大V，专业知识过硬是基础，"网感"好占很大成分。微博上有那么多的营养师，为什么他能成为大V？"网感"功不可没。

在这个阶段，博主就不能把重点仅放在涨粉上了，也要注意原创文章的数量和质量，争取每天发一篇原创文章，同时也要继续保持与大V的互动，持续获得曝光度。

10.3.3 粉丝数为1万~5万时

微博粉丝到1万时是个坎，一旦突破，涨粉的速度会比较快，大约1～2个月粉丝就能增长1倍。如果突破不了，可能会卡在这里很久。

突破这个坎的前提是要能够保证稳定的输出。例如，我的写作训练营中有位学员，当年2月份参加训练营时只有2 000多粉丝。但他发挥稳定，经常出爆款文章，当年6月份时，他已经有59 000粉丝了。

粉丝量为1万~5万时，博主很容易遇到一个严重问题——内容枯竭。

每个人的阅历有限，写微博初期，通常能写出很多精彩的内容，可连续写一年后，大多数人能写的故事就都写完了，不知道再写什么。和我一起做微博的朋友，有很多面临这样的问题。我去他们的主页看过，很多的内容没故事、没感情，只有干瘪的道理，类似营销号。这就表示他们内容枯竭了。

这个阶段正是第3章介绍的获取素材的方法派上用场的时候，是练习获取素材的时候。到了这个阶段，要及时调整心态，关注日常生活，尽量多输入，发掘一手写作素材；同时要多观察，多留心，多积累，用好二手写作素材。

从运营角度来看，这个阶段最适合做爆款文章，应在自己的领域细心打磨爆款文章。这个阶段因发布一篇爆款文章涨上千粉丝是常有的事。

在这个阶段抢大V评论区的前排也会比较容易，因为账号本身的粉丝多、权重高，在大V评论区中，评论默认会比较靠前。加上之前与大V关系的经营维护，这时候与很多大V已经熟悉，大V如果能回复或转发评论，将获得事半功倍的效果。

10.3.4 粉丝数为5万~20万时

微博粉丝达到5万以上时，已经算小V了。这时如果继续用心经营微博，应该每个月都能接到广告，每月广告收入3 000~5 000元应不成问题。

在这个阶段博主的主要精力要放在自己的微博上，精心打磨文章，要坚持原创，持续输出精品文章，争取出品爆款文章。这时的微博账号已经初具影响力，比上不足，比下有余，要更加重视自己发布的每一篇文章，加深现有粉丝对自己的信任度。

同时，要放低姿态继续结交大V。处于这个阶段的博主已经小有影响力，结识大 V 已经比较容易，这能为进一步涨粉提供帮助。为了和大 V 建立友谊，如果可能的话，线下见面也是必要的，能向大 V 学到很多知识。

我在粉丝量达到 5 万以上时，认识了很多大 V，线下见面的大 V 就有十几位。这些大 V 朋友向我分享了很多运营技巧和变现方法，让我接下来的微博涨粉、运营和变现少走了很多弯路。

10.3.5　粉丝数为 20 万以上时

微博粉丝达到 20 万以上的博主算是中小 V。粉丝突破 20 万后，代表这个微博账号已经接受住了博友的检验，属于小有所成。这个时期继续保持微博的活跃，每月广告收入超过 1 万元是比较轻松的。

这个阶段就像是武侠小说里面小徒弟上山拜师学艺，经过多年内功和外功的修炼，终于学有所成，可以下山闯荡了。但下山前，师父可能还有几句话要交代。这时候师父交代的已经不是武学了，而是武德，即做人的品格。

小徒弟下山之后要在江湖中闯出一番名堂，山上学的武艺不能用来到处炫耀、四处作恶，而应当用来锄强扶弱，伸张正义。要在江湖中立住脚，武功高不高不是最重要的，为人好不好才是关键。

当粉丝达到 20 万以上，要注意如下 3 点。

1. 珍惜粉丝，学会相处

微博粉丝达到 20 万以上时，首先要考虑的不是如何继续涨粉，而是学着维护现有的粉丝、尊重现有粉丝，保持与现有粉丝之间的互动。涨粉很难，掉粉却很容易。粉丝多了，会遇到很多意想不到的状况，这个时期要让自己学会与这些粉丝相处。

2. 珍惜羽毛，慎接广告

这个时期各式各样的广告商会寻求合作，很多博主贪图广告费，什么广告都接，结果把自己的微博变成一个广告展示区。若有的广告商品出现质量问题，引发博友投诉，多年积攒的粉丝将大幅减少，口碑也会一落千丈，多年辛苦将付诸东流。

我推掉过很多的广告，不靠谱、不熟悉的商品的广告我一律不接。粉丝信任我，我不能辜负粉丝的信任。要发广告，就应分享质量过硬的商品和服务。

3. 大 V 联动，持续涨粉

具有 20 万以上的粉丝的博主已经具备一定影响力，已经完全具备与大 V 联动的资格。这个时期只要继续使用之前的涨粉方法，粉丝数量必然会持续增长。

第 11 章

微博大 V 养成策略

每个自媒体平台的账号运营者都需要熟悉规则，深入分析数据，用对方法，做好运营，才能成为大 V。要成为微博大 V，要了解微博的规则，熟悉微博写作策略，明白微博爆款文章写作策略，用好微博运营策略，做好微博数据分析，清楚微博变现策略。本章将结合我的微博运营实例，介绍微博大 V 的养成策略。

11.1 微博的基本规则

没有规矩，不成方圆，每个平台都有基本规则，微博也不例外。要成为微博大 V，必须了解微博的规则，顺应微博的规则。平台规则是不以个人好恶为转移的，接受规则，遵守规则，才可能在这个平台上健康长久地生存。

11.1.1 微博的核心本质

微博是什么？是个自媒体平台，是个娱乐明星八卦的聚集地，还是手机上的一个 App？这些都对，但不是其本质属性。不论是微博、微信，还是今日头条，它们本质上是产品，是属于某个公司的产品，但它们太成功了，自成体系，所以可以把它们当成一个独立的公司看待。

想象一下，如果我们是微博的 CEO，我们最关心的是什么呢？是社交媒体的活跃度吗？是用户数量吗？是微博上的信息条数吗？也许我们会关心这些，但这些都不是最重要的，都是为最终结果服务的。那最终结果是什么？是盈利！

微博既然是产品，那么必定是围绕盈利进行运营的：用户规模大，广告费就高；用户活跃，用户在线时间长，就能从各方面影响用户；把明星八卦推上热门，也是鼓励用户参与，延长用户使用时间的方法；大 V 众多，同时与粉丝频繁互动，本质上还是延长用户使用时间。这是互联网时代商业产品的本质。当然，有一条底线，也是高压线，那就是不能违法。

了解了微博的本质，微博上的很多事情就能看明白了。

为什么有的文章发不出来？可能是其中有违禁词语。

为什么大 V 一张图就有 1 000 个赞？因为大 V 本身具有影响力，微博希望大 V 活跃度高，所以会支持大 V、扶持大 V。

为什么经常在微博上看到广告？因为广告是微博的一大收入，微博的员工也都要发工资啊。

为什么微博鼓励用户多发文？因为发文会提升微博活跃度，让微博内容增加，使用户数量增长。

很多人觉得微博是个适合娱乐的平台，是个充斥着图片和视频的平台，文字内容在微博上没有生存空间，这是对微博典型的误解。相比文字，微博用户确实更喜欢看图片和视频内容，但微博上主要发布文字内容的大 V 比比皆是，知识型大 V 也多如牛毛。

微博是人们展示自己的平台，不论什么内容，内容属于什么领域，在微博上都有市场，都有生存空间，都能占有一席之地。用文字表达思想，表达观点是微博上非常重要的一种形式。

11.1.2　微博的推荐机制

在微博上，哪个账号更重要，微博官方就会推荐谁，这叫“账号权重”。在微博账号只有几千粉丝时，账号权重很低，官方流量很少向这类账号倾斜。在微博算法中，账号权重包括亲密度、文章质量、新鲜度这 3 个主要指标。

1. 亲密度

亲密度指的是博主与粉丝间双向的亲密度。博主与粉丝间的点赞、评论、回复评论、转发微博、回复私信、关注等互动行为都可以提高亲密度。另外，同样的行为，粉丝质量越高，增加的亲密度越多。

例如，某人只有 5 个大 V 粉丝，且这个人与这 5 个粉丝的互动非常频繁，他的账号权重也会很高。因为这 5 个粉丝本身的粉丝数量很多，账号权重也很高。

我的微博涨粉快与我和粉丝间的亲密度高有很大关系。我是图书出版人，很多粉丝达几十万的大V想出书，会主动和我联系，这时出于礼貌，他们会关注我的微博账号并与我互动。与大V互动能大幅提升我的账号权重。为了涨粉，我鼓励博主去大V那里写评论也是这个道理。

2. 文章质量

微博本身是一个靠代码运转的机器，它看不懂文章内容，但它有一定的算法。其中一条最简单的算法是，谁的字数多，就代表谁更认真。所以在写作时，文字数量可以多一些，会被认为是认真的博主，账号权重会相对高一些。

如果每次发微博总发很少的几个字，或者只简单转发内容，不描述、不评论，会被微博算法判定为劣质内容，账号权重会降低，被推荐的概率自然也会降低。

我对转发很重视，每次转发都要写100字左右的评论，就是基于这层考虑。坚持一段时间后，我转发的很多文章都上了微博热搜，每个优质转发都给我带来几万的阅读数。博主认真对待微博，微博也会认真对待博主。

3. 新鲜度

微博中有个时间线的概念。所谓时间线，就是首页的微博内容，按照时间顺序展示。例如，张三在10分钟前发文，李四在9分钟前发文，那么，李四的文章就比张三的文章新鲜，就会被排在张三前面。

微博曾经一度严格按照这种“后发先阅”的时间顺序排列内容。后来微博中有了广告和推荐优质文章功能后，弱化了时间线概念。如今微博展示内容并不严格遵循原来的时间线，但大致上仍遵循时间线，发布内容时依然要注意这一点。

根据我的后台数据，文章浏览量的比例大概是这样的：当天的文章大约占总浏览量的50%；昨天的文章大约占到剩余浏览量的50%，也就是约为总浏览量的25%；前天的文章大约占到剩余浏览量的50%，也就是约为总浏览量的12.5%。以此类推，文章发布的时间越久，新鲜度越低，权重越低。

微博算法会考虑内容的新鲜度，就是为了保持微博内容的活跃度。一个微博账号 30 天内没有任何动作，基本上就被归为“僵尸号”了。这里的动作，不一定是发文，点赞、转发都算是动作。

11.1.3　微博的流量构成

微博流量具有不同的组成结构。微博的流量是什么？最主要的表现形式是微博文章的阅读量。微博文章阅读量一部分来自粉丝的阅读，还有一部分来自未关注微博账号的微博用户的阅读。微博文章的阅读量具体包括如下几部分。

1. 粉丝阅读

粉丝阅读是最有价值的部分，因为读者对文章的发布者已经有认同感，类似于“私域流量”，代表着微博账号的影响力。

2. 转发阅读

文章被转发的次数越多，转发后形成的二次阅读数就越多。内容被转发相当于得到了转发人的背书，能吸引对转发人有一定的信任感的用户阅读，但这层流量略少。

3. 评论区流量

评论区流量是指到大 V 微博的评论区写精彩评论，如果所写的评论能排到前几名，也能获得流量。我粉丝数量较少时主要靠这种方式涨粉。

4. 微博推荐

微博推荐就是微博自动分发的流量，将文章推送给从来没见过该账号的人看。微博会根据账号的亲密度、文章质量、新鲜度给予推荐。这是微博提供给创作者的福利。

5. 粉条推荐

粉条推荐需要向微博付费，也叫粉丝头条，相当于付费请微博推荐，可以让特定用户看到自己的文章。如果有经费可以尝试。

这里需注意，即使用户在手机上刷过一篇文章，也算作一次阅读，例如用户刷微博时，屏幕显示了一篇文章，但用户不感兴趣，划过去了，没点进去细看，这也计算在阅读量内。所以有的博主发布的文章可能有 1 000 多万的阅读量，却没涨粉，就是因为用户“一笑而过”。

11.1.4 微博的阅读特征

微博文章的阅读是怎么来的呢？回忆一下自己刷微博的习惯就会发现，微博文章的阅读主要来源于 2 个入口，即首页和特别关注。

1. 首页

微博首先显示的是所有账户关注的博主的微博内容。微博会推荐所有关注人的文章，同时夹带一些广告和微博推荐。首页的特点如下。

（1）文字显示方面：最多显示 7 行文字，如果有空行，也计算在内。

（2）图片显示方面：可以显示 9 张图片。

也就是说，对文字内容来说，如果前 7 行不够吸引人，就会被用户忽略。而且微博上有海量信息，常见的情况是，第 1 行内容吸引不了用户，就会被用户忽略。

2. 特别关注

特别关注的博主的微博内容只显示 3 行文字，这 3 行文字的质量决定了粉丝会不会感兴趣。能出现在粉丝特别关注中的博主，是非常幸运的。不过有设置特别关注习惯的粉丝，特别关注的博主数量通常也不少，达到 30 人以上就会出现信息过剩。

针对微博首页和特别关注的特点，要注意微博文字内容最重要的是标题和开头前2行，这3行直接关系着打开率。微博这样设计主要有如下原因。

（1）用户时间有限，微博要帮用户节省时间，选出用户最喜欢的内容，这样用户才会喜欢用微博。

（2）前 3 行文字已经能透露出很多信息，如果用户对前 3 行不感兴趣，对接下来的内容大概率也不会感兴趣。

（3）相对于文字，图片和视频更容易理解，更方便阅读，因此微博会给图片和视频留比较大的展示位置，所以写微博时可以加入一些相关图片。

（4）在特别推荐部分，都是用户喜欢的博主，这里的图片推荐反而少，因为粉丝对内容要求更高，所以大 V 必须要有硬实力才能让粉丝持续关注。

知道微博阅读的特征后，写作微博时一定要重视前 3 行，也就是文章的标题和开头前 2 行，这是重中之重。

11.1.5　账号起名定位

关于微博账号的起名、头像和注册，要注意如下事项。

1. 起名

微博账号名称一定要有辨识度，让人一眼就记住。对新人来说，起的名字要尽量能把自己的优势亮出来，方便吸粉。新人可以用长一点的名字，这样到大 V 那里评论时，更容易被关注到。我的账号最初叫“写书是最好的投资”，因此对写书感兴趣的用户，自然就会来关注我。

如果某领域在微博上竞争激烈，起名时要不要刻意避开该领域呢？如果用竞争领域内的关键词取名，会不会出现名字类似的情况呢？

其实刻意避开所涉及的领域取名反而是危险的，因为用户不能第一时间知道我们是做什么的。曾经有个学员咨询我，她是位妈妈，喜欢健身护肤，用“美妈”做微博名称前缀非常合适。但她说“美妈”这个前缀很多人都在用，她再用美妈是不是不好？其实没问题，“美妈”符合她的定位，让人一看就知道她的微博主要关注什么领域，是很好的微博名称，不需要怕与别人重合。

2. 头像

微博头像设置要尽量简单，不要包含太多颜色，不要太复杂，因为人的大脑记不住太复杂的图形。很多粉丝是靠头像辨认博主的，因此选择头像时要谨慎，选择好头像后，就尽量不要换，随意换头像很可能会掉粉。

微博常见比较有辨识度的头像有：自己的照片、孩子的照片、动漫人物、宠物、企业 LOGO 等。

3. 注册

最好用手机号注册微博，但光用手机号，真实度不够高，最好加上本人信息认证，例如真实姓名、工作单位、毕业学校等。微博官方会觉得这类账号更可靠，更可能推荐这类账号。

关于账号注册，建议不要用企业号。这是我的经验之谈，如果我一开始就用个人号的话，成为大 V 的时间至少提前一年。之前我的微博是交给员工运营的，员工是外行，觉得企业号看起来很专业，专门花钱开通了企业号，结果导致如下后果。

（1）该账号发出的所有评论都在评论区最后显示，评论写得再好也没用，因为企业号权重低。

（2）对企业号的审核更严格，同样的内容，个人号能发出来，企业号就不行。

（3）每年都要重新认证，花费更高。

（4）不能参加广告共享计划。

总之，企业号难以获得较高流量。我把企业号做到 3 万粉丝时，很多人劝我不要用企业号了，我当时总舍不得，后来发现实在不行，才换的号。

11.1.6 新人注意事项

对新人博主来说，想在微博上成为大 V，一定要遵守微博的基本规则。如果不喜欢这些规则，就干脆不要用微博。不要既想成为大 V，又要指责微博的规则。微博是个公司，考虑的因素很多。既然想通过微博展示自己，就要尊重、理解、支持、善用微博的规则。

新人在发布微博时，要注意不要包含如下内容。

1. 敏感内容

含有敏感词和违禁词的微博是不得发布的，敏感与违禁主题的微博也不能发布。新人在发布内容前，要熟读微博文章发布的基本规则，千万不要在微博上发布这类内容，不然轻则内容被删除，重则账号被封。

2. 其他平台

流量是互联网公司的生命线，任何有损流量的事，都犯了微博的大忌。所以微博内容中要杜绝微信、今日头条、抖音、快手、知乎、知识星球、小红书等其他自媒体平台的字样。这其实不单是微博的规则，很多自媒体平台都是如此。

3. 外部链接

微博不希望用户流失，如果微博内容中有抖音、微信公众号、今日头条等链接，那 100% 会被限流。曾经有个学员问我，为什么她的微信公众号有好几万粉丝了，可同样的内容发到微博上就没人看，也不怎么涨粉。我看了她的主页，原来她每次发布文章都是稍微介绍几句，然后发公众号的链接，这种情况一定会被微博限流。

4. 商业行为

微博希望交易在微博内部达成，所以正文内容有广告嫌疑的，也会被限流，例如购买、优惠券、下单等。还有另一个典型，就是二维码，比如有些人在置顶文章中放二维码，也会被微博限制。我的账号申请官方认证时，第一次没通过，于是询问微博小秘书，得到的答复是我在个人介绍中放了微信号，有商业广告嫌疑，所以不予通过。

新人在运营微博账号时，要注意如下事项。

1. 不要为了数据好看买粉丝、阅读量或赞

很多新人不愿意自己经营，想通过一些途径买粉丝、阅读量或赞，这是非常不可取的。如果某账号短时间内粉丝数量大幅增长，或者一篇文章莫名其妙阅读量或赞大幅增长，都会被视为异常数据，会被微博后台监控抓取。一旦被发现数据异常，账号会被限流。

2. 发布内容时一次同时少引用一些人的账号

微博有个不成文的规则，就是如果想得到官方推荐，不要同时有 3 个以上话题，不要同时引用 5 个以上博主的账号。新人发文要注意少引用一

些人的账号，或者只引用熟悉的人的账号。如果一个账号长期引用别人账号，而且数量巨大，微博算法可能会判定这个账号有骚扰他人的嫌疑，会将其屏蔽或限流。

3. 不要抄袭别人的文章

有的新人觉得微博上的内容没有版权，就直接抄袭别人微博的内容，这是非常恶劣的行为。其实，微博后台可以检测内容的相似程度，即使侥幸没有被原创者举报，后发布的内容与之前发布的内容相似度较大，推荐量也会变小。如果看到一篇文章很好，可以转发，然后附上精彩点评，或结合观点，写自己的内容，然后把原文链接附上，这样既表达了观点，又结交了朋友。

11.2 微博的写作策略

每个自媒体平台的文字内容都有一定特点。要想让文字内容在微博上生根发芽、开花结果，那么在微博上写作时，就要适应微博写作的特点，遵循一定的写作策略。

11.2.1 写作绝佳平台

很多人问我刚开始自媒体写作时，应选择哪个平台，我的建议一律是微博。微博是一个练习写作的绝佳平台。为什么这么说呢?

1. 开放式平台

微博是个开放式的平台，这与微信公众号相反。微信公众号的文章阅读主要来自现有粉丝的阅读和转发。如果一个微信公众号粉丝数量很少，其文章得到展示的机会将会很少。微博则不同，在微博上获得流量的机会更大，官方推荐、与大V互动、粉丝转发等都可以带来流量和展示的机会，新人更容易通过写作出成绩。

2. 轻阅读，轻写作

微博是一个轻阅读的平台，大多数用户不喜欢阅读大量文字。这正好给很多自媒体写作新手带来了锻炼的机会。很多新手写不出长文，一个观点也许只能说一两百字，这恰好符合微博的字数要求。而且微博对文字的表现方式、修辞手法等要求并不高，能说明白事情就可以，对新人来说门槛比较低。

3. 高频率，高输出

单条微博的文字内容不多，但可以高频率地输出内容，也就是先用几百字说清楚一个问题，再用几百字说清楚另一个问题。这样能锻炼写作不同话题的能力，能更好地提升写作能力。

对刚开始不知道该写什么的微博新人来说，可以给大 V 的文章写评论。微博的评论区，是最适合新人练习写作的场所，为什么呢？

（1）每个大 V 的文章的评论区，都相当于一个会议室，大家可以自由发言，而且可长可短，这就有了很大的发挥余地。

（2）关注的大 V，肯定是自己感兴趣的，那么大 V 提出的话题，自己肯定也会有感想，这个感想就是写作的第一步。

（3）把想法“说出来”，而不是端端正正地“写”出来，更有助于新手表达，这样能够使自己摆脱对写作的恐惧感。

（4）不知道说什么时，可以看看评论区其他人都说了什么，同时结合自己的生活，可以引发联想，找到写作的灵感。

11.2.2　文章标题策略

前文介绍过，微博文字默认显示前 7 行，特别关注的博主的微博默认显示前 3 行，而读者实际上没有耐心将其全部读完，看到第 1 行没兴趣，就直接划过了。所以微博文章标题是重中之重，决定着粉丝和用户会不会打开看正文内容。

很多人可能会有疑惑：微博标题真的那么重要吗？例如有这样一条微博。

举例

今天上午，我跟一个同学聊天，他已经工作10年了，目前在某宠物电商公司做运营。他说今年公司的营收还行，销量没有增加，但利润增长了。今年淘宝的流量已经非常贵了，幸好开辟了其他渠道……

看到这儿，大家感受如何？估计很多读者就放弃不看了。

假如这段文字前面有个标题“从淘宝到微商，每年营收1个亿，这家公司做对了什么？”文章的浏览量肯定会翻倍。

关于取标题，第4章已经做了详细介绍，在此不再赘述。微博文字内容比较适合疑问类或悬疑类的标题。人都有好奇心，尤其是跟自己相关的事情，在标题中提出一个好问题，非常容易吸引微博用户。

微博上取疑问类或悬疑类标题时，文字不要太长，能表达清楚主题即可。例如，我曾经发布的微博文章的标题有《如何提升专注力》《如何提高学习效率》《如何提高记忆力》等。粉丝或用户觉得这些内容对自己有帮助自然会点进来看，觉得不想看就选择离开，简单明了，一目了然。

微博疑问类或悬疑类的标题可以有如下细分。

（1）以“如何”开头，如前例。

（2）以“为什么”开头，例如《你为什么要写作》。

（3）以“怎么办”结尾，例如《张三月薪4 000，却欠债10万，怎么办？》。

（4）以“吗”结尾，例如《为了梦想，你拼尽全力了吗？》

提炼出故事的核心观点，然后把整个观点作为标题，以问题的形式抛出，会更吸引人。

11.2.3 写作数量策略

微博写作的关键，是多篇、少字、高频。也就是写很多篇文章，每篇文章字数不要太多，追求精练，根据当前粉丝数量情况高频发布。其中最关键的是“多篇”，也就是要多写，在能力范围内，写得越多越好。

这里不得不再提写作能力，微博写作的核心是写作能力。提升写作能力没有任何捷径可走，看再多书，学再多技巧也没用。因为不练习，就不知道这些技巧应在什么情况下使用，也不知道具体应该如何使用。这就好像学再多游泳知识，不实际练习游泳，也练不成游泳的技能；学再多开车知识，不实际练习开车，也练不成开车的技能。

微博的某超级大 V，在知识领域影响力很大，他能靠写作实现财务自由。下面是他讲的自己的故事。

举例

我一个同事兼朋友，跟我同时入职，原来也在网上写写东西，水平比我高，很有灵气。我俩每次中午在食堂吃饭，他都会很兴奋地给我讲许多构想。我开始听得兴致勃勃，后来听烦了，问他，“你想了那么多，为什么不写？”他撇撇嘴，说：“工作太忙，而且想法还没成熟，琢磨琢磨再动笔。”

我和他不太一样，我脸皮厚，性子粗疏，有一个念头就敢落笔，写点东西就上网去嘚瑟。每天下了班就写，有时候上班也写，无论好的坏的，只管往下写。

结果，他现在还是上班族，每天朝九晚五，而我早就不需要为生活用度发愁了。我俩偶尔吃饭，他的想法还是很多，可惜仍旧没有一个成熟到可以动笔写的地步。

只有一次例外。他写了个东西，拿给我看，说现在写作很赚钱啊，你看这个有前途没？我挺高兴，他说了这么多年，总算有产出了。拿来一看，行文滞涩，结构凌乱，最麻烦的是，他失去了对文字的敏感。

这就是我说要持之以恒写作的原因。文笔需要磨炼，十几年真枪实弹地码字，再平庸的人，也至少能做到文笔流畅、逻辑通顺、词句达意。长时间不写东西，纵然天纵英才，提起笔来也是重逾千斤。

坚持写的人，无论如何都会有收获，无非是收获大小的区别。自媒体时代很公平，一个人在一件事上花多少时间，别人一眼看得出来。

11.2.4 微博内容策略

很多人问我，把微信公众号的文章直接搬来微博可不可以？答案是直接搬不可以，修改后可以。微博属于浅阅读，不适合发布微信公众号那么长的文章，所以要加工组合，重新分段。如果微信公众号文章已经分好了层，可以直接按层次拆分。

一般来说，一篇微信公众号文章可以拆分成5~10篇微博短文。一篇微信公众号的长文章可以作为一个系列，在微博上定时发送，例如可以每半小时发布一篇。发布时不要显示文字内容与微信公众号的关系，以免被微博限流。

如果不是特别精彩的内容，微博文字不要放到头条文章中，否则阅读量会比正常发送的文字减少三分之一。很多微博用户不愿多点一步进入头条文章，因此粉丝少时，不要发头条文章。粉丝多时，为了打赏，或做合集，再尝试用头条文章。

每个时间段，都有刷微博的人，多数用户是在特定时间段刷微博，例如上下班的路上，晚上睡觉前，下午4~6点等。如果想覆盖更多人群，发文数量越多越好。

我发布微博内容的策略如下。

（1）从早上6点起床，到晚上11点睡觉，17个小时里基本上每个小时都发一篇文章。这样无论粉丝什么时候刷微博，都可能看到我的文章。

（2）原创和转发混合。我每天发20篇文章左右，其中有一半是原创文章，另一半是转发别人的文章。如果都是原创文章，时间不允许；如果都转发别人的文章，会掉粉。所以需要平衡二者。

（3）转发还可以分为以下4种类型。

①转发别人的文章。转发文字要认真写，仔细思考，很费时间。

②转发自己最新文章下的评论。每天中午前后，我会选评论区的几个精彩评论转发，这既是与粉丝互动，也是对粉丝的鼓励。

③转发历史文章的精彩评论。我经常翻老文章，这些文章的评论区也有精彩评论，我会转发部分精彩评论，再次展示。这在增加老文章的曝光度的同时，也能发现和改进曾经写作的不足，温故知新。

④转发头条文章。头条文章打开率低，但可以通过转发提升打开率，我会寻找我曾经写的，互动高、经过时间检验的头条文章。这些文章很多人没读过，再次展示效果很好。

11.2.5　内容配比策略

营销号的内容配比很单一，要么都在讲道理，要么都在讲笑话。微博博主要取得粉丝的信任感，不能用这种简单的写作模式，微博文章内容配比最好包括以下两部分。

1. 干货部分

干货部分是让粉丝了解微博博主的能力和水平的部分，要拿出真本事来写，内容要接地气，让粉丝看得懂、学得会、用得着。

2. 个人部分

如果都是干货，虽然令粉丝佩服，但容易缺失亲近感，总给人高高在上的感觉。这时候可以说一些生活琐事，例如我经常说儿子的事，调侃自己怕老婆，去海底捞当起了“美食博主”，虽然看似无意为之，而且与微博主题无关，但让“人设”更丰满。粉丝觉得我是活生生的人，对我更有好感。

微博的内容配比不是固定的，各种形式都能成功，下面举几个典型案例。

1. 干货流

某博主每天发 2~3 篇文章，其中 1 篇是重磅，一般 1 000 字以上。其他都是转发，但他每篇主帖都很硬核，转发量都在 500 以上。如果粉丝达到2万以上，时间又不够用的话，很适合学习这种方法。

2. 随心所欲流

某博主每篇博文都比较短，一般200字左右，每次说一个小事，但其中融入了自己的见解，时效性非常强。这是真正的原创，别人很难模仿。仔细研究会发现，他每天的博文都有个大概的主题，例如某一天只写网红带货，某一天只写老板间的“恩仇”等。

3. 自我转发流

某博主的做法很有意思，他一般先发一个帖子，然后自己不断转发和评论这个主帖，很多时候，一个主帖他能转发5~6次。这可能与他的思维习惯有关，即先确定一个核心点，然后不断补充完善。每天的博文围绕一个帖子展开，相当于自己制造了一个爆款帖。

4. 搬运工流

某博主业务比较多，平时比较忙，但他的粉丝量又很大，要保持微博的活跃度，就得从其他地方找文章搬到他的微博。他每天最少发2篇。不要小瞧这件事，当好搬运工是不容易的。为搬来一篇文章，他要看10篇以上的文章，筛选本身就是一种能力。如果成为大V后又没时间运营微博，可以用这种方法。

5. 坚决原创流

某博主坚持内容原创，是创作最辛苦、内容最扎实、最值得敬佩的微博内容流派。有足够大的粉丝量后才能这样做，在微博写作初期不要学他，这样做对微博新手来说很难涨粉。

11.2.6 写作时间安排

很多人要上班，要带孩子，无法拿出大量时间写作，但这不能成为懒惰的借口，因为这是大多数人都有的问题。例如，某大V有3个孩子，同时她还要学高尔夫。即使这样，她也能保证每天发布1篇高质量原创博文。为什么？

要成为大 V，首先要在思想上把微博运营放到很重要的位置。在她只有 1 万微博粉丝时，不知道什么原因，被小区居委会知道了，居委会就邀请她以微博红人的身份，参加各种活动。她因此结交了很多高手，获得了很多物质和精神收益。这让她倍加重视微博的价值。

微博账号获得大 V 标签后，会获得更多机会、更多选择，单这一点，就应当重视微博，并且坚持运营下去。当然，光重视还不够，觉得自己没时间的人具体应该怎么做呢？建议如下。

1. 想着微博

每天要想着微博，做事时多想一下这件事能不能写到微博上。一旦有灵感，立刻记录下来。如果不方便写文字，可以给自己发一段语音，记录下当时的灵感和想法。

2. 专有时间

为自己设定一段时间专门用来写作，例如早上 6：30—7：00，或晚上 10：30—11：00。固定时间非常重要，坚持下去，就能养成习惯。

3. 定时发送

固定时间内写的文章不一定要马上发出来，可以使用微博的定时发送功能（网页版可实现），选热点时间发送。例如，我每天晚上的书摘，很多都是提前准备好的，晚上定时发送。

4. 利用周末

周末多准备几篇文章存好，放进微博草稿箱，这样可以有效避免焦虑。这里要注意，草稿箱的资料只保存在当时使用的手机上，一旦手机删除微博 App，或换手机，这些资料就没了。所以除了放进微博草稿箱外，一定要再做备份。

11.2.7 发文节奏策略

微博的发文节奏比较有讲究，可以参考如下策略。

1. 早上发重磅

早上的通勤时间，是流量最大的时候，这时候适合发布干货文章。建议发布文章之前，为自己定下 KPI，例如点赞 50 以上，阅读量 2 万以上。这篇文章可以增加自己的核心竞争力，发文前要反复斟酌。

这类重磅文章可以提前写好，在网页版微博上设置定时发送。我有段时间创作欲爆棚，每天能写 20~30 篇文章，一下子发不过来，我就利用定时发送功能，经常一天之内把后两天要发布的文章都准备好了。

2. 每天发趣事

每天可以定时发布一些趣事，可以与工作相关，也可以和生活相关。例如自己发奖金了，可以发出来表达自己的喜悦之情；听同事说了一个趣事，可以在微博上分享。发布这些内容是为了增加粉丝的信任感。

3. 关注评论区

平时要多关注评论区，如果有精彩评论，就转发出来。看评论时可以和粉丝聊天，增加与粉丝之间的互动。

4. 看特别关注

可以偶尔到自己的特别关注看看，如果有大 V 发文章，自己恰好有话可说，可以评论 + 转发。

粉丝少时，不需要担心自己页面混乱，因为很少人看。新手发微博的最佳策略是先把微博的量堆起来。粉丝多了后，再分析转发、评论、点赞的数据，了解粉丝喜欢什么，在这个过程中找灵感。

11.3 微博的爆款策略

微博平台每天都会出现大量爆款内容。这些内容的产生并不全是偶然因素，也不全因为发微博的人是大 V。很多粉丝量不大的博主也经常能写出爆款内容。遵循正确的规律，通过正确的方法，是能够创造出爆款微博内容的。

11.3.1 爆款产生原理

要写出爆款微博内容，首先要知道微博爆款的本质是什么。这里有几个典型误解。

1. 内容好，有价值的内容就能成为爆款。实际上微博上有大量有价值的内容，但阅读量却很少，成不了爆款。

2. 阅读量大的内容就是爆款。有些阅读量是微博推荐产生的流量，用户根本没真的点进去看，这类内容也不算爆款。

3. 大 V 转发了内容就能成爆款。如果大 V 转发带来的二次转发很多，但原文转发却很少，这也不是爆款，因为用户读的不是原创文章，流量是大 V 的，发博文的博主没受益。

那么什么是真正的爆款微博呢？

爆款微博的标志是原文转发量很高。原文转发量越大，代表这条微博越火爆。爆款微博通常是内容好的微博，但内容好的微博不一定能成为爆款微博。

对微博新人来说，要写出爆款微博，可以参考如下步骤。

1. 写出有价值的内容，让别人看到后有转发的欲望，这是核心。

2. 发布内容后，引用大 V 账号，并且在文章中推荐或表扬大 V，大 V 才可能助力。

3. 首先在小圈子中，把这条微博的互动做起来，例如先做到 100 个转发。

4. 让文章被大量转发，吸引大 V 注意，如果大 V 觉得内容写得好，就会顺手转发。

11.3.2 爆款选题方法

微博的选题非常重要，好的选题会让粉丝和用户对微博比较感兴趣，容易让微博成为爆款。但好选题不能强求，还是要写自己最擅长、最专业、最感兴趣的领域，要与微博账号定位匹配，不要为追求爆款而不考虑选题。

一般来说，爆款选题的微博内容符合如下特点。

1. 针对用户痛点。例如文章《如何回答孩子层出不穷的问题？》，这就是一个针对一部分用户痛点的问题。

2. 具有传播性。例如《有一种自我营销叫“自黑”》，这个文章的主题就非常好，有一种让人愿意传播的欲望，再仔细打磨，有做成爆款的潜质。

3. 要比较有趣。例如文章《要不要跟人合伙，我根据多年经验，做了一个公式》。用“公式＋表情”描述跟人合伙的情况，主题和内容既直观又有趣。

11.3.3 研究大 V 方法

对微博新手来说，研究大 V 非常关键，是属于战略级别的事。新手的流量几乎都是从大 V 那里获得的。即使是金子，也要放到明亮的地方才能发光，大 V 就是那个明亮的地方。对新手来说，初期一定要把精力主要放在研究大 V 上，主要包括如下内容。

1. 大 V 有没有在评论区与粉丝互动的习惯

如果大 V 经常在评论区与粉丝互动，就意味着新手会有与大 V 聊天的机会，有可能凭借内容和诚意吸引大 V 的注意力。

2. 大 V 有没有转发别人文章的习惯

有些大 V 很在乎自己的流量，他们从不转发别人的微博，甚至自己关注的人都很少，不宜选择这类大 V 做爆款的助力人。

3. 大 V 有没有转发评论的习惯

很多大 V 有转发评论的习惯，找到这类大 V 之后一定要重点关注。

4. 账号被引用后大 V 会不会转发出来

有些大 V 即使被 @ 公开表扬，也不会转发原微博，有些大 V 很开明，每次他们被 @ 都会转发原微博，可与这类大 V 多互动。

5. 注意转发类型

有些大 V 账号被引用后，不会直接转发原文，而是把原文截图，然后写点评，因为这样不会降低他的权重。这样的转发，如果在正文中引用原博主账号还好，如果没引用，就不会使原博主涨粉。

11.3.4 大 V 转发后续

博文能被大 V 转发，绝对是幸运的。同样是被转发，有的博主能涨 1 000 粉丝，有的博主只能涨 100 粉丝，这也是有门道的。被大 V 转发后，要怎么办呢？这里要注意以下 5 点。

1. 优化全文

大 V 转发微博文章后，通常不会再看原文。大 V 只转发了文章链接，原文还在自己微博。这时候要赶紧审视文章，看内容有没有值得优化的地方，例如标题能不能再吸引人些？情节能不能更紧凑些？主题能不能更鲜明些？结尾能不能加个金句？文章优化后更能吸引粉丝，涨粉更快。

2. 结尾增加关注引导语

有些用户看了文章，觉得很有价值，连连点赞，但忘记关注博主。这时一定要在文章中提醒一下，例如可以在文章最后写上“想学习更多自媒体写作知识，请关注……”。最后要引用自己的账号，方便用户点选，提高涨粉比例。

3. 开头增加优秀引导语

为进一步吸引用户关注自己的微博账号，可以在文字内容最开始说明自己的优势。例如，我讲学习方法时，会在标题前加上“清华学霸告诉你”，这样很吸引读者。每个人的标签都不止一个，只要不违背账号定位大方向，内容端有任何吸引人的标签，都可以用。

4. 积极回复评论

微博文章被大 V 转发后，评论会多起来，这时千万不要偷懒，要注意如下几点。

（1）开放评论区，让任何人都可以评论。

（2）认真回复评论，和所有评论者聊天。

（3）到大 V 那里评论，挨个回复每一位评论者。

5. 引用其他大 V 账号

新手要充分利用转发的机会，被大 V 转发后的微博通常转发量会大幅增长，这时候可以尝试引用其他相关大 V 账号，感谢转发的大 V，或者与其他大 V 讨论问题。这时博文转发量已经比较大，大概率会被第 2 位、第 3 位大 V 看到，如果他们也感兴趣并转发，爆款就形成了。

6. 帮上头条

如果愿意投入资金，也可以买微博的广告服务，让大 V 的粉丝们都能看到这篇被大 V 转发的文章，从而增加曝光率，这样涨粉更多。

11.3.5 抱团生成爆款

微博生态中，博主间可以报团取暖。对新人来说，初期如果能进入某个小圈子，对写出爆款文章并涨粉非常有利。根据微博爆款产生原理，一条微博发出后，一开始如果就能有热度，被更多人看到，很可能成为爆款。

作为新人，抱团能解决一开始缺流量的问题。例如，某个新人发布了一条微博，一开始有 10 多个人转发，这 10 多个人本身也具备一定影响力，再带来 2~3 次转发，这样初期文章转发量就可能会有 20~30。这就形成了一股比较强的助推力。

抱团对微博新人意义重大，很多牛人微博做不起来，就是因为是“单打独斗”。我的微博涨粉快，内容 + 勤奋能占一半功劳，剩下一半功劳正是我的交往互动能力。很多大 V 都愿意和我来往，这就让我形成了不同的微博圈子。

微博圈子可以分成以下 4 级。

第 1 级圈子，是粉丝量比自己少的博主。不要轻视这类博主，和他们一起努力，一起报团取暖是好事。我的微博每天转发有一半以上来自粉丝比我少的博主，我曾经被大 V 帮助过，也要帮助新人。

第 2 级圈子，是粉丝量和自己差不多的博主。这类博主一般比较容易沟通，比较容易走到一起。大家水平相当，可以相互支持，相互推荐，相互转发。

第 3 级圈子，是粉丝量比自己高 3~10 倍的博主，这时候“跳跳脚”，这类博主也会帮忙转发。这相当于对方单方面付出，要感激对方，或想法回报。

第 4 级圈子，是粉丝量比自己高 10 倍以上的博主。这些博主是和自己不在一个数量级的博主。能与这类博主来往就已经非常幸运了，如果他们还能帮忙转发，我们更要懂得感恩。

在微博圈子的 4 个级别中，第 1 级和第 2 级是基本盘，一定要稳固住，要争取找到 3 个以上的第 3 级盟友，第 4 级盟友需要努力研究，勇于尝试与之互动。

11.3.6　转发注意事项

根据爆款生成的基本原理（好内容 + 大 V 转发 + 圈子转发等），选择一个热门时间点（早通勤时、晚通勤时、晚睡觉前等）发布文章。发布内容有如下注意事项。

1. 一次最多推荐 2 个第 4 级圈子的大 V，而且要注意这 2 个大 V 之间要没矛盾。如果恰好推荐了 2 个相互有矛盾的大 V，他们肯定都不会转发。

2. 第 1 级和第 2 级圈子的博主可以私下联系好，不要让他们出现在推荐名单里。因为同时引用太多人账号会被微博限流，真大 V 就看不到了。虽然不在内容中引用他们的账号，可以平时多转发他们的文章，帮他们做爆款内容。

3. 可以提前尝试联系第 3 级圈子的博主，询问对方是否愿意转发。如果被拒绝也没关系，当初我做爆款内容时数不清被拒绝了多少次。

4. 整篇文章的推荐人数不要超过 5 个，把第 4 级圈子的大 V 放到最前面，重点推荐，如果被转发就是赚到。

将微博文章打造成爆款内容是有技巧的，通常只要成功做出过 1 次爆款，就有经验了，接下来可以根据第 1 次的经验操作，就会做出更多的爆款。

11.4 微博的运营策略

微博运营与写作是相辅相成的，单纯写作很难涨粉，需要一些运营技巧；单纯运营也不行，没有好的写作能力支撑，走不长久。在微博上，写作约占 60% 的时间，剩下约 40% 的时间用来运营。

11.4.1 增加流量方法

前文介绍过微博流量构成，增加流量的方法要根据微博的流量构成选择。不同层次的博主，增加流量的方法不同。要想增加流量，应根据微博流量构成，根据自身账号情况，有针对性地选择增加流量的方式。

1. 粉丝阅读

当粉丝数量在 5 000 以下时，能获得的阅读量将非常少。粉丝关注的人很多，即使自己的账号被设置为特别关注，自己的文章也可能会被其他博主的文章覆盖，所以这部分流量远远不够。

当粉丝在 10 万以上时，粉丝阅读量是运营核心。这时候就算没有其他流量，只要能把原创内容写好，也是能获得广泛传播的。

2. 转发阅读

大 V 转发每次都能带来大量流量或使粉丝数量增长，这一点不论当前有多少粉丝都适用。所以不论有多少粉丝，都应追求转发阅读。

3. 评论区阅读

评论区阅读增加流量的方法，就是前文介绍的到大 V 评论区留言的方法。这同样是可以一直使用的增加流量的方法。

4. 推荐阅读

要增加这部分流量，可以通过“追热点”的方式。在手机微博 App 上，打开点击最下方中间位置的“发现”按钮，最上端出现的就是“微博热搜”。如果有能力针对热点写作，可以试试，一旦被微博推荐，流量将会暴增。

微博对每篇文章都会尝试性地推荐给一些人，然后根据转发、评论、点赞等数据反馈，判断是否继续推荐。

5. 粉条阅读

如果目的性很强，在写微博前，已经规划好赢利模式，那么买粉丝头条反而比较划算，这样可以缩短涨粉时间，别人两年的涨粉数量，通过买粉条可能在半年内完成。毕竟时间就是金钱，但对于只想通过微博输出内容，没想过盈利，或不想增加费用的人来说，这一方式可以忽略。另外，买粉丝头条也有很多注意事项，后文会详细讲解。

11.4.2　增加互动方法

转发、评论和点赞是评判微博文章质量的 3 项重要指标。有些博主粉丝数量不多，但这 3 项指标数据非常高，这说明其现有粉丝都是铁杆粉丝，粉丝黏性很高，粉丝与博主间的互动性好。

粉丝与博主的互动性好有如下好处。

（1）用户更愿意关注。用户看到这个微博有很多人评论，会认为其文章很受欢迎。

（2）微博更愿意推荐。互动情况好的微博文章会被微博判定为优质文章，容易得到微博的推荐。

（3）商家更愿意合作。广告商都是看数据投放广告的。

（4）大 V 更愿意互推。大 V 更愿意转发这样的文章，因为自己的流量也会更高。

要增加互动，可以从以下 3 个方面做出努力。

1. 转发

要增加转发数量，可以从评论区选择精彩评论并自己转发。如果粉丝看到这个评论好，还会继续转，于是产生连锁反应，原博文的转发数量就会多起来。博文本身的质量对转发数量的影响同样很大，如果博文质量够高，或者表达了粉丝的心声，粉丝都会愿意转发。

2. 评论

要增加评论数量，可以在评论区与粉丝聊天。在评论区聊天可以采用提问形式，这样一问一答，无形中评论数量就多了。很多博文评论区比原文更精彩，就是因为博主与粉丝在评论区进行聊天式互动。

3. 点赞

要增加点赞数量，不仅要增加原博文的点赞数量，还可以增加评论区的点赞数量。微博博文的赞包括了原文的赞，也包括评论区内的赞，要想增加点赞数，不仅可以在评论区写出精彩评论，吸引粉丝点赞，还可以亲自给评论区的精彩评论点赞。

11.4.3 增加推荐方法

得到微博的推荐，自己的流量必然会增加，要增加微博推荐，可以从如下环节入手。

1. 多图 + 多视频

发文时多配几张图容易得到推荐。例如，有一些干货类大 V 博主，偶尔也会发一些美食类博文，配上美食图片，一下子就能得到百万级的流量。这里有以下 3 个小技巧要注意。

（1）图片最好是自己拍的，更有独创性。如果用现有资料，一定要有趣，可以找搞笑或搞怪类的图片或视频。

（2）如果图多，排成九宫格最好，这样看起来整齐美观，视觉效果最佳。如果原图质量不高，图片发布前要适当对图片做美化处理。

（3）要有主图思维，图片会说话，每张图都要有表达重点，每张图要体现一定主题，不要为了加图片而随意放图片。

2. 含有话题

微博是鼓励制造话题的，因为话题可使账号间互动，可以让感兴趣的人寻找相关文章。但注意参与的话题不要太多，一般写 2~3 个话题比较好，如果太多就是话题骚扰了，会被限流。关于话题，要注意如下几点。

（1）培养自己的话题。例如“# 白菜问答 #”和“# 白菜故事会 #”，就变成了博主自己的流量池，感兴趣的人会翻阅以前发布的文章，无形中增加了旧文章的权重。

（2）找到官方话题。例如文章中经常出现的“# 知识大作战 #”“# 一起家庭教育 #”等都是官方话题。如果写得好，可能被官方发掘，成为官方的流量扶持对象。

（3）借用热门话题。在微博的热门话题榜显示了每天的最热话题，如果对话题正好有话可说，可以加上这个话题标签，也可能获得官方流量。

（4）关注官方账号，参与官方活动。例如，育儿博主可以关注“微博儿童教育”“微博教育”等官方账号。这些官方账号经常发布任务或活动，应尽量参与，因为这些活动有流量加持。

3. 发长微博

100 字以上的微博已经算是长微博了。我的经验是文字在 300~500 字最好。当然如果写得精彩，3 000~5 000 字也可以。对新手来说，写作初期每条微博坚持写 100 字以上就足够了。

4. 增加互动

微博会利用算法判断是否推荐某篇文章，其中的互动数据很关键。微博推荐的原理是将每篇文章先推荐给几百人，然后看反馈。如果反馈很好，例如有 10 个“转评赞”，微博会认为文章质量不错，继续将其推荐给几千人，然后再看反馈，如此循环，类似滚雪球。如果内容质量优质，各种数据可能会爆发式增长，微博热搜就是这么来的。

5. 参加超话

微博超话的形式类似百度贴吧，里面集中了同领域的人，也可以将这些人看作目标粉丝，能吸引他们，文章就比较容易爆，这相当于一次精准的热门投放。

6. 量变引起质变

既然每篇文章微博都会给一些推荐流量，发的微博文章多了，得到的流量自然也就多了，出现爆款微博的可能性就会增大。我每天全时间段发微博，每天最少发 15 篇，通常是 20 篇以上，正是根据这个原理。

11.4.4 购买粉条策略

想通过微博官方购买广告，增加内容曝光度，这个行为叫购买“粉丝头条”，简称“粉条”。就是博主出钱，微博将博文推送给更多目标用户，从而增加博主的流量。

粉条可以对自己的博文内容使用，也可以对他人转发的博文使用。对自己的博文使用叫“推广”，对他人转发的博文使用叫“帮上头条”。粉条还可以实现让与指定账号粉丝相似的用户看到博文的效果。

粉条是如何运作的？

举例

我要开设写作训练营，写作训练营招生的广告让越多人知道越好。但只发一篇文章，自己一半的粉丝都看不到，因为文章很快会被淹没在数据流中。

这时候可以给招生广告的博文购买粉丝头条（推广）。买完粉条之后，这篇文章的左上角会出现“热点”二字。所有带“热点”，都是买了粉条的博文。

此时，只要我的粉丝登录微博，首页出现的第一条消息就是我这篇写作训练营推广博文。这条消息将不受时间线的限制，即使粉丝在我购买粉条的 3 天后登录，这篇文章仍然会作为第一条消息显示。

某个大 V 帮忙转发了我的这条博文，也只能让他的一部分粉丝看到这条博文。我想让他的更多粉丝看到，就可以帮他的转发文章购买粉条（帮上头条）。

帮其他博主转发的博文购买的粉条是有时间限制的。从付款那一刻开始计时，最少可以买一个小时。假如晚上 7：30 开始买粉条，购买了 3 个小时，就是从 7：30~10：30 这段时间内，大 V 的粉丝只要登录，看到的第一条消息就是大 V 转发的这条博文。

为了增加曝光度，再将这条博文向另一个与没有转发文章的大 V 相似的用户投放，会让另一个大 V 的粉丝打开微博看到的第一条信息是该招生广告。

如果某个粉丝关注了多个大 V，这些大 V 都给自己的博文买了广告，这时候系统会优先展示谁的博文呢？这时一般会按照时间顺序展示博文，谁先支付成功，就先展示谁的博文。粉丝刷新页面，微博将再把后付费成功的博文置顶，以此类推。

购买粉条时，要注意如下事项。

1. 内容质量

内容质量直接决定购买粉条的效果。内容质量好，购买粉条事半功倍；内容质量不好，则事倍功半。例如，我曾写的一条小笑话被大 V 转发了，我一时兴起，花了 80 元买粉条，内容后面还加了引导语，提醒粉丝关注。然而效果并不好，只涨了十几个粉丝。因为用户看到只觉得内容搞笑，并不觉得这个博主值得关注。

2. 粉丝少时，买大 V > 买自己

买粉条的目的是为了涨粉和增加曝光度，如果当前粉丝量较少，买大 V 转发博文粉条的效果好于买自己博文的粉条。如果当前粉丝数量较多，想通过某个博文变现，要尽可能增加博文的曝光度，再购买自己博文的粉条。

3. 征得大 V 同意

在买粉条向大 V 粉丝投放内容前，一定要征得大 V 的同意再买。例如，我曾经没经过一个大 V 的同意就购买粉条向他的粉丝投放内容。本来我们互动频繁，经常互相转发，结果因为这件事他直接取关我了。

4. 购买时间

粉条有个限制，就是只能为一个月内的文章购买，文章发布时间超过一个月就不能买了。关于购买时间，有以下几个注意事项。

（1）不要大 V 转发后立刻就买，因为文章权重是随时间递减的。大

V 刚转发时，有自然流量，这时购买很吃亏。

（2）一个转发，可以分两个阶段买粉条，每次买 1 小时就够了。通常大 V 转发后 1 周，买第 1 阶段；快到 1 个月时，再买第 2 阶段。

（3）每个阶段只选热门时间点，热门时间点大致如下。

①工作日：早上 8：00~9：00；中午 12：00~1：00；晚上 6：00~7：00；夜里 10：00~11：00。

②周末：早上 10：00~11：00；晚上 6：00~7：00；夜里 10：00~11：00。

5. 效用递减

给大 V 买粉条，第 1 次效果最好，后面效果会很快衰减。第 1 次买的时候，大 V 的粉丝对微博文章感兴趣就会关注了，越往后感兴趣的人越少，所以新粉丝也少。例如，我买一个大 V 的粉条，第 1 次花了 100 多元，涨了 300 多粉丝；后来这个大 V 的粉丝增多，我花 200 多元买粉条，可是只涨了 100 粉丝。所以不要重复针对一个大 V 买粉条。

6. 评论粉条

也可以针对转发的评论买粉条。不过为被转发的评论买粉条，不如针对被转发的原创文章买粉条效果好。粉丝少时也可以尝试购买。

要用好微博的粉条的功能，每次买粉条后，可以记录买粉条的效果，不断分析，增长经验，提高买粉条的效率。

11.4.5 合理运用资源

很多人说运营微博很难。实际上要运营好微博，除了通过自身努力外，还可以运用身边的资源。每个人都具备社会人的属性，要充分盘点资源，发挥自身优势。例如，我每天要发 10 篇原创文章，还有主业的事，精力肯定不够用。

怎么办呢？我就充分利用如下身边的资源。

1. 认识的作者

我是图书策划人，认识很多作者，每个作者擅长的领域都不同，我可以让作者帮忙。每次有作者出书，我都让他们写 10 篇左右的干货文章，我来挑选修改。我发布作者文章时，会注明文章作者，并引用作者的微博账号。这样不仅有了可发布的内容，还可以宣传作者。

2. 员工

我是老板，有员工可以帮忙。我的公司有个员工，负责日常开发票、办理合同等事项，工作量不饱满，我就可以指定选题，让他搜集素材。例如，“提高自信的方法”，他帮我选出几十篇文章，我看完后消化吸收，这样能有效节省自己时间。我在粉丝少时，会让员工帮我寻找不同领域的大 V，然后我再到这些大 V 的评论区写精彩评论。

3. 家人

儿子知道我写微博后，觉得很有意思，会主动帮我搜集素材。老婆看到好文章，也会分享给我，帮我扩充思路。家人帮我找到很多素材，让我能源源不断地产生灵感。

11.4.6　运营注意事项

运营微博有 4 个注意事项，内容如下。

1. 大 V 只是副产品

在微博上输出文字内容，写作是第一位的。通过写作记录生活、整理思想、提高自己，是写作的第一目标。即使微博运营没有很大效果，能力成长了，也是意义重大的。

2. 做自己

运营微博，要做好自己，每个人都是独立的个体，每个人都有自己的个性。微博是展示个性的平台，所以别太在乎其他人的想法，别太在意评论区与自己不同的观点。另外，可以学习某个账号，但不要成为某个账号的翻版。

3. 微博也是社会

微博和真实社会一样。对友好的大 V，一定要坚持向其学习，多推荐他们的文章。对不友好、有个性的大V，也要理解，多看看他们的文章，抱着学习的态度，也许会有所启发。有些大V不喜欢别人和他唱反调，就别主动反驳。有些大V不喜欢被私信骚扰，就别发私信。实际生活中人际沟通的方法在微博上同样适用。

4. 注意邀约

当微博粉丝数量增长到一定程度，会收到各种合作邀约，比较典型的有以下4类。

（1）赠书活动：赠书活动非常好，能增加与粉丝间的互动，能回馈粉丝，这类活动一定要做。

（2）各类广告：商品类广告存在风险，万一粉丝购买的商品出现问题，会波及微博品牌，接其他类型的广告也要擦亮双眼。

（3）多频道网络（Multi-Channel Network，MCN）邀约：MCN目前没有明显成功的案例，应谨慎加入。

（4）微博官方邀约：一定要加入，得到官方扶持是非常好的增加流量的机会。

对于商务类邀约，可以参考如下3个原则。

（1）先接触，了解对方基本情况。这里要抱着开放的心态，同时要警惕上当受骗。

（2）了解市场行情，为自己的微博设定报价。

（3）不要出钱，需要自己出钱的，极大概率有问题。

11.5 微博的数据分析

很多人愿意听从我的建议，相信我的判断。他们为什么相信我？因为我说的话有道理。为什么有道理？因为我看了大量数据，而且持续看，反复看。我每天都要研究微博数据。要运营好微博，必须学会研究微博数据，做好微博的数据分析。

11.5.1　整体数据分析

要做好一件事，一定要量化目标，将量化目标分解成可操作、可执行的行动。

举例

张三的目标是每天涨 100 个粉丝。那么，张三要如何达成目标呢？

张三需要做好如下 4 点。

1. 每天写 3 篇原创内容。

2. 到各个大 V 的评论区中写评论，每天最少要写 50 条评论。

3. 转发 10 条同级别优质微博，实现互相转发，提高曝光度。

4. 回复、点赞所有对自己微博的评论，转发所有优质评论。

这些是张三每天必须要做到的事，做完后，再对微博进行整体的数据分析。

在微博整体的数据分析中，最重要的数据是单篇互动量，也就是总互动数 ÷ 发博数的值。例如，某博主发了 2 篇文章，互动数是 1 600，则单篇文章互动数是 800。这是个非常优秀的数据，很多粉丝数量超过 100 万的大 V 都达不到这种互动数级别，但有些小 V 博主却能够做到。

单篇互动量的数据高，表明以下两点。

1. 单篇内容实际浏览量比较大。

2. 粉丝忠诚度比较高，愿意与博主形成比较强的互动。

11.5.2　互动数据分析

只做整体数据分析还不够，因为只能看到整体情况。对微博的数据应当进行更细致的分析，做更多互动细节的数据分析。

1. 点赞数据分析

在互动性上，点赞的级别最低，只表示认同。同一文章中的赞分两种，一种是给原文点赞，另外一种是给评论点赞。两种赞加到一起，是赞的总量。原文的赞代表博文给人的信任感，评论的赞代表博文给人的亲切感。在分析时，可以分别对这两种数据进行分析。

如果某段时间发现文章点赞数明显降低，说明内容给人的信任感降低，要增加文字内容的信任感；如果某段时间发现文章评论的点赞数明显降低，说明内容给人的亲切感降低，要增加文字内容的亲切感。

2. 评论数据分析

在互动性上，评论的数量比较重要。愿意评论文章的人，都是对内容有感想的人。评论数高，同样代表文章内容的亲切感高。如果某段时间文章的评论数量明显减少，应当检视内容的亲切感，同时检查是否做好了评论区的互动。

3. 转发数据分析

在互动性上，转发的权重最大。读者转发博文不仅意味着读者完全同意博文的观点或内容，还意味着博文的观点或内容表达了读者的心声，读者想让朋友看到，所以转发数据与粉丝对文章内容的认同感息息相关。如果某段时间发现博文的转发数量明显减少，应当检视内容是否偏离了当前粉丝的领域，令粉丝难以产生认同感。

当点赞和评论数量特别高，但转发数量较少时，微博官方进行推荐，浏览量达到 20 万以上，粉丝增长量不一定高；当点赞和评论数量不高，但转发数量高时，微博官方进行推荐，浏览量达到 20 万以上，粉丝增长量通常会比较高。

11.5.3 大 V 数据分析

想成为大 V，一定要学习大 V，分析大 V，以大 V 为榜样。要每天去大 V 的主页看他们的文章，看他们的内容。要做好大 V 的数据分析，有以下 3 点注意事项。

1. 领域相关

研究的大 V 的领域应当与自己的领域相关，例如做教育领域，就找教育领域的大 V。

2. 分出层次

研究不同层次的大 V，例如 1 000 万以上级别、500 万 ~1 000 万级别、100 万 ~500 万级别、50 万 ~100 万级别、20 万 ~50 万级别、20 万以下级别等。不同级别的大 V 有不同的特点，都值得研究。

3. 流量大王

有一些微博博主是综合领域的流量大王，即使这些博主的领域和自己领域无关，他们的运营手法也值得研究。

要将这些大 V 设置为特别关注，随时研究他们的文章，这对写作能力的提升很有帮助，因为他们是风向标。没有灵感时，可以学习他们，寻找写作灵感。

对大 V 做数据分析时，要注意识别假大 V。有些营销号为了让数据好看，会购买僵尸粉（没有任何活跃度的粉丝），伪造阅读数、点赞数、评论数和转发数。就是通过程序，控制大量“僵尸账号”访问自己的微博内容，从而造成流量虚高。

而微博的粉条功能，是根据不同时段，访问博主主页的账号数量计算广告费的，所以很多假大 V 粉条价格非常高。要识别哪些是真大 V，哪些是假大 V，看评论区是最有效的。

如果大 V 文章的评论五花八门、丰富多彩，大 V 在评论区与粉丝有比较亲密的互动，那多半是真大 V。如果大 V 文章的评论都是一些没有情感、非常通用、毫无意义或只有表情的内容，通常就能判断其是假大 V。

11.5.4　数据改善策略

要改善微博的数据，除了写好微博内容，做好微博运营，在微博多花些心思外，还可以注册几个小号，用来帮自己转发、点赞、评论，从而提高文章内容的互动数据。注册小号有如下好处。

1. 粉丝视角

切换到小号时，可以让自己站在粉丝视角审视自己的微博，例如看主页效果，看文章配比，看内容质量，看博主互动情况，思考博主与其他博主的差距等。这种第三方视角能让自己更清楚地认识自己。

2. 吸引大 V

大 V 通常只会转发优质内容，用小号对自己博文进行转发、点赞和评论，可提高大 V 转发博文的概率。

3. 测试效果

在文章正式发布前，可以先在小号上发布，测试博文板式情况。检查并确认没问题后，再在大号上正式发布。

4. 预防炸号

所谓炸号，指的是主账号出现问题，被官方注销。万一主账号炸号，可以使用小号，因为小号始终保持活跃，权重也在不断增加。这样比新注册一个账号更好。

11.6 微博的变现策略

很多人运营微博的最终目的是变现。微博变现没有固定时间，有的大 V 说粉丝至少要达到 5 万以上才能考虑变现，也有的小 V 说他们在粉丝只有几千时已经实现变现。常见微博变现方法有 5 类，分别是广告变现、知识付费、支持主业、微博带货和社群变现。

11.6.1 广告变现策略

微博广告变现主要有以下两种方式。

1. 广告共享计划

只要粉丝数量在 1 万人以上，上个月博文总阅读量在 100 万以上，就可以申请参与微博官方的“广告共享计划”。参与微博的广告共享计划后，微博后台会根据算法分阶段推送广告。这时候只要阅读量够高，就能赚到广告费。例如，有个美食博主每天发上百条微博，平均每天通过广告共享计划获得的收入达到 1 000 元。

2. 商家广告

商家广告分成两种情况，一种情况是商家主动找到博主，希望在博主的博文中投放广告。另一种是博主主动找到广告主，希望承接广告。不论哪一种，都是根据博主的微博粉丝量以及平均每篇博文的阅读数、点赞数、评论数和转发数来计算价格。

商家广告的类型千奇百怪，除各式各样的实物商品外，还可能会有社群推广、教育培训、医疗美容、游戏推广、App 推广等类型。

当微博粉丝达到 10 万时，就会有很多广告主找上门。这个级别的微博，广告费报价为 500~5 000 元不等。粉丝数量越大，互动数据越好，广告费也相应越高。对一些超级大 V 来说，一条微博的广告费可以达到 100 万元。

通过广告变现时要注意广告中产品或服务的质量。在微博中发广告，就要为广告内容负责。如果广告的产品或服务出问题，可能会对微博账号产生巨大负面影响。保险起见，最好接拿得准、大品牌的广告，最好不要接拿不准、风险高的广告。

11.6.2　知识付费策略

很多微博大 V 都有自己的知识星球或小红圈，这些都是典型的知识付费平台，微博上的 V+ 会员也是如此。如果微博变现的是博主本人的知识付费服务，那么通常不需要积累太多粉丝，就可以实现变现。

例如，有位博主在粉丝 2 万时，就开始做英语学习班，很受粉丝欢迎，做得比较成功；有位博主在粉丝2 000时，教授一批家长打卡学习亲子英语，每人的费用为4 980元，招收到40位学员，收入也很可观。

我一开始采用的变现策略是支持主业策略。因为我的主业是出版，想通过微博让更多作者认识我、信任我。没想到在与很多博主交谈后发现，很多博主有一身本领，但无奈写作能力有限，对自己的专业说不清楚，也写不明白，他们对写作能力的提升需求较大。所以我就做了写作训练营，而且非常成功。

11.6.3 支持主业策略

微博可以对主业形成非常大的支持。我成功应用了支持主业的策略，在我的微博粉丝只有30万时，通过微博我已经找到超过20位作者。这个数字，是我公司专门负责找作者的员工两年的工作量。

而且我发现，通过微博建立起的信任感反而比通过电话建立起的信任感更强。微博粉丝数越多，活跃度越高，影响力越大，博文的真实感越强，给人的信任感越强。微博本身可成为一个品牌，成为一个粉丝情感的寄托地。

在我的粉丝中，有好多企业创始人，他们通过微博让很多人认识自己，实现了结交同行、拓展人际关系、发展业务的目的。

任康磊有个微博大V朋友，主业是做园林工程的，是一家公司的总经理。这样的业务与微博似乎没什么关系，没想到的是，他这个大V朋友坚持写了3年微博，通过微博开发了10个客户，这相当于其所在公司1年的业务量。

11.6.4 微博带货策略

带货如今已经不是什么新鲜词了，只要是和互联网沾边的领域，都可以带货。微博博主因为和粉丝的信任，所以带货变现完全可行。微博上早已经有大量带货成功的案例，有的博主不仅实现了在微博上带货，而且还未引起大多数粉丝的反感。

微博带货成功的关键是信任感，一切有可能降低信任感的带货行为都不要做。要实现微博带货策略，要注意如下 3 个事项。

1. 选品

很多博主是微博做到一定程度后，再寻找变现策略的。这时候有些博主可能会选择带货。可其中很多博主不知道带什么货，这就要注意选品问题。

对有一定粉丝基础，没有现成货品，没做过网络带货，又想通过带货实现盈利的博主来说，选品时应尽量让商品具备如下 4 个属性。

（1）高毛利：商品的毛利率尽量高，保证单次商品销售的毛利水平。

（2）高单价：商品的价格不能太低，保证商品销售能带来盈利。

（3）高频率：商品消费场景较频繁，增加顾客再次购买商品的概率。

（4）改善型：最好属于改善型商品，增加顾客使用商品的身份认同。

这类博主选品时有如下 3 个注意事项。

（1）选择自己相对较熟悉的商品，这样有助于理解商品属性、找准潜在用户群体，有助于后续商品的采购、定价和营销。

（2）尽量不要选择价格特别透明的商品。商品的价格透明，利润空间就小，商品的定价空间和利润空间就主要掌握在大经销商手里。

（3）如果将来不想转型成为专门带货的博主，不建议选择民生商品。因为民生商品利润低、走量大，主要是靠量累积收益。这类商品需要博主投入大量精力。

2. 盈利

很多大 V 博主在带货前没做过生意，不具备基本的财务概念，不懂电商成本构成，不熟悉定价，没处理过客户投诉，因此在开始带货后，遇到了一系列问题。原本觉得自己能盈利，结果却以失败告终。

例如，一瓶普通纯净水的出厂价只有几毛钱，可到了超市要卖几块钱。难道利润都让超市赚走了吗？当然不是，超市只赚了很少一部分。一瓶纯净水要流通到顾客手中，各流通环节都有成本。不提前考虑这些成本，只根据几毛钱的出厂价来定价营销，必赔无疑。

带货前一定要先做财务分析，建立带货的财务模型，要把所有可能存在的成本和风险全计算在内。至少在财务模型计算中，确认能盈利后，再开始行动。尽量向有电商经验的人请教学习，了解电商财务组成和运营重点。

3. 货源

如果不懂得供应链管理，一定做不好带货。带货通常不只是一次营销活动。如何保证货源的质量稳定、采购价格稳定也是博主必须要考虑的问题。如果货源质量不稳定、价格不稳定，带货口碑可能会一落千丈。

11.6.5 社群变现策略

微博具有聚集属性，通过微博，可以组建起社群，这就可以通过组建付费社群的形式变现。当然，也可以通过微博组建起免费社群，再通过免费社群做带货或知识付费变现。本节主要探讨付费社群变现的形式。

所谓付费社群，指的是用户需要交纳一定费用，才能加入的社群。这类社群通过提供某种集中的、外界难以接触的知识、资源、信息、娱乐等内容，让期望获取这些事物的人们愿意加入。例如，有的付费读书会社群，会员每年交纳 300 元费用，就可以听到 100 本书的详解。

在应用社群变现策略时，要注意以下事项。

1. 独特价值

要实现社群变现，需要具备比较强的组织能力。付费社群提供的内容要具备足够的吸引力，要真能解决粉丝的问题，要能为粉丝提供独特的价值。例如，任康磊朋友的一个人力资源社群中有很多在大公司担任人力资源总监的人。群友除了能在社群中收获特有知识外，还可以比较直接地找到大公司人力资源岗位的工作。

2. 收益测算

与带货变现策略相同，社群变现策略也要计算好收益后再开始实施。

例如，有的博主提供社群包年服务，每年的费用是 99 元，提供服务的周期是 365 天，每天 45 分钟在线讲书，但用尽一切方法后才招收到 100 人。这种变现方式就很不经济，需投入大量时间，收入却很少。

3. 社群管理

社群变现中，社群的管理与维护非常重要。社群要有基本规则，例如不能在社群内发广告。要规定社群内什么话可以说，什么话不可以说。我的写作训练营有两个群，一个群是禁言群，专门用来授课和发重要通知；另一个群是畅言群，只要不发违禁内容，群友可以随意发言。

注意要让加入社群的群友知道自己付费后能得到什么，不能得到什么。如果不说清楚，可能会影响社群氛围，影响社群续费率。例如，任康磊一个朋友的付费社群，没有事先说明社群内讲师只负责授课，是不提供答疑和互动的，结果群友时不时地引用讲师账号，问讲师问题，不仅让讲师不胜其扰，还让群友对社群非常不满。

11.7　微博未来的趋势

随着各大自媒体平台的发展变化，微博也在不断调整中发展进步。在未来，微博将会呈现出一些趋势，例如重推荐轻关注的趋势；不希望大 V 独大，扶持推荐中小 V 的趋势等。善于运用和借助这些趋势，有助于更好地运营微博。

11.7.1　重推荐轻关注

根据微博呈现出的数据，结合我与一些资深微博大 V 的讨论，基本可以判断微博在调整算法，正在转向今日头条模式——重推荐、轻关注。实际上，重推荐、轻关注的模式已经成了几乎所有互联网平台的趋势。

用过抖音和今日头条的用户都知道，在这些平台上会刷到各种视频、文章，但这些不一定是自己关注的自媒体博主发出来的。也就是说，用户想看到什么，不是由自己决定的。例如，张三只关注了两个人，理论上，张三刷微博时，就应该只刷到这两个人的文章。前些年，在微博没打乱时间线时，的确是这样。

后来微博发现，如果只展现关注人的内容，所有流量都会被大V把持住，作为平台方无法获利。怎么办呢？微博的做法是除了展现用户关注的博主的内容外，还会给用户推荐其他文章。也就是做流量分发，避免大V获得所有流量。

于是微博推出了推荐阅读功能。用户刷微博时，有一部分微博是关注的博主的内容，还有一部分是未关注博主的、微博推荐的内容。这其中有比例变化问题，例如张三一天看10篇文章，在2012年，这10篇文章都是他关注的人；到2018年，这10篇文章有8篇是他关注的人；到了2020年，这10篇文章只有5篇是他关注的人。

微博不希望每个领域只有几个独大的大V，希望发展起许多中小V。这样的好处是流量平均，有助于激励新人博主，让新人博主更有动力。所以通常微博粉丝达到一定数量后，微博就不会对该账户大量给予官方推荐了。

根据经验，粉丝在10万以下的博主更容易得到微博官方推荐。这个机制是为了鼓励普通人创作，对微博新人来说是好事，只要人们多写，就会获得更多流量。

11.7.2 微博推荐类型

未来，微博官方的推荐将会变得越来越重要，会成为博主获得流量的主要方式。微博推荐的内容将主要分成以下三大类型。

1. 爱好和兴趣

微博将会根据用户的爱好和兴趣精准推荐相关文章。例如，当微博发现一个用户长期看育儿类相关文章时，微博就会把同类文章，按一定比例展现给该用户，即使这个用户没关注提供内容的博主。这是今日头条的典型模式，即根据用户的行动特点，不断挖掘用户需求，变得比用户更了解自己。

2. 话题和超话

微博将会根据话题和超话，纵向切割内容，让不同人群聚集在各个话题下。微博中已经有各个垂直领域，例如母婴、教育、情感、职场、读书等。微博各个垂直领域的负责人，都要接受业绩考核。考核的 KPI，就是这个话题的浏览量和互动量。所以参与微博的官方话题，对账号的运营一定有好处。

3. 购买粉条

粉条是微博的一大盈利点，作为一家公司，微博当然会非常重视盈利点。所以购买粉条的博文仍然会被重点展示，而且这个趋势短时间内很难发生变化。

11.7.3 未来运营策略

微博既然是一家自媒体公司，希望做好注意力经济，会想方设法占用户时间。如何占用户时间？当然是要让用户玩得开心。如何让用户开心呢？当然是让用户持续看到优质内容。所以未来博主的运营策略，是持续提供优质内容，这既是本书写作的主题，又是提升自媒体写作能力后的结果。

对新人来说，未来运营微博有以下三大策略。

1. 打造精品内容，这既是博主的核心能力，也是核心竞争力。博主没有这项能力作为基础，微博很容易成为空中楼阁。

2. 持续与粉丝互动，增加点赞、转发和评论数量，与大 V 互动保持活跃度，增加互动数据，让微博内容看起来很丰富，让微博官方认为博主有前途。

3. 关注垂直领域的官方微博，多参与官方的活动和话题，争取被官方微博注意到，成为官方微博的扶持对象。

后记

“写书哥”的微博是怎样炼成的

大家都说我涨粉太快了，属于2019年的黑马，一年时间里粉丝涨到了60多万。其实，大家只看到了我的成功，没看到我的失败。下面说一下我的经历。

我的主业是图书出版，已经做了将近20年，始终和文字打交道。在5年前，我就发现关于自媒体的书很好卖，说明这个领域能赚钱，于是自己也去尝试。

1. 错过微信公众号

我最开始尝试运营微信公众号，做房地产博主，公众号粉丝积累到1万多。本来计划帮开发商卖房子，结果还没有确定下来，房地产市场火爆，开发商不理我了，因为他们根本不愁销路。

由于这次谈判失败，我心灰意冷，半年没有更新微信公众号。后来再关注这个方面，发现已经出现了一批大V，人家赚得盆满钵满，而我的号已经死掉了。

2. 放弃今日头条

错过微信公众号红利后，我又发现今日头条上升很快，应该是个机会。于是从2017年年底开始，我每天更新今日头条，在悟空问答回答问题。做了将近一年，涨了500多个粉丝，慢慢就没动力了。

现在总结，这是因为今日头条采用算法推荐，没有真人互动，写起来没有成就感。很多文章有上百万的阅读量，但总有不踏实的感觉，不知道粉丝在哪里。所有流量都被平台把控，非常没有安全感，所以在2018年年底的时候，我慢慢断更了。

3. 错过抖音，少赚 500 万

在 2018 年春节前后，我知道了抖音，觉得挺好玩。当时正好想尝试自媒体，于是找了个主题：侦探游戏。发了 10 多条以后，系统开始推荐我发布的内容，那时真是流量红利期，随便一个视频就有十几万的浏览量，多的有上百万浏览量。

我印象最深的是，我曾经 15 分钟涨了 100 个粉丝。当时带儿子踢足球，过一会就刷一下，真是爽啊，比微博涨粉快多了。

一个月的时间里，我的粉丝涨到了 17 000 多。到 4 月底，抖音已经把我放进最大的流量池了，发出视频后，10 分钟内就有 1 万多次播放。粉丝也越涨越快。接下来就是我的“骚操作”了。

大概在 2018 年 5 月，抖音开始监管视频内容，要杜绝“黄、赌、毒”等等。本来以为这没我什么事。结果评论里出现了“反”这个字，也就是说看到了自己不喜欢的视频，反弹给作者。

我的视频主题是侦探推理小说，通常上来就是悬疑情节，或者各种凶杀案现场。而粉丝中有一些学生，可能家长发现他们在看这些内容，感到不适，于是我被频繁举报。

被举报之后，我就不爽了：每天辛辛苦苦找资料，做视频，视频却被删了。第一次我忍，第二次也忍，等到第三次，不能忍了，我一气之下把程序卸载了，后来半年没用过。到 2019 年春节，我发现抖音上春晚了，于是又把它安上了。

可这时我的号已经凉透了，而很多小号崛起了。做侦探、推理类的有 10 多个，好几个有了二三十万粉丝。

刚才又在抖音搜了一下“侦探”，已经有 1 000 万粉丝的大 V 了，好几百万粉丝的大 V 也有一大堆。而我呢，起了个大早，明明势头很好，结果连末班车都没赶上，直接被扔在了加油站。

4. 微博之路：小透明涨粉

经历了前面这些磕磕绊绊，我在 2019 年正式开始写微博。最开始也是每天更新一篇干货文章，当时写了“出版那些事儿”系列文章，都是和工作相关的。写了3个多月，根本没人看，每篇文章的阅读量只有六七百，还是系统推送流量以及爬虫的流量，真人阅读的很少。

当时我是很绝望的，没有人评论、点赞，粉丝不涨。当我要放弃的时候，一个偶然事件让我豁然开朗。

有一次闲得无聊，我到大V的评论区写评论，写了一个很搞笑的段子。结果，这个段子被大V转发了，一下子得到很多评论，还涨了20多个粉丝。我就像发现了新大陆：原来微博是这么玩的！

接下来，我就开始了疯狂之路：找到喜欢的大V，都将他们设置为特别关注，给他们写评论，每天写200条。那时候动力十足，每天能涨5~10个粉丝我就非常满足。

5. 微博之路：吸引大V

当时，我用的是企业微博，账号名称叫“写书是最好的投资”。因为评论多，而且质量比较高，很快就引起了大V的注意。第一个关注我的大V转发一次，我就能涨1 000多粉丝。之后又有很多大V和我互相关注，慢慢地我的粉丝涨到了1万多。这时候，我已经小有影响力了，也通过微博联系到很多作者，辅助了主业。

6. 微博之路：转发涨粉

有了影响力后，我就开始经营自己的地盘，努力写原创文章了。这时我发现，自己已经具有了价值，可以和其他量级类似的博主互相推荐，吸引同频的粉丝。

于是我就换了操作策略，重点是交朋友，专门找有两三万粉丝的博主，当然了，前提是双方三观一致。然后互相转发喜欢的文章，这样双方的互动和粉丝都增加了。这也是微博平台希望看到的，因为账号越活跃，平台的价值越高。

7. 微博之路：换号风波

前文说了，我用了企业微博，本来以为以公司的名义写作，内容显得更权威、更靠谱；但认识大V多了，有很多人提醒我，赶紧换号，企业号是不行的。具体原因，在本书的11.1.5节有详细介绍。

正是因为如此，在 2019 年 8 月 3 日，我忍痛放弃了有 3.6 万粉丝的老账号，启动了新账号“写书哥”，所以大家看到我的最早的微博文章，就是 2019 年 8 月 3 日的。换号以后，并不是所有粉丝都跟过来了，我估计只有一半粉丝关注了新号，另一半直接消失了。所以在此提醒大家，千万不要用企业号。

8. 微博之路：野蛮生长

换号以后，我的心情低落了好久，不过行动上没有松懈，还是继续原来的思路，分享干货和经验，慢慢地又把人气聚集起来了。现在总结，我都做对了什么？

（1）拼命坚持。坚持了不一定成功，但是不坚持肯定没戏，只要不断试错，调整方向，就能找到感觉。可以说，写作最大的竞争力就是坚持。

（2）分享干货。现在我特别有底气，可以把 3 个月前的文章翻出来，大家照样爱看，这就是干货的价值。如果总写流水账，再坚持也不行。

（3）广交朋友。微博鼓励分享，很容易交到朋友，千万不要清高，信息必须流动起来才有价值，所以我每天都会转发好多文章。

（4）转发也精彩。认真对待每个转发，大家可以看看我早上的 3 篇转发，它们的互动数据都很好。为什么？因为我会看几十篇文章，选出精彩的分享给大家。这就是“读者文摘”啊。

（5）感谢贵人。尤其要感谢帮助过我的贵人，我在微博转发时经常推荐他们。和我一样，他们都是硬核博主。

9. 微博之路：开办写作训练营

到 2019 年年底，我已经小有影响力了，而且分享了很多写作和涨粉经验，包括“微博写作从入门到精通”和“微博涨粉的方法”这两个系列。与粉丝互动的过程可分为如下几个阶段。

（1）免费答疑：半年前，经常有朋友发私信给我，问写作和运营的事情。我回答了上百人的问题，和每个人都聊了很久。这让我积累了经验。

（2）信息爆炸：到 11 月的时候，问题越来越多，我就回答不过来了。于是我经常把私信问题公开。如果有人提问，就把链接发给他。

（3）尝试收费：很多问问题的人，问题都是关于盈利，例如问我：经营一个茶庄、一个客栈，想通过微博引流，不知道怎么做。

我就想，你明显有商业目的，那我收费应该可以吧。于是尝试给出报价，3 000 元定制服务，帮他解决所有的问题。结果一提到钱，这些人就再也不理我了，搞得我很伤心。

这里要感谢李美及，她始终支持付费，每次向我提问，必发 200 元的红包，真让我热泪盈眶啊。

（4）尝试微博问答：为了过滤用户，我还开通了微博问答，想着有需求的人，花 200 块钱提问总是愿意的吧。结果只有宋师傅阳光乐园提问。

（5）写作训练营出世：伤了很多次心以后，我不愿意免费答疑了，于是开办了微博写作训练营。一开始招生，就大受欢迎。

（6）2020 年 1 月开办了第 1 期，到 2020 年 7 月已经开到了第 6 期，每期都有三四百名学员。他们之中有这些线下牛人：清华北大学霸、企业高管、创业老板等。他们都看到了品牌的价值，愿意为微博投入时间和精力。

努力还在继续，未来会更美丽！